黄金家族

的最后一个王爷

朱文楚　著

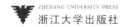

浙江大学出版社

序

朱文楚先生所撰著的《黄金家族的最后一位王爷》系长篇纪实文学，记录了成吉思汗第三十四世裔孙（元世祖忽必烈裔直系）奇忠义先生及其家族的一系列重大历史贡献，包括其曾祖父郡王旗图王成功抵制外蒙古策动我内蒙古"独立"；追随祖父郡王旗图王反对日本帝国主义侵略，巧妙摆脱日特、蒙奸的诱降、逼降，并支援抗日；武装抗击逆流，与共产党和平谈判，率领全旗官民迎接解放军，参加绥远省"九一九"和平起义；新中国成立后，在共产党领导下，参加赴青海迎归成陵活动，为成吉思汗陵园的建成发挥了重要作用。该书维护中华民族统一、宣扬抗日爱国、拥护中国共产党的主题十分鲜明，是发挥正能量的。

作者朱文楚先生退休前在民主党派机关工作，是《团结报》主任记者，曾于1993年赴内蒙古东胜市（今鄂尔多斯市东胜区）采访本书传主内蒙古自治区政协副主席、伊克昭盟（今鄂尔多斯市）政协副主席奇忠义，即"末代蒙古王爷"（布赫语）。后来，他又于2009年再赴东胜，采访奇忠义的长子、鄂尔多斯市委统战部部长沙若飞及其母亲（即前蒙古旗王爷的福晋）。因此本书的史料均属第一手材料。

"看似寻常最奇崛，成如容易却艰辛"（王安石《题张司业诗》）作者不远千里，两赴鄂尔多斯草原，实实在在地踏看历史故事的发生地：谒成陵，访原郡王旗王府，绕敖包，观库布其沙漠，走耳字壕，访包头，参观藏庙，并受邀观赏鄂尔多斯传统婚礼，对蒙古民族历史文化有了一个具体生动的印象，能够勾画典型环境。这对文学创作是很重要的。

文楚是位资深记者，很会抓新闻。2008年适逢钱锺书先生十周年忌辰，他来我家了解关于我读中国社科院研究生时的指导老师钱锺书先生的事迹，成文《恩师钱锺书的"痴气"与"勇气"》，刊登在中央文史馆与上海文史馆主办期刊《世纪》2009年6月号上。在采写同时，他苦读有关资料，笔下文章才能丰满厚重，为撰写这本书，朱文楚先生曾通读大16开本《伊克昭盟志》（共六卷）两遍，还有其他很多文史资料。对此，我是很赞同的。做学问、践写作，均要踏踏实实地苦干，才能出成果。

在爱国、爱党、顺应时代潮流、追求进步的题旨下，这本书浓墨重彩地抒写了鄂尔多斯的旖旎风光，为读者描画出塞北一片新天地，令人耳目一新，神往极了。

本书虽写近现代鄂尔多斯蒙旗，但作者还涉笔"一代天骄"成吉思汗及其征伐事业，以及蒙旗归顺清王朝的往事，有助于读者了解中国疆土和中华民族大家庭的形成历史。

神秘的独一无二的帝陵——成吉思汗陵寝蒙古包，流动的"八白宫"，其故事融汇在这本书的情节中，传递了不少历史文化知识，也体现了作者成熟的创作技巧。试想，若不了解这些历史文化，你千里迢迢去伊金霍洛旗谒成陵时，不是猎奇，就是走马看花，岂不浪费世界文化遗产资源！此乃这本30万字的大众读物的又一个亮点。

数不胜数的成吉思汗祭祀活动被今人誉为"历史的活化石"，这本书有选择地进行了铺排与解读。作者竟与"活化石"的主持者"达尔扈特"首领合了影，令人羡慕！

总之，这是一本文史材料运用严谨，可读性又较强的大众读物，为我们展现了长城外、苍穹下、风吹草低见牛羊的茫茫草原上，"黄金家族"回肠荡气的历史。

鉴于以上种种，我们认为，本书的出版有巨大的文化价值与社会价值。

马成生

（杭州师范大学教授，杭师大中文系创办人之一、原系主任）

2017年5月6日

目录

一代天骄成吉思汗薨后，真身落葬何处？依蒙古贵胄例，深埋漠地，再驱来万马奔践，无留痕迹，遂成尘世之谜。但成吉思汗率"四狗""四杰""二勇将"和鼻孔像墓穴、鼻毛长到嘴唇边的百万亲兵扫荡亚欧大地时，却偏偏神往鄂尔多斯草原，失手落马鞭，吟道："花角金鹿栖息之所……白发老翁享乐之邦。"历史终于造就了"伊金霍洛"。这块神奇的塞外河套腹地，便是演绎我们故事的历史舞台。

康熙皇帝统治有术，对臣服了的成吉思汗裔孙们说："朕在北京做皇帝，和你们旗里当王是一样的。"他分别册封鄂尔多斯七个旗的札萨克为郡王、贝勒、贝子、公爵，让他们世袭爵位与领地，实行宽严相济的怀柔政策。额璘臣顺应中国统一潮流，归顺清朝，做了郡王旗札萨克多罗郡王、伊克昭盟首任盟长。

中华民国元年，外蒙古哲布尊丹巴策动内蒙古"独立"，郡王旗札萨克领衔会盟，发表宣言、通电，坚决抵制，又一次维护中华民族统一大业。鄂尔多斯当时是中华大地上的一块"封建飞地"，继续实行世袭制度。

第十二章　1947、1948，感受南北官场夕阳风光／237

奇忠义北上东行归绥参加省参议会会议途中，在包头加入了国民党。身任省参议员、"国大代表"，他撰写递交发展绥蒙十八旗经济、争取民族自决权的提案，结果使他大失所望。他在南京叩拜孙科、蒋介石、李宗仁、孙科、白崇禧等权贵人物像走马灯那般一一过眼，留下的只不过一片渺茫。

第十三章　大厦将圮，图王一家离乡背井苦旅／263

1948年春，解放军鄂尔多斯神山一役，大获全胜，郡王旗邻旗准格尔旗基本已成解放区。由国民党绥远当局策划，图王带着家小细软，到省城避难，后又流亡前套、后套，说不尽颠沛之苦。流亡中图王主持了一次会盟，主张中立，既不反背南京中央，也不对抗延安中共，同时要审时度势，随机应变。图王流亡到银川后，寄马鸿逵篱下，失去了人身自由。

第十四章　客逝银川，绝笔指示参加沙圪堵谈判／287

和平解放北平中被称为"金钥匙"的邓宝珊将军来到银川，看望老友图亲王，告诉他傅作义接受谈判条件的消息。图王因此联想到当年自己赴渝述职时，途经延安，接受毛泽东主席宴请的往事。毛主席说，将来建设新中国，同样要团结爱国王公；在新中国成立后的内蒙古地区，不搞土地改革，宗教信仰自由。

郡王旗何去何从？病势垂危中的图王召来本旗政府代表，倚床托孤，指示参加沙圪堵谈判，实行和平起义。

不日，图王圆寂回归须弥山。他的挚友董嘉活佛赶来银川，为他诵经送行。

第十五章　假道新召，奇忠义星夜驰归大草原／313

图王棺椁返乡，在鄂尔多斯腹地"五堆沙子"灵地火化，但奇忠义仍被羁留银川。面临命运抉择，他毅然遵照祖父遗训，走和平起义、拥护共产党的道路。借在新召给祖父"做七"之际，奇忠义冒夜策马库布其沙漠，驰归郡王旗。

第十六章　王府恳谈，接受共产党政策／329

"绥远方式"在绥境蒙旗推行。中共伊盟工委派东郡工委书记登门郡王旗王府，同焦虑期盼中的奇忠义促膝恳谈，终使奇忠义坚定履行《沙圪堵协议》的信心。

此际，奇忠义通过合法手续，就任郡王旗札萨克职位并因袭多罗郡王爵位。这就是中国"末代蒙古王爷"（布赫语）的来历。

第十七章　抵制反水，末代王爷还政于民／347

1949年8月5日，中国人民解放军伊盟军区接管郡王旗军政大权。在建立新政权前，奇忠义经受了一场严峻的考验。奇全禧不服从解放军命令，勾结国民党残军乌四儿，武力占领旗府，拘押奇忠义做人质，胁迫他反水叛逃。奇忠义立场坚定，用计脱身，率领他的特务营、忠于他的仕官和家属撤向苏泊尔汗滩。途中与追敌交火，终于撤入友好邻旗杭锦旗，受到保护。

郡王旗、杭锦旗响应绥远省政府主席董其武"九一九"通电，宣布和平起义。奇忠义返旗后，移交政权，当选为人民政府旗长。

第十八章　八白宫归，伊金霍洛落成新陵园／365

新中国成立伊始，百端待举，中共中央、中央人民政府实施迁返蒙古族圣祖成吉思汗灵寝及建造新陵园大事。

如何从塔尔寺启动迁灵、运灵、迎灵？如何建造新成陵？新陵园坐落何地，其规格、规模，以及造型、布局、结构、设施如何？本书则借当事人、成吉思汗34世裔孙、"末代王爷"之口——阐述。

1958年，再现历史光辉的伊金霍洛取代郡王旗、札萨克旗，作为中华大地上一个旗（县）的建制名扬海内外，因为它是成吉思汗陵园的所在地。

楔子

准格尔旗

同室操戈，血腥半个世纪

一个新生命诞生前后，一场为权力而对生命的虐杀谋划正在进行。时间已是20世纪初叶，清末民初了。

这个光怪陆离的舞台在塞外漠南鄂尔多斯草原，成吉思汗身后八白宫所在地——大伊金霍洛东去六七十里的准格尔旗（鄂尔多斯左翼前旗）。此境河套之内的蒙旗地势优越，北接库布其沙漠，东濒后套黄河，南邻山西偏关、河曲和陕西府谷，当年拥有四万五千多平方公里的面积。因为晚清放垦牧场，之后便逐渐从事农垦业，鲜见牧场、牧民了。

这里也是成吉思汗中土后裔——忽必烈黄金家族子孙代代承袭统治的地方。从清初顺治六年（1649）额璘臣的从子色棱诏封札萨克固山贝子起，世袭到咸丰二年（1852）第九代扎那济尔迪多罗贝勒，已10代200多年了。这位扎王倒是位有福王爷，在札萨克（官名，蒙旗最高统治者，世袭）宝座上坐了近50年，于光绪二十七年（1901）逝世。

那么谁来继续坐王位呢？按清制，蒙旗王爷"世袭罔替"，但他的三子、四子均先其而逝。于是按惯例，排比血统最近的亲属，有两人：一个是扎王的胞弟珊济密多布，早年出家，是年过花甲的"喇嘛三爷"，为人和善，笃信藏传佛教格鲁派而不问政事；另一个是扎王的从子赛成嘎，年富力强，有政治欲望，且与绿林界有来往。

准格尔旗王府

有两位人选，那么由哪位承袭这个旗内至高无上的、军政一统的札萨克大位呢？这时有个人跳出来，在准格尔旗舞台上导演活剧了。

这个人叫纳森达赖，是准格尔旗众仕官的头头——管旗章京（官名，为札萨克之属官，相当于秘书长）。此人身高2米左右，体躯魁伟，相貌堂堂，一看就是一个非凡之人。他出身台吉（蒙古贵族封爵名），但曾家徒四壁，穷途潦倒，为了糊口，赶过牛车，种过庄稼，往煤窑拉煤，做苦力，深味人间艰辛。后来逢上机会，进了日夜期盼的准旗王府衙门，于是他卖力干活，夹着尾巴做人，学礼节，学蒙古文，学钻营，尤其后者，他天生一副媚骨，阿谀巴结的本领到了极致，博得扎王爷欢喜。他的仕途颇顺风，由笔帖式（相当于秘书）一步跨进东梅林章京（相当于副秘书长）门槛，没有多久，就被擢升为管旗章京，成为一旗的掌门人。但他并不因此知足，进而觊觎众仕官之上、札萨克王爷之下第一位的协理大臣（札萨克副手，协助札萨克处理旗务）。做东、西协理的先决条件是贵族，纳森达赖出身台吉，所以他大胆争取。这时他瞅准一个缺口：准旗王府有位了不起的人物——扎王爷的四儿媳妇。这位四少奶奶是清王朝定王的女儿，一位爱听顺风话、喜玩宝物珍奇的爱新觉罗氏女人。纳森便投其所好，不择手段地献媚献谄，伺候得无微不至，讨得四少奶奶喜欢，回京城时夸奖他能干。京城反馈来的便成了"准格尔旗有位十分忠诚的仕官，一位血统台吉，值得提拔"。果然，纳森达赖被扎王爷再次擢升到仕官阶级最高的一个职位：东协理。他因此得以"一人之下，万人之上"，富贵极了。

扎王爷稳受祖荫之庇，做尽福王，把一旗大权交给纳森达赖，高枕无忧。

这个一路辛苦挣扎升官过来的纳森达赖当然不会坐吃，这时他使出了另一手：不择手段地敛财聚富。看看，他达到何种丧心病狂的地步——

他运用权力兼并土地，他的地产越出了准格尔旗界，翻过长城，达到陕西府谷的古城、哈拉寨等地。他还将本旗西营子两官府的土地占为己有。他把这些土地实行放垦，向汉蒙佃户收取生产额六成以上的租金。仅此一项，每年收入租金三万块银圆、粮食八千石。

另外，他还放高利贷。

他公开卖官鬻爵，价格是：一个参领（区级官），一千银圆；一个佐领（乡级官），二百至五百银圆。有一位无官阶的台吉，花了五万五千银圆，买到了梅林章京，以后逐次增款，先后共送去十万块银圆，买到了副协理的高官。

他的府第有三百多个房间，规模仅次于扬名伊克昭盟的准格尔旗王府。他营造私房，可以随时征用民工，不仅不给工酬，还要民工们自己带口粮与马料。在准格尔旗各处都有他的军营，房屋多到近五百处。

他掌握了全旗军权，王府骑兵如同他的私人军队。

但他终究不是旗王爷，一个由他摆布的傀儡还是要的。光绪二十七年（1901），他联合西协理，顺理成章地扶起整日诵经的"喇嘛三爷"登上了札萨克王爷宝座，然后轻而易举地掌握了全旗军政大权。但是已故扎王的侄子赛成嘎不甘心被黜，纠合他的绿林朋友刘三林、刘四林等，暗中积蓄力量，图谋起事。

1905年，准格尔旗资深西协理丹丕尔维护蒙旗根本利益，武力抗垦，被清廷逮捕后处死。至此，东协理纳森达赖就将准格尔旗军政大权一手在握，可以为所欲为了。在那个清廷强行放垦、镇压鄂尔多斯蒙民反抗的风雨如磐的日子里，纳森达赖侦知赛成嘎有异动，即以迅雷不及掩耳之势抓捕了他，杀掉了这个黄金家族的裔孙。当然，除一个政敌是不够的，他开始大开杀戒。

一个叫尔居拉什的人，曾经写状子，投诉绥远将军府，告纳森的状。在一个月黑风高之夜，他被拉到野外活埋了。

哈拉金，不过代人写了控告纳森的状子，也被五花大绑，光天化日之下遭枪决了。

纳森手下的参领策仁亚楞丕勒不畏强权，策马去绥远城投状，结果被抓回，在沙圪堵镇的大街上，遭五马分尸，惨死示众。

无辜青年君庆格思想赶上辛亥革命潮流，颇得群众拥护。纳森知晓后心存恐惧，派人去暗地里干掉了他。

……

这些仅是文献上有所记录的，据说死于纳森达赖之手的不下百人。在纳森看来，对他独裁统治有妨碍的人，必须得死。

1924年纳森达赖（二排左四）与众商号老板合影

终于改朝换代了。"怀柔"蒙旗王公的清王朝结束了。面临外蒙古哲布尊丹巴策动"独立"，引诱内蒙古"归附"的严峻现实，头脑灵活的纳森达赖以协理身份，参加了伊克昭盟七旗王公"苏泊尔汗滩会盟"，在反对外蒙古独立的《十三条质疑》（1912）上签了字。他又参加了伊克昭盟、乌兰察布盟归绥"西蒙会议"（1913），拒绝外蒙古诱惑，表示拥护共和，维护中华民族团结。袁世凯很高兴，下令给伊盟诸王公晋级。纳森也被封了个辅国公爵位，但他不是札萨克，不可能像邻旗同族兄辈的郡王旗札萨克图布升吉尔格勒那样，由多罗郡王晋升为和硕亲王。他无从羡慕，就异想天开，要求袁大总统给自己封个伊克昭盟盟长当当。恰巧这年珊王"喇嘛三爷"去世了，其儿子却才出世不久，纳森达赖顺势做了护理札萨克（代札萨克），于是他更肆无忌惮了。

翌年，这位利令智昏的纳森竟然用大车加武装拉了24万块银圆"大头"进京，以他惯有的作风，向大总统买盟长之位。结果遭到各家蒙旗王爷的反对："不是札萨克王爷，岂能当我们的盟长！"

虽然"买盟长"落下个历史笑柄，他无所谓，只要大权在握，什么都会来。如今，王爷已去世，西协理丹丕尔也冤死了。西协理这个重要官位虚席以待，按惯例应由仕官群中最有资历的管旗章京阿拉腾扎布（台吉）擢升担任，但是已是护理札萨克的纳森达赖坚决不同意，因为他要将职位留给他的爱子奇子俊。阿拉腾扎布抗争。惨剧再演，又一次血染准格尔旗王府石阶，阿拉腾扎布当场被杀死了，而且株连了他的独生子奇寿山，因为心狠手辣的纳森要斩草除根！

这场血腥的连环虐杀演出的年月，正是本书主人公，准格尔旗西邻蒙旗郡王旗（鄂尔多斯左翼中旗）札萨克图布升吉尔格勒和硕亲王的长孙、记名札萨克（候补札萨克）巴图吉雅辅国公的长子、成吉思汗第34世孙奇忠义降世之时。同属黄金家族的两支近亲，一喜一悲，这个有七百多年历史的家族，繁衍到20世纪，蒙旗台吉前途将是怎样的命运？

血腥的气味弥漫准格尔偌大的旗王府。王爷去世。四少奶奶在清朝灭亡后不知所终。雕梁画栋、飞檐翘角已颓圮。荒草蔓延进了昔日豪华的庭院，唯有二公子奇子俊创办并兼任校长的同仁学校尚书声琅琅。奇子俊不同于他的恶父，是位拥护共和、参与冯玉祥"五原誓师"的进步青年。现在奇子俊目睹如此凶险的情景，策动他的知己好友奇寿山立即逃亡。

"寿山，走为上。走宁夏，然后南下，去上海或南京。这点钱，你拿着，去读书，学了本领回来，一起改革旗政！"

奇子俊的豪侠散财，著称于蒙旗内外、长城内外。他交了好多朋友。他四周凝聚着一群同志趣的汉蒙青年，有志于改革腐朽不堪的蒙旗旗政。

奇寿山与奇子俊（右）在南京

纳森达赖爱这个儿子若掌上明珠。

1927年，国民革命失败，波及内蒙古大草原，"独贵龙"运动领袖旺丹尼玛活佛、席尼喇嘛先后遇害①。奇子俊参与内蒙古人民革命党改组活动，任伊克昭盟局主席。他回到准格尔旗，看着旗内局势颇为平稳，便于1932年去南京，找到了好友奇寿山，坚请他回准旗做事，合力改革旗政。

这年的农历大年夜，都以为事过境迁，奇子俊陪着奇寿山回到旗王府，向护理札萨克纳森达赖拜年。纳森并不感到意外，嘴角阴险一笑，眼睛射出一道杀气，转身进了内屋，捧出一只五十两重的银元宝给奇寿山，说是"压岁钱"。其实在他的蒙古袍大袖筒里藏着一支勃朗宁手枪，子弹已经压上了膛，只要奇寿山接受元宝，手枪就会鸣响。奇子俊似有感觉，跨步到奇寿山跟前拉他手。奇寿山机敏地退了几步，深深鞠

---

① 旺丹尼玛（1872—1926），札萨克旗藏传佛教活佛，"独贵龙"运动领袖，1926年任蒙古人民革命军总司令，同年年底被内部奸细谋害。席尼喇嘛（1866—1929），原名乌力吉杰尔格勒，原乌审旗笔帖式（旗王府秘书），1905年参加"独贵龙"运动，并削发为僧，以示断绝仕途。1924年，在乌兰巴托参加蒙古人民革命党。1925年10月，在张家口参加内蒙古人民革命党（简称内人党）第一次代表大会，当选中央执委。1926年，任内蒙古人民革命军十二团团长，一度建立乌审旗人民革命政权。1929年，被叛徒枪杀于卧室中。

"独贵龙"是蒙古语，意为"环形或圆圈"，牧民们坐成一个圆环，不分主次，没有首席，形成一个群众性团体，小的300余人，大的800人，首先在清咸丰八年（1858）发起于伊克昭盟乌审旗，是贫苦牧民反封建暴政、反苛捐赋役的自发性群众运动。辛亥革命爆发后的第二年，席尼喇嘛组织该旗11个"独贵龙"，揭露旗王爷及福晋骄奢淫逸、压榨牧民、道德败坏等诸多罪恶，树起义旗。1914年，他们逮捕并游斗企图叛逃的、引起极大民愤的福晋娜仁格日勒，并予处死。乌审旗的"独贵龙"运动遭北洋政府、宁夏军阀和伊盟的联合镇压，席尼喇嘛等领袖一度入狱。1920年，席尼喇嘛在北京与李大钊等共产党人有接触。1926年，担任内人党中央执委的席尼喇嘛回到乌审旗，组建了革命武装（十二团），将"独贵龙"运动带上武装斗争道路，成立内人党旗委员会（全旗17个支部），一度推翻旗王府政权，成立人民政权——公众委员会。席尼喇嘛率十二团与数倍于己的敌人作战，粉碎封建王公、反动军阀的围剿。1929年2月11日，适农历正月初二深夜，席尼喇嘛正熟睡中，遭（敌用千两银子收买）叛徒枪击殒命。（据《伊克昭盟志》卷二十六、四十三）

一躬，告辞走了。

农历猴年大年初三，旗王府红灯高悬，烛影摇曳，炉内点着檀香，香气四散。过了个忙碌的新年后，乘着开印典礼之前的间隙，纳森和儿子下盘棋松松身心。这时他听到前厅有声响，紧接着哈温（王府侍从）进花厅禀报：奇寿山少爷带着一伙人拜年来了。来者不善！没等纳森站起来，撩起棉帘进得花厅的奇寿山就扑倒在地叩头了。纳森立即急转身，拉着奇子俊往里走，刹那间，从地面仰角射出一连串复仇的火焰，"砰砰砰"，纳森达赖应声而倒。奇子俊发狂跳起来，大叫"救命！"但没有摆脱"连坐"的命运。血溅棋房，仇人、恩人一起在同室操戈中丧生。奇寿山朝血泊中抽搐的纳森父子瞥了一眼，带着他的同伙迅速撤走了。

有志改革蒙旗旗政的奇寿山着力组阁、整军，自封为护理札萨克，报请南京国民政府和归绥（今呼和浩特）当局批准。

但政变后的新政权只维持了三个多月。纳森遗孀（原清廷定王的七姨太）用钱买通纳森旧部哗变了。纳森从子奇文英拉出他所辖的一个营，纠合哗变蒙军，又策反两股奇寿山的新军，于农历三月二十九日分数路围攻新政权的几处营盘，都得了手。下午5时，攻占了旗治沙圪堵镇，活捉了参加政变的段得胜诸人，得知奇寿山尚在天聚德商号，便直奔而去。正在吃饭的奇寿山，凭着他出色的枪法，一下撂倒三五个敌人，从酒楼跳下院子，吩咐他的亲信随从郝某人："我先渡黄河，到河曲台子堰等你。你明天带些兄弟来接应。我身上有盟长的委任状，是合法的，咱们到太原去求救！"

但在生死关头，郝某人被奇文英的八只银元宝和纳森遗孀四百块银圆收买了。第二天，郝故意拖延了点时间，到达山西河曲台子堰时，奇寿山已经十分焦急了。"怎么现在才来？""奇少爷，我跟他们交火了，腿上挨枪子儿了！"奇寿山无暇多问，策马前奔，郝某人紧紧跟着。沿黄河奔了一段路，看看四周无人，十分荒僻，郝某大喊一声"奇少爷走好！"举枪连发一梭子弹，刹那间把奇寿山击毙了。

纳森达赖恶贯满盈，死有余辜。可叹奇寿山不谙官场险恶，引火烧身，竟至死于自己亲信枪下。这一场火并倒便宜了奇文英。奇文英学他纳森叔伯的样，花近五千块银圆到伊克昭盟上下打点，终于获得盟长、札萨克旗（鄂尔多斯右翼前末旗）沙王的批准，当上了准格尔旗护理札萨克。他一做就是十多年，转眼已是抗日战争岁月了。他自己清楚，邻旗黄金家族的后裔也都清楚，他贿赂的每块银圆都有一条冤魂在闪影，他的札萨克宝座是由白骨堆砌起来的。

结果，在1946年农历三月初，为商定准格尔旗法定札萨克人选，他应召赴祖宗八白宫圣地大伊金霍洛。途中，在一条狭谷里，奇文英被他的政敌、抗战时变节的保安总队队长奇子祥部队的12支快枪打烂了身躯。血腥的三月！准格尔旗的独裁者都逃不过这个讨债的三月。

该是拉下准格尔旗跨世纪腥风血雨黑幕，了结黄金家族一支系在这个蒙旗里争权虐杀悲剧的时候了。执行这一正义任务的人，正是刚开始跨上政坛，才19岁的青年台吉奇忠义。他代表伊克昭盟盟长，他的祖父图布升吉尔格勒郡王，确立了准格尔旗法定札萨克。

不过，奇忠义的故事早在19年前已经开始了。

第一章

河套腹地

成吉思汗征战途中留下遗言

艰难时势铁木真

成吉思汗（1162—1227）画像

黄金家族最后一位王爷奇忠义的纪实故事，还得从七百多年前他的圣祖成吉思汗讲起。

成吉思汗的祖宗叫孛儿帖赤那，是一支被称为"蒙兀室韦"的蒙古部族的首领。这一部族生活在黑龙江上游额尔古纳河及其发源地呼伦湖南岸一带的森林中，即今内蒙古自治区满洲里一带。这块三角地与今蒙古国、俄罗斯交界，是中国纬度较高的地区之一，原始森林覆盖，冰雪封冻。族群生活条件极端艰苦，迫使他们在逆境中求生存。7世纪时，孛儿帖赤那率部众离开此地，西迁到蒙古高原的克鲁伦河和鄂尔浑河流域之间。此后，库伦（今乌兰巴托市）以东的肯特山地区便成为蒙古族繁衍发达之处。人们常说的"大漠之北""漠北"就指这里。蒙古的名称来自"蒙兀"的转音。因为成吉思汗所向披靡地征战亚欧，蒙古的声名如日中天。

到12世纪初，在漠南地区，西夏、辽、宋在角逐中各有消长。在克鲁伦河、斡难河（今鄂嫩河，在蒙古国境内）之间的蒙古尼伦部得到统一（"尼伦"，蒙古语，传说中蒙古女祖宗阿阑豁阿所生二子的后裔），部族首领开始称"汗"。第一位汗是合不勒。这时合不勒汗渐渐强盛，屡犯金国边境。金疲于应对，痛恨尼伦蒙古。适逢俺巴孩汗（合不勒汗死后继承人）在送女出嫁途中，被另一支蒙古部族塔塔尔诱劫，送到金国，被金帝用酷刑处死。尼伦蒙古遂与塔塔尔、金结下世仇。尼伦部推举新汗忽图剌（合不勒之子）。忽图剌为复仇，举兵攻金与塔塔尔。忽图剌与塔塔尔交战达13次，但没有根本性结果。此时在蒙古高原上的蒙古族群有一百多个，混战兼并，后来聚合成蒙古部、塔塔尔部、克烈部、篾儿乞部、乃蛮部等部族。

金国灭北宋后，征战大漠南北各部族，成了霸主。金在统治他们的同时，实际上也带去了中原的先进生产力。漠北蒙古部族因此得益不少，比如出现了铁、木业的手工匠人，开始使用铁制武器和生产、生活用具，畜牧业生产进一步发展，到12世纪中叶，以"古列延"式（集体游牧）为标志的氏族社会开始解体，逐渐向"阿寅勒"单位式军事领袖的奴隶社会过渡。"一代天骄"成吉思汗就诞生在这个历史转折点上。

公元1162年，农历十月初一，蒙古尼伦部族奇渥温·孛儿只斤（乞颜）部首领也速该巴阿秃儿的夫人诃额仑生了一个儿子，他出生时小手紧握，掰开小拳头，有一块凝血。萨满教占卜者当即预言："此子将会统治世界！"父亲也速该此时正好袭击仇族塔塔尔，俘获两人，其中一人叫"铁木真"。为纪念这一战绩，也速该就把他的新生子取名铁木真。但有趣的是，四五百年后，铁木真在鄂尔多斯的后裔，却把他们的这位祖宗与远在印度的佛祖释迦牟尼并提，在正月初一年初祭典时，诵《伊金（成吉思）仓》时唱道——

> 从那远古印度地方，
> 取道雪山仙洞巴勒部（即今尼泊尔）前来，
> 在那赡布洲的斡难河源，
> 天之骄子铁木真，
> 英明圣主成吉思汗诞生。

尼伦部汗忽图剌去世后，也速该继位。这时尼伦部与塔塔尔部间的宿怨更加深了。事出有因，一次也速该出领地去办儿子铁木真的婚事，途经塔塔尔部领地，因饥渴竟赴一户塔塔尔人家的宴席。塔塔尔人认出了此人是本部族的仇人，是送上门来的便宜，就在酒里下了毒药。大意的也速该畅饮而去，途中已觉中毒。回到家里，三宿而身亡，留下遗言，要求族民照顾寡妻和几个儿子。自此，孛儿只斤家族作鸟兽散，大批奴隶、仆从纷纷离开了诃额仑夫人。

诃额仑夫人带着铁木真和他的弟妹艰辛度日，孜孜不倦教诲他们。但尼伦部泰赤乌人乘机劫持了铁木真，将他囚禁起来，幸得一位老人和他女儿帮助，铁木真得以逃离樊笼。此为第一劫。

祸不单行，篾儿乞部族落井下石，乘机袭击铁木真的蒙古包。铁木真猝不及防，仓皇逃逸中，自己的新婚妻子孛儿帖格勒真被篾儿乞人俘去。家破人亡、妻离子散的灾难没有压倒铁木真。他在母亲、两个弟弟（合撒尔、别勒古台）、两个伴当（博尔术、者勒篾）的协助下，重组力量。环视斡难河流域的各部族，他们纷争不断，此消彼长，铁木真想，这些矛盾不是能为他所用吗？于是他屈中求伸，用妻子的嫁妆黑貂裘作晋见礼，取得蒙古高原上最强的部族、他父亲的结义兄弟克烈部族首领脱斡里勒欢心，后者同意出兵两万以助。他又取得扎答剌部族首领札木合的支持，其同意出兵一万。铁木真整顿自己的残余，组合兵力一万。他率四万骑兵，上门去与篾儿乞人决战一场，竟大获全胜。失去的都回来了，还俘获对方大量的牲畜和财产，当然也夺回了妻子。

对篾儿乞一仗，使铁木真在尼伦部族中树起了威望，该部便于1189年拥立他为汗。铁木真在蒙古高原悄悄崛起，邻近部族深感不安，包括前盟友札木合。于是在12世纪末13世纪初几场载入史册的大战在蒙古高原发生了。

六伐西夏坠马薨

这些大战计有：

——十三翼之战（1190）。札木合组成十三部在吼吼惕山、土儿合兀山对战铁木真的十三营。后者大败。但札木合残酷地用七十口大锅煮杀俘虏，大失人心。这是又一劫。铁木真败而得众。

——全歼塔塔尔之战（1196、1202）。金国征战塔塔尔（他们原是盟友），铁木真乘机联合克烈部族，一举歼灭塔塔尔于斡里扎河，控制了呼伦贝尔大草原。二征塔塔尔，铁木真又获大胜，杀其首领，娶塔塔尔人也遂、也速干姐妹为妃。自此，四姓塔塔尔部被全灭。

——击溃乃蛮部族（1199）。铁木真、王汗（克烈部族在联合铁木真征战塔塔尔时获胜，金国封其首领为"王汗"）联军攻打蒙古高原最西端劲敌乃蛮部族，王汗见敌势盛，顾自退却。铁木真见王汗部全落入乃蛮兵锋之下，便令其"四杰"中的博尔术、木华黎回师救援了王汗，最后反败为胜。

——占王汗金帐大战（1204）。铁木真势力日大，其盟友西部霸主克烈部族的王汗与手下败将札木合和好，1203年春，札木合与王汗之子桑昆在合阑真沙陀偷袭铁木真。铁木真杀出重围，经历了一生中最艰苦、损失最惨重的一次战斗，然后兵分二路，沿哈拉哈河东岸撤退。1204年，王汗再袭，铁木真率随从16骑撤退到班珠泥河（克鲁伦河下游的一条小河），饮泥水，食野马肉，指天起誓，同甘苦，共命运，是为有名的"班珠泥河盟誓"。这是再一劫，但铁木真发愤图强，乘王汗骄奢淫逸、高枕无忧，正在自己的金帐行酒之时，悄悄行军靠拢。铁木真先派去两人向王汗"求和"。王汗仍我行我素。于是铁木真驱铁骑，星夜疾驰折额温都尔山的折儿合卜赤孩峡口，围攻王汗金帐，激战三昼夜，终于占领金帐。王汗父子在逃亡中被杀。

至此，铁木真的铁骑威震漠北广袤大地。世居阴山长城，代金守边的蒙古汪古部也归附铁木真。

扎答剌部人将札木合绑来求和，这位亦友亦敌的安答立即被铁木真无情处死。篾儿乞部族被铁木真全歼。被追击中的该部族兀洼思部首领答亦儿兀孙，将自己的女儿忽兰奉献给铁木真。忽兰清丽无双，铁木真爱宠有加，封她为哈屯（皇后，即第二夫人）。

1204年（南宋嘉泰四年），铁木真已将蒙古高原上的劲敌逐次消灭，成了最强者。

1205年（南宋开禧元年），铁木真起用乃蛮部太阳汗掌印官塔塔统阿，创造畏兀儿字蒙古文，从此统一了蒙古文字。

1206年（南宋开禧二年），铁木真在他起家的斡难河上游岸边举行"忽里台"大会，建立大蒙古国（又称蒙古汗国），即大汗位，被拥戴为"成吉思汗"。他将全体蒙古牧民编成九十五个"千户"。千户下设"百户"，百户下设"十户"。千户首领是成吉思汗的封臣（一部分千

成吉思汗建立大蒙古国（成陵壁画）

户是成吉思汗的弟弟和儿子），千户内牧民与千户是隶属关系。从此消除了各部的原有界限，蒙古民族开始逐渐形成。

成吉思汗在鄂尔多斯的子孙世世代代在《伊金（成吉思）仓》中高颂圣祖的历史功绩——

你把那——

七百二十一个部落，

三百六十一个语种，

五色四夷各王国，

一一置于统治之下。

成吉思汗统一蒙古后，继续用战争方式统一中国。这些战争有：三征党项西夏（1205、1207、1209），四伐女真金国（1211—1214），战灭契丹西辽（1218），再征西夏两次（1224、1226）……他的劲敌西辽、金国（1234年为窝阔台所灭）、西夏，以及南宋（1279年为忽必烈所灭），都由成吉思汗及其子孙画上历史句号。战争大破坏的结果是中国大一统。从东北到新疆，从漠北到西藏，现代中国绝大部分地区、民族，都处在成吉思汗政权的直接统治下，这在中国历史上是破天荒的统一，中华民族的生存空间前所未有地扩大了。

成吉思汗又同时率领他的蒙古铁骑向中亚、俄罗斯、东欧推进（1219—1225），征战震惊了世界。他将征服地分封给他的三位皇子术赤、察合台、窝阔台，分别建立钦察汗国（1242—1502，版图辽阔，囊括今西北亚、东南欧大部分地区）、察合台汗国（1222—西察1402、东察1680，今新疆伊犁、吐鲁番、叶尔羌地区）、窝阔台汗国（1225—1309，今新疆额敏县、和布克赛尔蒙古自治县一带）。他的四子拖雷留守蒙古本土。拖雷的两个儿子蒙哥和忽必烈分别建立伊尔汗国（也称波斯汗国）和元王朝。成吉思汗其子其孙的二次西征（1235）、三次西征（1252—1260）所建立的大蒙古汗国地跨亚欧，在世界历史上空前庞大。这幅版图如今绘制在鄂尔多斯市伊金霍洛旗成吉思汗陵园正殿成吉思汗坐像背后的壁上。

成吉思汗戎马一生，隼视海阔天空，奔袭亚欧各地，如何会情系偏于黄河套内的一角之地，将自己的陵墓定在此处？

这里有个成吉思汗征战西夏的故事。成吉思汗三征西夏，河套是他的必经之地，也是他后勤补给和铁骑休整基地。成吉思汗征战西夏有他的战略目的。当时金国强盛得很，成吉思汗还得向那个金帝完颜永济纳贡称臣。要歼灭东南方向的金，须先剿灭西边的西夏、西辽，以免自己遭受双面夹攻。1209年成吉思汗三征西夏时，经河套腹地进入黄河之西，决战兀剌海城，俘获西夏副元帅、太傅，并引后套黄河之水，淹西夏都城中兴府（今银川），迫使西夏王纳贡献女求和。西夏基本上解决后，成吉思汗的四次伐金很顺利，在浍河堡决战中，实施中央突破战术，重创金主力。1213年的缙山一战，金军精锐被歼灭殆尽，成吉思汗指挥的三路大军，长驱直入华北平原，于1215年占领金国中都（今北京）。金向成吉思汗献岐国公主和大批金银财宝求和。此际欲歼灭金国，成吉思汗已无暇再顾，乃责成他的"四杰"之一"太师国王"木华

成吉思汗西征图（成陵壁画）

黎全力再攻击，自己转身到空前规模的西征中亚战事去了。

1217年成吉思汗筹划西征，曾要求被他打败的西夏出兵合作，但遭到拒绝，成吉思汗遂命木华黎伐金的同时讨伐西夏。西夏抵挡不住，乞和。1223年新即位的西夏国王李德旺乘成吉思汗大举西征之际，企图联金袭蒙。成吉思汗被激怒了，遂命木华黎（时已亡故）之子孛鲁回师东征。凌厉攻势下，西夏又一次战败，乞和（1224）。这是五征西夏。

翌年，成吉思汗及其三子窝阔台攻伐花剌子模的西征大获全胜，不仅打开了欧洲大门，而且追击到南亚印度河。大蒙古汗国因此派生出三个汗国。班师后，虽已年老，成吉思汗始终不肯放过西夏这个屡战屡败的宿敌，遂于1226年秋，亲率10万大军，第六次去征讨，必欲彻底摧毁之。

本书主人公、成吉思汗的第34世裔孙奇忠义先生曾对笔者说："允许我转述一个动人的传说，也是我们这里鄂尔多斯人的共识：当年成吉思汗率兵西征西夏——应该就是1226年最后那一次时，路经鄂尔多斯草原的包尔陶勒盖，目睹这里水草丰美，花鹿出没，留恋之际失手将马鞭掉在地上。随从要去拾马鞭时，被成吉思汗制止。大汗吟诗一首道：'花角金鹿栖息之所，戴胜鸟儿育雏之乡。衰落王朝振兴之地，白发老翁享乐之邦。'并对左右说：'我死后可葬此地。'我们鄂尔多斯子孙与祖先大汗的渊源就来自这句圣言。"

是年隆冬，穿越毛乌素沙漠，西渡黄河，最后一次征伐西夏的行军中，成吉思汗在阿儿不合围猎野马，不料他的坐骑青豹花马受惊，致成吉思汗坠地，受重伤。成吉思汗负伤率部继续进军。1227年5月，他在西夏六盘山夏宫休养，指挥部众进攻中兴府时，在朵儿篾该城（今宁夏灵武市）病逝，终年66岁。就在成吉思汗死后数日，西夏国王献城投降，西夏国灭。成吉思汗征讨西夏，凡六次，前后时间23年，终于以自己生命的代价换来最后胜利！

大汗归葬在何处

古代蒙古汗的丧葬颇奇异，传说在大漠中掘地深埋，接着驱来万千匹马奔践，使之恢复原状。然后引来母子骆驼一双，杀小驼，洒血于此。翌年，若要去祭祀，则牵母驼，凡见其奔号扒地时，则是逝者葬地了。成吉思汗的归葬，原始历史记载语焉不详，颇为神秘。大致有这几种说法。

——陵地在伊金霍洛。成吉思汗去世后，属下将他的衣冠、帐篷、灵柩运往蒙古故地安葬。但灵车经过鄂尔多斯高原科布尔高地时，车轮突然深陷地里，即使用五个部族的人架马拉，也纹丝不动。这时大家想起了成吉思汗生前的话，就将此地作为陵地，并留下五百户"达尔扈特"人专门侍奉、保卫成陵，世世代代祭祀成吉思汗。科布尔高地就是现今的伊金霍洛。这是黄金家族世代裔孙所持的看法，但这仅仅是一个传说。

——归葬漠北，八白宫鄂尔多斯。成吉思汗陵寝八顶白色宫帐分置漠北大鄂尔多和漠南鄂尔多斯（鄂尔多斯，蒙语，意为"众多的宫帐或殿宇"或"守护宫殿者"）。成吉思汗逝世后，众人奉他的灵车号啕大哭，一路而来。行至木纳山（阴山）呼格木尔（鄂尔多斯）时，突然灵车车轮陷进泥淖里，深达辐轴而移动不得，套上各色骏马都拽不出。祈祷后，灵车辚辚徐动，秘密运往汗山大地，由第四子、监国拖雷主持，葬于阿尔泰山阴、肯特山阳的斡难河、克鲁伦河、土拉河三河发源地的不儿罕哈里敦山"伊克斡特克"（汉文称"起辇谷"）。葬法是，剖开一棵大树，中间掏空，将成吉思汗金身置其中，然后将两大半树合拢，外匝金箍，深埋地下，掩土，万马践平，杀子驼洒血。"来岁春草既生，则移帐散去，弥望平衍，人莫知也。"护送诸将想起成吉思汗生前

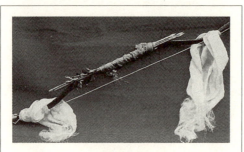

成吉思汗的弓与箭

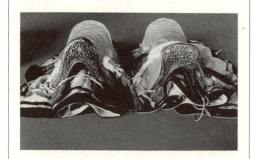

成吉思汗的银马鞍

成吉思汗的传世白骏

对木纳火失温（鄂尔多斯）的赞美语言，就将他的"毡包、身穿衫子和一只袜子"移葬到那里。在鄂尔多斯"营造了万世的陵寝，作了大宰相们的佑护，成了全体民众的奉祀之神，建筑了永世坚固的八白宫"。"八白宫"成为蒙古族的圣地。这是内蒙古人民出版社2004年出版的权威性著作《成吉思汗陵》一书中阐述的。

——衣冠葬在伊金霍洛。内蒙古文史专家梁冰先生在他的著作中讲到了成吉思汗陵是在鄂尔多斯伊金霍洛旗的一段神奇的故事：民国二十四年（1935），伊克昭盟达拉特旗的一位民团长曾发掘得到一个铁质小柜，内藏有一本残缺不全的黄书，蒙古文书写，破译之后，知是元将拔都的随征记。书中断续记叙成吉思汗在征西夏途中"突薨"……"翌晨醒来，神驼挽战车，与大汗之乘马（即成吉思汗坐骑），直驱灵前并立。马以头触地，脑裂自死。丞相奉汗衣冠、宝剑，熏沐置七宝箱内（即为银棺），使神驼载运。""行大漠四十七日，臣民护灵枯渴而死者四百余人。又行□□日，至平漠洼地，驼立不行，臣民牵挽亦不动。群相默祷，宝剑突飞去，衣冠放异彩。臣民以主喜悦，为营葬于洼地高原（系指伊金霍洛），设成守护。并遣十多人四出觅宝剑，至百里外草地上寻获，就其地为置宝库（系指苏勒德霍洛），四时享祭。"

　　威震欧亚的成吉思汗真身墓地也许永远找不到了，但是珍藏着这位一代天骄遗物和神器的"八白宫"——成吉思汗灵魂象征和蒙古民族信仰、崇拜的象征，经过几个世纪的历史选择后，终于归座于鄂尔多斯的伊金霍洛。这是全世界蒙古人一致认同的。现在，坐落在伊金霍洛旗金碧辉煌的成吉思汗陵园，已成为蒙古人的圣地。

成吉思汗骑像

得失河套达延汗

鄂尔多斯的历史地位是历史选择的结果。成吉思汗之孙、拖雷的二子忽必烈于至元八年（1271）建立元朝，立大都（今北京）为国都。过了11年（1282），他将成吉思汗生前钟爱的河套那块有两个如今浙江省那么大的土地封给了他的三子安西王忙哥剌，并建立了一种叫"察罕脑儿"的行政机构（在今乌审旗），管辖套内绝大部分地区的土地、百姓和赋税，据说有65000户，计钞2600锭，领地世袭。

但是这块安西王的封地，却是纷争不息的场所。元朝短短97年（十代皇帝），河套"察罕脑儿"走马换灯地不断更迭它的领主，恰似大都中央政权演变的一个缩影：

——忙哥剌之子安难答卷入皇侄皇后宫廷争权漩涡，在武宗海山继位后被赐死（1294）。结果"察罕脑儿"被封给了皇后阿纳纳失里，归属中央徽政院直接管理。

——皇后死后，这块领地落入答己太后，即仁宗爱育黎拔力八达母后手里，仍交由徽政院管理。直到她死去徽政院才废置。

——英宗硕德八剌在一场宫廷政变中被砍死，晋王也孙铁木儿即皇位，改元泰定。泰定帝将这块此时因连续几十年旱灾、水灾而满目疮痍的土地封给皇侄湘宁王八剌失里，设置王傅府，管"察罕脑儿"。

——八剌失里参与了枭雄燕帖木儿导演的一场血腥的皇权争夺战，在文宗图帖睦尔即位后被废。到了顺帝妥懽帖睦尔即位后，"察罕脑儿"为卜答失里太皇太后所拥有（1333）。

——太皇太后只执掌了七年，"察汗脑儿"被统辖陕西的豫王阿剌忒思纳失里看中，他就干脆搬到"察罕脑儿"城去居住，成了那里的实际统治者（1340）。

——元顺帝皇后奇氏眼热这块土地，她施权术从豫王手中夺了过来，将它直隶于中央的资政院（1359）。为了更方便管理，她还修了一道由上都（今锡林郭勒盟正蓝旗境内）至"察罕脑儿"的驿道。

巴图蒙克达延汗画像

顺帝是元朝最后一位皇帝。元顺帝至正二十八年（1368），在各路起义军总攻击下，孛儿只斤元朝告终。但是在河套这块热土上，却被故元河南王太傅王保保的军队盘踞达三年之久。

所以，鄂尔多斯这块土地，从13世纪开始，一直是元朝皇室的封地。1368年朱元璋在中原建立明朝后，管理鄂尔多斯的主要行政机构是东胜卫。但不到一百年，北方蒙古各部势力就纷纷进入鄂尔多斯，迫使明朝势力南迁至延绥地区，东胜卫废。但蒙古各部族在漠南、漠北还是纷争不息，直到16世纪初，蒙古历史上又出了一位英雄，就是成吉思汗的第15世裔孙，被部族拥为"达延汗"的巴图蒙克。达延汗在他的祖属一辈的妻子满都海彻辰夫人协助下，统一了漠南蒙古各部族。他的三子，也就是成吉思汗第16世裔孙巴尔斯博罗特经过征战，收服了占据鄂尔多斯的各部落。从此以后，成吉思汗四子拖雷后裔的黄金家族这支宗派便在鄂尔多斯定居，休养生息，繁衍后代。

满都海彻辰是成吉思汗第12世裔孙满都固勒汗的遗孀，被称为"小夫人"。满都固勒在位仅4年，亡故后其侄巴彦蒙克继承汗位，也被害。巴彦蒙克之子巴图蒙克即汗位。彻辰夫人33岁时，为辅弼时年7岁的巴图蒙克统一蒙古大业，与其结成夫妻（1473）。这对英雄夫妻转战漠北漠南，灭亦思马因太师，灭土默特火筛，胜鄂尔多斯满都赉阿因剌呼，赶走瓦剌……这场征战时在16世纪初，明弘治、正德年间。彻辰夫人能文能武，襄助年轻丈夫转战东西，再次统一了塞外蒙古，堪称中华历史上

满都海彻辰夫人雕像

的巾帼英雄。巴图蒙克的势力进入鄂尔多斯，在圣祖"八白宫"前接受"达延汗"大汗封号。达延汗以非凡魄力，废除元朝遗留的太师制，铲除宫廷政变的痼疾。他恢复成吉思汗时期的军政一体的万户制。他的政治胸怀还体现在正视明朝的存在，实行求和纳贡政策，自己得到了休养生息的机会。明朝也颇有自知之明，深知达延汗的子孙（如阿勒坦汗、车臣汗）越战越强，扰边事端不断，十分厉害，就以"求和"、封"顺义王"、允许"互市"（在红山寺堡）等手段，换取和平，不动声色地将鄂尔多斯"让给"蒙古部族去争夺、放牧了。

受命于巴图蒙克，作为达延汗的右翼，巴尔斯博罗特亲王率鄂尔多斯万户亲军，另加上土默特、永谢布两个万户，进入河套，收服各部落，统一了鄂尔多斯。这是鄂尔多斯历史上的一块里程碑，因为亲王接受伟大圣祖的"八白宫"，使它从此结束了流动大漠的历史。达尔扈特人也因此定居鄂尔多斯，责无旁贷负起侍卫灵帐之责。这样，历史上才始有鄂尔多斯这个名词。从巴尔斯博罗特起，一直到本书所述的主人公为止，黄金家族的这一支系都是鄂尔多斯的领主。

第二章

鄂尔多斯

清廷怀柔蒙旗，民国持续

神奇的鄂尔多斯

这是一个铿锵悦耳的名字——鄂尔多斯。鄂尔多斯在何方？鄂尔多斯有几多方圆？

冷兵器的撞击声中，成吉思汗的子孙怎样站住了脚跟？

君不见黄河之水天上来！黄河西出青海高原，东行甘肃兰州，顺势北上，进入宁夏，继续东行中卫、中宁后，突然向北来个九十度大转折，千里直奔内蒙古，到了临河，终为东西横亘的阴山山脉所挡，急转向东，串联了五原、公庙子、包头、托克托等塞外漠南一系列要地，然后在偏关、河曲地方经长城南下，直泻风陵渡，成为陕西、山西的省界河。这一北、一东、一南的走势，不正构成了一个有趣的简体字"几"字的形状吗？黄河"几"字靠顶端的地方，历史上习惯叫作"套中地"，即河套。自从圣祖成吉思汗灵帐"八白宫"从漠北到漠南，辗转万里落定河套之后，这里就被蒙古人称作鄂尔多斯。清世祖顺治皇帝诏封黄金家族各部落首领分别为郡王、贝勒、贝子，册封他们领牧一方后，这一家族各支系的十几代人就成了鄂尔多斯的世袭领主。

得到皇帝的这份恩赐并不容易。成吉思汗的裔孙们在这座"舞台"上演绎了多少血腥惨烈的活剧，才站住了脚跟。第16世裔孙巴尔斯博罗特——被尊奉为"赛因阿拉克汗"，就是这台史剧的主角。

巴图蒙克达延汗统一漠南后，派他的次子乌鲁斯博罗特（巴图蒙克的9个儿子之一）统一右翼三万户，即鄂尔多斯、土默特、永谢布三部众进入鄂尔多斯。但不久就出现内讧，乌鲁斯被永谢布部的太师亦不剌和鄂尔多斯的首领满都赉、阿因勒呼等所杀。伤心不已的达延汗于1510年带领他的三子巴尔斯博罗特，率自己的察哈尔左翼亲军，再加科尔沁万户，杀进鄂尔多斯平叛。这是一场十分惨烈的混战，血肉横飞，马翻

巴尔斯博罗特济农画像

人仰。老三巴尔斯亲率40名勇将，纵横战场，冲击土默特部，又突击鄂尔多斯军后方。鄂尔多斯军一旗手举着成吉思汗的"苏勒德"（战旗），奔向巴尔斯博罗特，高喊道："这是大汗的苏勒德，大汗的黑纛呀！大家都来归奔大汗呀！"巴尔斯博罗特接过象征圣祖无比神武的苏勒德，仍置在原处，岿然不动，苏勒德透过浓烟战火，高耸蓝天，猎猎招展。不明情况的鄂军纷纷投奔过来，都被巴尔斯军一一砍杀，于是右翼叛军兵败如山倒，满都赉、阿因勒呼在溃逃中被杀死。亦不剌太师只身远逃西域，也死于非命。老三巴尔斯博罗特在父亲帮助下，通过战争统一了鄂尔多斯，建立了黄金家族直系的政权。蒙古左翼三万户、右翼（残余）三万户——共六万户均归属他统治，并且他被达延汗封为"济农"（副汗）。

达延汗鉴于先朝册封的太师多次拥兵自重，诱导、参与叛乱、政变，决定从此取消这一官制。

但是鄂尔多斯各部落间、鄂尔多斯对明朝边关的战争还时而发生。总之，这是块血腥且纷争不绝的、统一又战火连绵的神奇土地。

为什么说神奇呢？"大漠孤烟直，长河落日圆。"鄂尔多斯有四分之一的土地是沙漠，库布其沙漠、毛乌素沙漠两条长达上千公里的沙梁分别横卧北南，直抵长城边。即使在春季的5月，应该是一年中温暖和煦的时光，但造化一翻脸，顿时风暴铺天盖地，漫卷沙石，遮天蔽日，寒冷刺骨，把人们的季候时序搅乱了。严冬，大地封冻，河流坦荡如公路，夜半的寒气可以把人冻成冰尸，但在白天无风的日子里，牧人可以斜靠沙堆，吹奏长笛，高唱牧歌，美美享受阳光的温存。鄂尔多斯有说不清的灵性和野性。脚踏这块有两个浙江省那么大的、平均海拔1800米的高原，一望无垠，要是没有移动的沙丘，可以说平坦如砥。这里，黄羊结队疾奔，狐狸突窜枯草丛，夜间狼群闪烁着可怕的眼光……令人神往的是草原。其实内蒙古草原荒漠化严重，倒是在鄂尔多斯北部的特拉达旗（滨黄河南岸）、东部的郡王旗等"滩上"，诚有一番"风吹草低见牛羊"的动人景象，雉鸡草高可丈余，漫天掩地，大风过去，绿波翻滚，鄂尔多斯的胸怀多柔媚。

这是一块山岳、河川、草原、沙漠组合而成的土地。因为前套、后套黄河的冲积，在苦寒塞外，算得上是沃土了，但

毛乌素沙漠

库布其沙漠

沙漠生灵：驼群

第二章·鄂尔多斯，清廷怀柔蒙旗，民国持续

也是整个黄河流域水土流失最严重的地区之一。这里，流进黄河的水，仅占黄河总流量的二十三分之一；但混进去的泥沙，却占输沙量的九分之一！"可怜无定河边骨，犹是春闺梦里人"的古战场无定河就在这里，但已是几乎干涸的伤心地了。

历史的积累和地理的魅力，使得多少北方部族在这里几十年复几十年，世纪轮回地争夺不休，浑然不知他们的东方，长城起点山海关的那头，长白山深处的女真族后金，在他们的首领爱新觉罗·努尔哈赤（清太祖）经营下，已悄悄崛起了。

察哈尔蒙古部族林丹汗（1592—1634）向来与后金为敌，于1628年（明崇祯元年）进驻已和后金有依赖关系的科尔沁、扎鲁特诸部牧地，并撤除不服从他指挥的额璘臣的"济农"封号。1632年，努尔哈赤率军进攻林丹汗，声势凌厉。林丹汗大败，向西逃奔，途经鄂尔多斯时，裹胁额璘臣一起逃到青海。漠南广大地域

"末代大汗"林丹汗（1592—1634）画像

（包括归化城）都归入后金版图。努尔哈赤继承人皇太极于1636年在盛京（今沈阳）立国，定国号"大清"。1632年，皇太极穷追林丹汗到青海。1634年，林丹汗这位蒙古帝国最后一任大汗（第35任），即"末代大汗"，出天花，病死于青海大草滩，其部彻底瓦解。额璘臣乘机率部回归鄂尔多斯。一直依附女真部族的漠南蒙古16部49个领主，于明崇祯九年（1636）奉皇太极为"台罕"。这一事件也许是后来清廷对蒙旗实行怀柔政策的渊源。

1644年（明崇祯十七年），清摄政王多尔衮率军入关，明亡，清廷入主北京。此际，鄂尔多斯是继续内部掠杀兼并，还是臣服中央政权——清朝，在一个国体下求生存？鄂尔多斯面临历史抉择。

成吉思汗的第21代裔孙、鄂尔多斯的第6代济农、奇忠义的13世先祖额璘臣是位头脑机灵、识政治大体的人物，1635年他率部从青海回到鄂尔多斯后，就在漠南蒙古16部归顺前一年，向后金皇太极表示臣服归顺。后金给额璘臣的回报是，恢复济农爵位。清军入主北京后，额璘臣进一步表示拥护大清皇帝，并多次在行动上显现他的忠诚。清世祖顺治帝（福临）颁诏，册封他为多罗郡王，执任鄂尔多斯济农。这个济农的爵位，元朝时已有，与亲王同义，到清朝置盟旗后，则只有鄂尔多斯成吉思汗陵园祭典最高主持者才能获称，可见"济农"是十分崇高的，也可看出清朝皇帝对成吉思汗的崇敬，尽管大汗生前与当时的金国是死敌。后来，鄂尔多斯各旗王公伊克昭会盟后，额璘臣做了第一任盟长。

额璘臣果然不负清廷所望，在具体行动上表现了他的"臣服"。

顺治二年（1645），额璘臣派出鄂尔多斯骑兵和驼马，随清军英亲王阿济格入陕西，征剿李自成残军，得胜归朝，得优赍。

顺治六年（1649），鄂尔多斯蒙古贵族大札木苏叛清，额璘臣没有追随反叛，而带领他的部众固噜岱青善丹等5部，迁徙博罗陀海。清廷对他不助逆的举动十分满意，"遂诏封郡王、贝勒、贝子、镇国公有差，各授札萨克，凡六旗"。泽被全盟，利益均有。鄂尔多斯分六旗自此始。

额璘臣受封多罗郡王后，对清廷更加尽心，身体力行，并教育后人要以武力支援中央靖边患，巩固政权。

康熙十三年（1674），噶尔丹侵扰喀尔喀部，鄂尔多斯奉命遣骑兵参加平噶战争。

康熙皇帝画像

1696年康熙帝（玄烨）御驾亲征噶尔丹，途经鄂尔多斯边沿。鄂尔多斯各旗札萨克闻讯，都率自己的部众赶来朝觐这位大清皇帝，并奉献无数战马、物资。康熙帝对此行印象很好，感触颇多，事后他说——

朕至鄂尔多斯地方，见其人皆有礼貌，不失旧时蒙古规模。各旗和睦如一体，无盗贼，驼马牛羊不必防守。生计固全，牲畜蕃盛，较他蒙古殷富，围猎娴熟，稚兔复多。所献马极驯……

怀柔政策除野性

清廷深谙成吉思汗子孙桀骜不驯、剽悍好斗、尚武勇猛，因此对清立国前尚争战不歇的鄂尔多斯一系列事端都是非常审慎的。生事者有个别极端的，则干脆歼灭；众多的，则欲同化他们，变成自己的力量。爱新觉罗们首先想到奇渥温·孛儿只斤氏源自黑龙江，自己爱新觉罗氏出自长白山，于是就制造了"满蒙同源"论，大家都是"白山黑水"的兄弟嘛。既然是兄弟，就把满人的"八旗制"嫁接于草原蒙古族群。清廷以中央的权威，将蒙古民族30多个部落分割成160个旗，使其破整为零，达到分而治之的目的。对于紧随成吉思汗陵寝"八白宫"而来鄂尔多斯的原蒙古汗国的精英——黄金家族的后裔，也一样破整为零，画地为牢。清顺治六年（1649），清王朝仿照自己的八旗体制，把争战已熄火了的统一的鄂尔多斯划分为六个旗。为了有效地控制鄂尔多斯蒙古各部，顺治皇帝派钦差大臣来到鄂尔多斯，在圣祖成陵八白宫所在地大召，就是伊克昭，举行第一次会盟，召开各旗王公会议，宣读圣旨，进而与王公们商讨建盟事宜。圣旨诏封额璘臣及同族固噜岱青善丹等五位台吉，分别给予郡王、贝勒、贝子、镇国公等爵位，并授权各旗札萨克，让他们分别管理自己的领地。

郡王，在清朝贵族中地位仅低于亲王，贝勒、贝子、镇国公等爵位依顺序低一级。札萨克（札萨是蒙语，含有法律的意思）是一旗之王，是旗里最高军政首脑，执掌本旗旗民生杀予夺的大权，故称"王爷"。札萨克一般都是法定世袭的。

伊克昭盟七旗及其札萨克、爵位分列如下：

——鄂尔多斯左翼中旗（俗称郡王旗），封额璘臣（元世祖忽必烈后裔）札萨克多罗郡王；

——鄂尔多斯左翼前旗（俗称准格尔旗），封色棱（额璘臣从子）札萨克固山贝子；

——鄂尔多斯左翼后旗（俗称达拉特旗），封沙克扎（额璘臣从弟）札萨克固山贝子；

——鄂尔多斯右翼中旗（俗称鄂托克旗），封固噜岱青善丹（额璘臣从子）札萨克多罗贝勒；

——鄂尔多斯右翼前旗（俗称乌审旗），封额琳沁（额璘臣从子）札萨克固山贝子；

——鄂尔多斯右翼后旗（俗称杭锦旗），封小札木苏（额璘臣从子）札萨克镇国公；

——鄂尔多斯前翼末旗（俗称札萨克旗），系雍正九年从乌审旗牧地中划出一部而组建，授定咱喇什（额璘臣从曾孙）一等台吉，乾隆时封札萨克。

圣旨还将每个旗的辖地方圆做出十分精确的规定，如鄂托克旗"管辖东西三百二十里，南北五百里，东南、西北三百八十余里，东北、西南五百余里土地"，是七旗中辖地面积最广的一个旗。鄂尔多斯左翼中旗的王爷爵位最高，被封为郡王，该旗通俗叫"郡王旗"，则由此而来。

鄂尔多斯各旗王爷都是额璘臣的本族本家人。这位老太爷在顺治十六年（1659）去世，遗憾没有留下画像。

从此以后，前朝的蒙古遗老遗少不用再通过杀戮来换取地位与享受，只要他们拥戴大清王朝，皇帝自会给他们封官加爵，给予优厚俸禄。例如郡王，每年俸银一千二百两、俸缎十五匹、盔甲费三百两，俸米二百八十五石，差旅费郡王及随从每日银五两三钱五分，马料每日银一两一分三厘四毫七丝，郡王回家路费银七两八钱八分，等等。如此"高薪"，怎么也吃用不完！平日还会加赐银子、绸缎、珍宝，例如康熙十三年，对来京朝觐的郡王，赏雕鞍一个、银茶桶一个、锦缎二十九匹、茶叶四篓，后来改赏银子，折价三百一十七两。皇帝一高兴，兴许会减少他们的岁贡、赋税。康熙皇帝曾在一次蒙旗会盟前说过："朕在北京做皇帝，和你们在一个旗里当王是一样的，只不过朕在北京，你们在旗里罢了。你们一定不要辜负朕的好意，要安于职守，治理好盟旗。"

清廷统治蒙古族的纲领性文件《皇朝藩部要略序》说得很坦白："容之如天地，养之如父母，照之如日月，威之如雷霆（你若反对我，就给你雷霆般的打击）。饥则哺之，寒则衣之，来则怀之，劳则爱之，患则救之。"清朝这种宽猛相济的怀柔政策和盟旗制度，就鄂尔多斯而言，目的是把彪悍的蒙古部族禁锢在东、北、西均被黄河所环绕，南有长城阻隔的套中地内，像抚孩子一样怀柔、养育，久而久之渐渐冲淡了、软化了蒙古族逐水草而牧、遇不平而斗、奔驰追逐的野性，最终使清廷解除了对北方劲敌的戒备。

为此，清廷在行政上采取了以下措施：中央政府设置与六部并列的"理藩部"，直接管理蒙古等少数民族事务。此部大臣，由皇家宗室的一位亲王兼任，同时再设一尚书，亦由皇家宗亲担任，可见皇帝对蒙古族问题的特别重视。尚书下有侍郎三人，其中一人叫"额外侍郎"，由为清廷立过功且有声望的蒙古王公担任，但在实际事务中没有实权，可见皇帝对蒙古人还是不放心的。这个理藩部下设旗籍"清吏司"等六个司，作具体办事机构，职责分工详细而周到。

蒙古草原离北京远远的，那些盟旗王爷到底在干什么？为此清廷特别设置一种叫"笔帖式"的机构，让笔帖式们以协助衙门工作的名义随时千里巡视各盟旗，刺探情况，实行监督。这些"笔帖式"不同于蒙旗王府里的"笔帖式"，后者做的是秘书工作，而前者是向清朝皇帝负责的，可以搜集蒙古王爷的诸多情况，写成报告，直呈皇帝（当然也向理藩部送副本），称他们是"高级特工"，并不为过。

除理藩部、笔帖式中央机构外，清廷还设置了地域上靠近鄂尔多斯的地方实权机构，对那里的蒙旗实行监督管理，有六家，主要的有：

——绥远城将军衙门，设在归化绥远城（今呼和浩特新城），管绥远道的政治、军事、行政，鄂尔多斯受其统辖。

——陕西省神木县理事司员衙门，管鄂尔多斯郡王旗、札萨克旗、乌审旗、杭锦旗、准格尔旗、达拉特旗六旗境内蒙汉之间交涉事件，以及检查六旗中有否私人放垦牧地、私人组织军队等情况。

——甘肃省宁夏府理事司员衙门。负责管理鄂尔多斯鄂托克旗与上述六旗相类事务。

——杀虎口管站司员衙门。管理从杀虎口（今凉城南长城边）经鄂尔多斯往宁夏的12个驿站（其中6个在鄂尔多斯境内）的各项事务。

清廷深知理藩部及地方官员待久了，会产生与蒙旗这样那样牵连的流弊，影响中央意志和政策的实施，所以每过三年，必将他们调换一次。

1696年康熙皇帝在准格尔旗黄河滩曾说过："明朝无人，把你们看成虎狼在侧。现在天兵布满阴山，其奈我何？"他与当地牧民一样，吃了沙漠上的野草籽——"登香籽"。诚然，清廷不是无边的怀柔，而是恩威并举、宽猛相济。几百年下来，这块多事的鄂尔多斯草原竟出现了奇迹：康熙、雍正、乾隆、嘉庆，乃至道光、咸丰，清朝大半历史，朝廷与伊克昭盟各旗一直相安无事。鄂尔多斯蓝蓝的天上白云飘，草原上马儿跑、羊儿咩，勒勒车的轴轮橐橐响。

另外，还有一个宗教因素。明朝后期万历年间，被明廷册封为"顺义王"的鄂尔多斯又一首领"阿拉坦汗"俺答（巴尔斯博罗特的次子）把藏传佛教格鲁派始祖宗喀巴的大弟子第三世达赖喇嘛索南嘉措（四世达赖则是蒙古族人）从拉萨转青海迎到鄂尔多斯，广为传播喇嘛教。蒙古贵族彻辰鸿是皈依喇嘛教的第一人，他在法会上说，释迦牟尼化身的达赖喇嘛与上帝玉皇化身的阿拉坦汗邂逅，能使蒙古同胞万寿无疆，世代承平，把涌血的大江变化为溢乳的净海，使蒙古人的罪孽消逝……这正中了以杀戮为宗旨的部族首领——汗的下怀，于是藏传佛教自上而下传播开来，成了鄂尔多斯王公与牧民的基本信仰。喇嘛教核心宗旨是严禁杀生。笃信喇嘛教，自然冲淡了蒙古族人尚武强悍的风气，因此清廷极力推崇喇嘛教，把它融入了自己的怀柔政策。喇嘛教规定，喇嘛终身不得结婚，而鄂尔多斯地区的喇嘛教教徒几乎占蒙古族男子一半以上，因此使蒙古族人口锐减。据统计，清初伊盟蒙古族人口有20万左右，到1949年只剩下9万人！用宗教手段来遏制蒙古族人口增长，正中清廷下怀，这也是其羁縻政策不可告人的一部分。

还有，许多王公贵族都染上了卧炕吸鸦片大烟的陋习，毒入骨髓，大大摧折了他们原有的雄健体质，使他们堕入自毁深渊。

1912年1月1日，孙中山在南京就任中华民国临时大总统，宣告中华民国成立。2月12日（清宣统三年农历十二月二十五日），清帝爱新觉罗·溥仪逊位。13日，孙中山向中华民国临时参议院辞去临时大总统一职。3月10日，原清王朝的内阁总理大臣袁世凯摇身一变，登上中华民国大总统的宝座……

历史正在中国大地剧变，但塞外那块"套中地"鄂尔多斯却似乎凝固了，蒙旗里的札萨克们照样坐在王爷宝座上，纹丝不动。

何也？原因是袁世凯与南方达成了清帝逊位结束中国封建王朝的协议，除他做大总统外，还公布"清室优待条件"和"满蒙回藏各族待遇之条件"。后者，明确了清廷对蒙古族上层实行的种种优待政策继续生效。接着在北京袁世凯发布总统令：

——各蒙古王公原有管辖治理权一律照旧；

——内外蒙古汗、王、公、台吉等之各世袭位号，袭承旧制，其特权依旧；

——蒙古王公之世袭俸给从优。

在这样的政治背景下，鄂尔多斯七旗的建制、辖区都没有变，他们的札萨克不仅依旧，反倒都晋级爵位了。晋级王位的有：

郡王旗的特古斯阿拉坦呼雅克图（简称特王，奇忠义的曾祖父），清光绪二十八年（1902）袭札萨克多罗郡王；民国元年（1912），袁世凯封他为和硕亲王，晋了一级。他的儿子图布升吉尔格勒（图王）札萨克，承袭和硕亲王爵位。图王的长孙，本书主人公伊尔德尼博禄特（汉名奇忠义）札萨克，承袭多罗郡王爵位。

杭锦旗的阿拉宾巴雅尔（阿王），清光绪二十六年（1900）袭札萨克固山贝子；民国元年（1912），袁世凯晋他两级爵位，封他为多罗郡王。但他不争气的儿子阿拉坦鄂其尔承袭札萨克多罗郡王，却在"七七事变"后投降日本，做伪伊克昭盟盟长，堕落成蒙奸。

鄂托克旗的噶拉藏罗勒玛旺吉勒札木苏（噶王），清光绪二十八年（1902）袭札萨克多罗贝勒；民国二年（1913），袁世凯晋封他为多罗郡王。

札萨克旗的沙克都尔扎布（沙王），因为此旗是后来增设的，且面积最小，清光绪二十三年（1897）袭札萨克一等台吉，后晋镇国公、御前行走；民国元年（1912），袁世凯晋封他为多罗贝勒。两年来晋升两级。到民国十四年（1925），被授伊克昭盟盟长、多罗郡王。

上述这些札萨克晋爵都与他们在时代大潮流中拥护民国国体、赞成共和政治和坚决维护中华民族统一等客观因素有关，但达拉特旗的札萨克逊布尔巴图的多罗郡王—和硕亲王的来历却有点可笑了。他在清宣统三年（1911）时承袭固山贝子爵位。清亡，袁世凯做中华民国大总统，他两次进京朝觐，带去数万两银子进贡，第二次时袁世凯加封他为和硕亲王（还有一个因素，配合宁夏昭武军进剿土匪卢占魁有功）。这位旗王向北京极尽拍马屁之能事，在旗内残酷镇压"独贵龙"运动，生活腐败、乱伦，为蒙旗王公贵族所不齿。

维护祖国大一统

在中国历史转折的关键时刻，1911年岁末，几乎与辛亥革命接踵而来，蒙古人生活中的一个大事件发生了——是年12月，外蒙古封建王公推举八世哲布尊丹巴活佛宣布"独立"，自称"大蒙古国皇帝"，年号为"共戴"①。翌年5月，哲布尊丹巴向内蒙古各蒙旗发来《劝降书》，称"现值南方大乱，各省独立，清皇权势日就凌夷，国体变更，指日可待。我蒙古亦宜联合各盟，自立为国，自便保我黄教，以免受人权力压制之苦，自应协力同心，奋勉图维"。

本书主人公奇忠义的曾祖父郡王旗札萨克特王是位追求进步潮流、识大体的蒙旗王爷，时任伊克昭盟副盟长，得知兹事体大，立刻会同盟长、杭锦旗札萨克阿王，于同年6月，在郡王旗苏泊尔召庙召开七旗札萨克会议，对外蒙古的招降，理直气壮地提出《十三条质疑》，致电民国政府，旗帜鲜明地表示拥护汉、满、蒙古、回、藏五族共和，反对民族分裂，维护了祖国的统一。伊克昭盟七旗承受住了历史考验，特王功不可没。

紧接着在绥远城将军的主持下，召开了乌兰察布盟、伊克昭盟两盟十三旗的西蒙会议，于1913年2月通过《大纲》，通电表示——

---

① 八世哲布尊丹巴呼图克图（1869—1924）名阿旺垂济尼玛丹彬旺舒克，出生于西藏，随父进入外蒙古，4岁时失明，是外蒙古藏传佛教格鲁派大活佛。中国辛亥革命后，在沙皇俄国支持下，1911年12月29日，哲布尊丹巴宣布外蒙古独立，自任日光皇帝额真汗，改元共戴。1915年，中国与沙俄签订《恰克图条约》，外蒙古改自治，属中国领土，接受袁世凯总统册封呼图克图。第一次世界大战期间，北洋政府派徐树铮进军，占领库伦，取消其自治。1921年，蒙古人民革命党及其人民军在苏联红军帮助下，击败中国军队，夺取政权，哲布尊丹巴成为立宪君主。1924年5月八世哲布尊丹巴圆寂，新政权禁止寻找转世灵童，是年11月26日，蒙古人民共和国成立。

"一，实行赞助共和。二，不承认俄库（俄罗斯与库伦外蒙）协约。三，请兵保护西蒙要地。"并断然指出，"佛俄协约实乃断送蒙命，本盟绝对否认"。

袁世凯知道后很是欣慰，回电绥远将军说："凡效忠民国实赞共和之蒙古各札萨克王公等，均属有功大局，允宜各照原有封爵加进一位。"所以，保留盟旗王公的原有待遇并加封爵位是有它的历史因素的。

蒙旗仕官出行（老照片）

历史的钟摆摇摆了近二十个春秋。1930年中原大战以蒋介石获胜而告终，蒋介石终于腾出手来明确蒙旗政策，以国民政府名义发表《蒙古盟、部、旗组织法》，其中有云："一，蒙古各盟、部、旗之管辖治理权依旧。二，蒙古各盟盟长及札萨克分别总理盟务旗务。三，蒙古各盟及特别旗直属行政院。四，蒙古地方之军事外交及其他国家行政统一于国民政府。"总之，南京国民政府的政策是袁世凯及北洋政府在统一中国的前提下"优待蒙旗"政策的延续。

国民政府这一"蒙旗优待"政策在抵制德王别有用心的"蒙古自治运动"逆流中发挥了作用。1934年，具有日本关东军、长春伪满洲国背景的锡林郭勒盟西苏尼特右旗札萨克德穆楚克栋鲁普（简称德王）在乌兰察布盟达茂旗百灵庙搞"蒙古自治"。国民政府对付它颇为棘手。翌年，日本关东军参谋长板垣征四郎交付德王金钞50万元，枪械5000多支，帮助他组织军队。德王还会同外蒙古迪力瓦活佛、日本特务中岛等赴长春觐见伪满皇帝溥仪。如此露骨的叛国行动，激起了内蒙古各盟旗有民族良心的王爷的一致愤慨，他们不信德王的"民族自治"运动，把目光由百灵庙转移到归绥。1935年，乌兰察布盟、伊克昭盟先后致电南京国民政府，要求成立"绥境蒙政会"，以彻底脱离德王的百灵庙"蒙古地方自治政务委员会"。国民政府批准了这一要求，1936年1月蒋介石发特急电致绥远省政府主席傅作义，指派乌、伊两盟各旗蒙古王爷为绥境蒙政会委员，札萨克旗的沙王为委员长。是年2月23日，绥境蒙政会在绥远省归绥（今呼和浩特）公会堂举行成立会。德高望重的伊克昭盟盟长、札萨克旗多罗郡王沙克都尔扎布（简称沙王）专程到会并发表演说。"绥

蒙旗武官（老照片）

境蒙政会"的成立及行使职权，促使国民政府"优待蒙旗"政策得到落实。

为维护封建王朝绝对统治而产生的"怀柔蒙旗"这一特殊政策，在中国大陆持续了三百多年，直到新中国成立才结束。在中华人民共和国成立前，在中国共产党的领导下，内蒙古自治区成立了。1954年的第一部《中华人民共和国宪法》确定我国是统一的多民族国家，各民族享有自由平等地位。各民族自治地方都是中华人民共和国不可分离的部分。

第三章

伊金霍洛

蒙古圣祖八白宫落定

移动大漠八白宫

蒙古语"鄂尔多斯"的汉文译意是"众多的宫殿、宫帐"，是同成吉思汗陵寝相关并派生出来的历史词语，它也可理解为守护宫殿者，就是成吉思汗子孙中守护他的白色宫帐的人。如是，与鄂尔多斯类似的地名，在明朝以前，除了河套地方之外，在漠北也有多处。那里叫"鄂尔多"，或者"斡耳朵"，意思就是成吉思汗灵寝纯洁的白色宫帐，后来简称为"八白宫"了。

成吉思汗八白宫（室）是全体蒙古人的"总神祇"。这是一个光荣和幸福的概念。它最后落定在中国的河套鄂尔多斯，但七百多年来还有一段不乏曲折的历史沿革。

成吉思汗于1227年在西夏灵州病逝后，其部众"以辇奉柩，至于所卜久安之地"，将大汗遗体置于一段被掏空了的大树干里面，合拢，再用黄金箍箍了三圈，深埋地下，再驱万马践平。葬后，每日烧羊肉两次供奉，至七七四十九天。原始的蒙古汗葬礼就这么简单。因为蒙古汗葬身之地是绝对保密的，所以成吉思汗到底埋于何地，虽有多种说法，都没有实据，都是间接的，仅是传说而已，无法考究。但是为了纪念这位永垂不朽的大汗，便于千秋万代祭祀，继承他的精神，他的忠诚的子孙和部众，将象征他灵魂所在的银棺、遗物（圣物）、旗徽等，归奉在几座白色的宫帐（蒙古包）里，设置他神圣的陵寝。这个陵寝和这个征战、游牧为业的民族一样，当时并无固定处所，即使在存在时间并不长的元王朝，也随着蒙古部族在大漠南北征战而迁徙，成了一个特殊到绝无仅有的帝王陵寝历史现象：移动的成吉思汗八白宫。

七百多年来，八白宫的主要历程大致如下。

始建漠北。成吉思汗遗体真身深葬于漠北阿尔泰山阴、肯特山阳的三河发源地起辇谷（一说葬河套），就地建鄂尔多（斡耳朵），即成吉思汗陵寝，同时又设成吉思汗几位夫人的灵帐，故史称"四大鄂尔多（斡耳朵）"。成吉思汗三子窝阔台即位（1229）后，建都哈喇和林，就在该城设成吉思汗祭灵宫帐。当然初创十分简陋。

元朝时期。拖雷之子忽必烈于1260年即位，1271年建立元朝。不久，就钦定祭祀成吉思汗制度。当时，分别在漠北哈喇和林、上都开平府、大都燕京、漠南河套地区四个地方设立成吉思汗"奉祀之神"即白宫灵帐。忽必烈还在大都建立太庙，钦定"四时大典"，祭典先祖成吉思汗和象征他勇猛、胜利的旗徽"苏勒德"。

北元时期。14世纪下半叶，北元与明军作战30多年，北元败绩，哈喇和林也陷落。而且此际，蒙古各部族又相互混战，漠北草原、沙漠杀声一片，他们的先祖成吉思汗灵帐饱受流离颠沛之苦，成了"朝木朝克"（战车上的白宫），居无定所。而且各灵帐也分散在各个部落，无法聚拢，给祭祀带来诸多不便。

明朝中叶（成化年间）。15世纪80年代，蒙古民族出了一位少年英雄，巴图蒙克在他祖辈的妻子满都海·彻辰夫人的协助下，被拥戴为达延汗，统一了漠南蒙古。他俩结合时，在哈喇圣祖太夫人诃额仑哈屯的灵帐白宫前立下了统一蒙古大业的誓言，经过30多年征战，终于在1510年控制了蒙古诸部，编成六个万户，分左、右两翼，于是便将圣祖成吉思汗八白宫分由左、右两翼的部族来供奉。接着巴尔斯博罗特（达延汗的三子）在他父亲巴图蒙克的帮助下，征服右翼另二部，统一了黄河以南、长城之北的河套地区，将鄂尔多斯族群迁入，供奉圣祖成吉思汗的八白宫灵帐及其圣物。河套内的鄂尔多斯名称因此而来，具有里程碑的意义。

明朝后半叶。万历四十一年（1613），鄂尔多斯济农博硕克图（巴图蒙克达延汗的五世孙）在黄河南岸乌兰淖尔建立了鄂尔多斯第一座藏传佛教的召庙王爱召（又称伊克召、大召）。他去世后，他的灵塔为其子额璘臣在王爱召供奉。额璘臣承袭鄂尔多斯济农爵位（1627）后，就将圣祖成吉思汗八白宫迁至王爱召附近。自此，八白宫结束了"战车灵帐"流离奔徙时期，正式落户河套地区鄂尔多斯。此际已是明朝末年、后金皇太极时期了，伊克昭盟尚未成立。

八白宫能集中于黄河南岸河套，还得益于一个历史事件：1628年蒙古察哈尔部族首领林丹汗起兵，对与后金结盟的科尔沁诸部作战，在裹挟鄂尔多斯额璘臣部西逃青海时，将在察哈尔供奉的圣祖太夫人诃额仑哈屯的白毡帐、大蒙古国查干苏勒德（九斿白纛）、阿拉格苏勒德（花纛）等圣物及守护它们的一些部众，留在鄂尔多斯，使得在鄂尔多斯的八白宫——"全体蒙古总神祇"更加名副其实了。

清朝初建。鄂尔多斯济农额璘臣在1635年（后金改国号清的前一年）便臣服皇太极，可见在其时与清廷关系已不错了。接着林丹汗的两位夫人及儿子东归，归顺清朝。清顺治六年（1649），清廷将鄂尔多斯部划分成六旗（后又增设一旗），成立伊克昭盟。额璘臣及其从弟、子侄分别受封郡王、贝勒、贝子、国公等爵位，分别领牧伊克昭盟盟长、各旗札萨克。鄂尔多斯的盟旗制度自此确立。顺治皇帝派出钦差大臣赴王爱召，代表自己，主持这次历史性的会盟。额璘臣原是鄂尔多斯的蒙古济农（亲王），现在则成为清朝国体下伊克昭盟第一任盟长、六个蒙旗中唯一的札萨克多罗郡王，自然成了成吉思汗灵寝八白宫的最高守护人、供奉人、主祭人。

王爱召就成了八白宫由流动蒙古大草原到落定鄂尔多斯的一座里程碑。

说起王爱召，辉煌的年代已一去不复返了，那是1941年万恶的日寇造成的永久的历史遗憾！

王爱召藏名叫乌哈格巴达古拉圪齐庙，是明朝万历四十一年（1613）鄂尔多斯济农、奇忠义的第二十世祖博硕图克（即额璘臣的上一世）建造的，在黄河南岸今达拉特旗旗治树林镇东南四十里处。这是鄂尔多斯地区的第一座喇嘛庙，规模宏伟壮观，藏传佛教（黄教）就此向全鄂尔多斯推进发展，到清末，伊克昭盟已有250多座召庙。王爱召，明廷赐名"广慧寺"。庙域占地50亩，庙址12亩，内有汉式殿49间、藏式殿81间。汉殿雕梁画栋，屋顶铺五色琉璃瓦，屋柱用彩色盘龙栽绒地

鄂尔多斯王爱召遗址，原是明朝八白宫所在地

毯包裹，殿内供奉银铸释佛像等佛像。藏殿平顶屋顶，白墙红边，山门有四大天王，南有奶奶庙、观音堂、五道庙，北有十殿阎君、靖王庙。中部正殿后面还有白塔三座。藏殿珍藏有从青海传入的用金银宝石装饰的108函《甘珠尔经》。王爱召外面，有九间宽的大坟庙一座，内供鄂尔多斯祖宗坟塔大小不一共13个，都银制镀金。王爱召拥有一位转世活佛及300多位喇嘛，因此仅僧舍就有280多间。王爱召是鄂尔多斯宗教文化的中心，被誉称为"东藏"。

抗日战争期间，驻包头的日寇一直觊觎王爱召的珍宝，企图掠夺，曾派特务实地刺探，又遭飞机轰炸，损毁经堂，导致大喇嘛扎布罹难。1941年农历正月十四日，驻包头的日军小岛机械化部队在飞机掩护下，闯进王爱召，制造了一场疯狂的大掠夺，把释佛头像（及额上的珠宝）、庙藏文物、成套佛经等等一掠而空。日寇连抢了三天，用汽车日夜运输，然后在第四天纵火烧庙。这场大火烧了半个多月，王爱召成了废墟。现今的王爱召镇是达旗东部第一大镇。

清顺治年间，额璘臣为郡王旗札萨克多罗郡王，为了主持操办祭祀圣祖诸多活动方便，就将在王爱召附近乌兰淖尔的八白宫毡帐往南（自己领地方向）迁移，落定巴音昌霍格河畔高吉高尔敖包北坡的一块绿茵草地上。此后，虽有几座"奉祀之神"的白宫在鄂尔多斯另外几处供奉，但八白宫的核心，即成吉思汗灵帐和他最权威的旗徽哈日苏勒德就驻定在这里——被称作"大汗长眠在这里"，接受全体蒙古人祭祀、膜拜，因此被称为"大伊金霍洛"（圣主的宫殿）。大伊金霍洛在郡王旗旗治阿拉腾席连镇西南方向四十里处。八白宫从此结束流动状态，永驻伊金霍洛。

清康熙三十五年（1696），重新组建成陵侍卫组织达尔扈特五百户，官方决定，免除其服兵役、纳赋税义务，专职成陵祭祀事务，并集中居住在大伊金霍洛周围。清同治年间，为避免劫匪抢劫，大伊金霍洛成吉思汗灵柩曾一度迁移到准格尔旗濒临黄河的柴达木庙，一年后复迁返大伊金霍洛。

民国五年（1916），在大伊金霍洛曾建庙堂5间，拟将成吉思汗灵柩迁入。此际碰上疫病流行，又连年旱灾，鄂尔多斯人遂认为是建庙迁灵带来的灾难，果断拆除了庙堂，灵柩复入毡帐。

民国二十八年（1939），迁陵。1937年"七七事变"后，中国抗日战争全面爆发，日本帝国主义大举入侵中国内地，内蒙古大部分蒙旗先

清末大伊金霍洛八白宫（老照片）

20世纪20年代大伊金霍洛八白宫（老照片）

后沦陷，伊克昭盟成为抗日前线。鉴于日寇对成陵心怀叵测，1939年6月，重庆国民政府应伊盟盟长沙王请求，组织力量，将大伊金霍洛的成吉思汗暨孛儿帖格勒真哈屯灵柩、忽兰哈屯灵柩，以及哈日苏勒德

（黑纛）等圣物，隆重向西迁移，至甘肃省榆中县兴隆山大佛殿供奉。邓宝珊将军遣所部二百武装军人随行护送。

1949年，再次迁陵。是年夏，全中国已接近解放。8月，兰州已临近解放，在兴隆山供奉已有10年的成吉思汗灵寝再一次被启动西迁，迁至青海省湟中县塔尔寺，置五间楼排家孕哇活佛公署经堂。

1954年，迁陵返鄂尔多斯。新中国成立后，百端待举，百废待兴，应广大蒙古族人民要求，中央人民政府同意内蒙古自治区人民政府组织迎接成陵代表团，于3月前往青海塔尔寺，迎运成吉思汗灵寝返鄂尔多斯大伊金霍洛故地。农历三月二十一日（4月23日），在春季查干苏克鲁大典祭典上，隆重举行成吉思汗灵柩安放仪式。内蒙古自治区人民政府主席乌兰夫主祭。同日，成吉思汗新陵园破土奠基，乌兰夫主持仪式。

建设成吉思汗新陵园。新中国"三大运动"（抗美援朝、镇压反革命、土地改革）结束后不久，发展国民经济第一个五年计划伊始，1953年12月，中央人民政府决定建设成吉思汗新陵园。1954年年初，伊克昭盟成立新陵建筑筹备委员会，盟长鄂齐尔呼雅克图任主任，时任盟民政处处长的奇忠义是筹委会成员之一。1955年春，建筑工程开工。1955年10月，"太阳照在绿草地，草原显得更美丽"，正值新中国成立六周年，社会主义经济建设高潮之际，北国鄂尔多斯高原中部伊金霍洛甘德尔敖包，蓝天白云碧草间，在海拔1300米的高原上，一幢三座蒙古包式建筑相连的金碧辉煌的宫殿大厦——成吉思汗陵园落成了。从此，这里永远保存着成吉思汗的丰功伟绩，永远载留了蒙古族的历史和文化，而高大巍峨的陵园建筑无疑成了那段历史的一座丰碑。

1987年国家副主席乌兰夫（中）谒成陵，达尔扈特人（左、右）助祭

陵园落成后，成吉思汗暨几位夫人的灵柩率先入陵，分布在鄂尔多斯各地的八白宫、苏勒德及其他成吉思汗的圣物也相继入陵。

在以后的岁月里，人民政府先后于1977年、1981年、1986年、1990年、1995年、1999年、2001年等拨款对陵园进行修缮和扩建。成吉思汗陵园占地1.55平方千米，陵宫大院28000平方米，陵宫院墙周长840米。

成吉思汗陵园为1982年公布的"第二批全国重点文物保护单位"。

到底几多八白宫

那么蒙古人纪念成吉思汗"总神祇"的八白宫是指哪几座宫帐（灵帐）呢？这在不同历史时期有不同的具体的实指。

元王朝中央政权结束后，蒙古部族与明王朝对抗战争的北元时期，成吉思汗四大鄂尔多与诸白宫合并后的八白宫是：

——成吉思汗白宫；

——成吉思汗母亲诃额仑白宫；

——成吉思汗夫人孛儿帖格勒真哈屯白宫；

——成吉思汗夫人忽兰哈屯白宫；

——成吉思汗夫人也遂哈屯白宫；

——成吉思汗夫人也速干哈屯白宫；

——额希（蒙古语，母亲）唆鲁禾帖尼（拖雷夫人）哈屯白宫；

——弓箭白宫。

此外，成吉思汗及大蒙古国的旗徽，如哈日苏勒德（黑纛）、查干苏勒德（白纛）、阿拉格苏勒德（花纛）等圣物也集中在八白宫附近，融入"总神祇"被供奉。

成吉思汗灵寝正式落户鄂尔多斯大伊金霍洛后，清乾隆十三年（1748）时的八白宫是：

——成吉思汗白宫；

——孛儿帖格勒真哈屯白宫；

——忽兰哈屯白宫；

——也遂哈屯白宫；

——也速干哈屯白宫；

——额希唆鲁禾帖尼哈屯白宫；

——弓箭白宫；

——鞍辔白宫。

乾隆十三年后，八白宫数量减少，但供奉圣物增多，加入成吉思汗的圣物一起供奉，比如成吉思汗和第一夫人孛儿帖格勒真合成一个灵帐，也遂和也速干夫人合成一个灵帐，并供奉成吉思汗的两把马刀。

清宣统二年（1910）时的八白宫，至今仍保持其基本状态：

——成吉思汗和第一夫人孛儿帖格勒真哈屯白宫；

——成吉思汗第二夫人忽兰哈屯白宫；

——成吉思汗第三夫人也遂哈屯和成吉思汗第四夫人也速干哈屯白宫；

——成吉思汗"宝日温都尔"（祭天时圣奶桶）白宫；

——成吉思汗吉劳（鞍辔）白宫；

——成吉思汗弓箭白宫；

——成吉思汗神马"溜圆白骏"神像白宫；

——商更斡尔（珍藏）阁白宫。

商更斡尔阁珍藏着各种金银器皿、珠宝玉器，以及《白史》《红史》《黄史》《金书》（即《金册》）等蒙古族珍贵的历史文献。

但是八白宫并不全集中在大伊金霍洛。既然"鄂尔多斯"是众多宫殿之意，那么还有与成吉思汗灵寝有关的"霍洛"（宫帐或营盘），分布在鄂尔多斯其他地方。举例如下：

小伊金霍洛是成吉思汗第二夫人忽兰哈屯白宫之所在，坐落在大伊金霍洛西南十五里、札萨克旗王府东北十五里的黄陶勒土岗，距成陵很近，可谓"鸡犬之声相闻"。这位美丽的女子是成吉思汗征伐乃蛮部族时俘获的，十分受宠。因此她的灵帐与大伊金成吉思汗暨第一夫人灵帐相仿，前后葫芦形的双重帐，坐落在二尺高的砖台上。忽兰的灵柩也是银质的，不同其他灵帐。她的灵柩还珍藏着一幅九龙盘绕的成吉思汗与忽兰的肖像画。传说画中的红色，是忽兰临终时口鼻所流之血；青色则是忽兰火化后的骨灰；其他颜色，是忽兰的血与骨灰拌和调配出来的。

额希白宫。额希唆鲁禾帖尼哈屯是蒙哥与忽必烈兄弟俩的母亲。这位英雄母亲生育了两位成大业的蒙古儿子，名垂青史。元世祖忽必烈为她建白宫供奉，初在漠北哈喇和林，由卫拉特部落额尔古特人守护。后来，巴图蒙克达延汗接管额希哈屯白宫及额尔古特人，将其移至察哈尔供奉。明末清初，林丹汗反清，兵败溃逃青海时，途中将额希白宫留在鄂尔多斯。清朝时，额希白宫就在额璘臣的封地郡王旗供养，由五百达尔扈特人护卫。至20世纪30年代，额希白宫被安置在靠近大伊金霍洛的查干德日供奉。

拖雷白宫。原是成吉思汗八白宫的一部分，后被迁移到杭锦旗、鄂托克旗交接处的莫胡尔苏东北山梁上的道伦呼都克。后因该地放垦，又移至鄂托克旗的桑堆独岗庙供奉。拖雷是成吉思汗的第四子，是继承大汗家业，固守蒙古本土的可汗。拖雷的灵帐原为双重，到民国时变成了单帐。

准格尔伊金白宫。此为成吉思汗第三夫人也遂哈屯和第四夫人也速干哈屯的白宫，坐落在准格尔旗布尔陶亥乡达板希里南岗，是一座双重灵帐，灵柩是用紫檀木制作的。也遂、也速干是姐妹，为塔塔尔部酋长也客扯连的女儿，是1202年成吉思汗征塔塔尔部胜利时获娶的。又有一说，准格尔伊金是成吉思汗又一夫人古日别勒津高娃哈屯的白宫，她原是西夏希度尔古王的夫人，为成吉思汗战灭西夏时获娶的。

吉劳（鞍辔）白宫，是成吉思汗灵寝"奉祀之神"之一。上吉劳霍洛，单帐，坐落在郡王旗查干陶勒盖南坡。宫帐里供奉着成吉思汗的一副用一整株白檀香木雕刻而成的镀金马鞍，还有镀金的嚼子、扯手、肚带、压扣等乘骑用具。在上吉劳霍洛还放牧一匹成吉思汗"八骏"之一银合马的后代。下吉劳霍洛几经迁移，最后落定大伊金霍洛腹地查干德日斯。宫帐里供奉的也是成吉思汗全套马鞍具，均饰有铁錾的花纹。此地也放牧一匹成吉思汗的银合马后代。

成吉思汗的坐骑溜圆白骏也是"奉祀之神"。这是一匹眼睛乌亮、蹄子漆黑、全身银白毛而无一绺杂毛、全身没有一处伤痕的神马，成吉思汗去世后一直被作为神骏在大伊金霍洛成陵受奉祀。其接传后代大约有300匹，在准格尔旗的布尔洞阿贵、布尔陶亥草场欢奔撒野。它们还得到特别优待：不准印记号，不准妇人乘骑，不准倒卖……

弓箭白宫。宫帐内供奉着成吉思汗的三张弓及箭、箭壶等。现坐落在大伊金霍洛成陵，在成吉思汗灵帐两侧。历史上，弓箭白宫曾先后在塔兰呼都格、布尔都、朱格尔敖包、商希哈玛尔（均在大伊金霍洛附近）驻扎。弓是用鹿角制成的。箭镞铁制，箭柄红柳条制，箭尾粘有雕翎。

成吉思汗征战时有三大旗徽被奉为战神——哈日苏勒德（黑纛）、查干苏勒德（九斿白旗）、阿拉格苏勒德（花纛），象征他的勇猛、所向披靡。成吉思汗逝世后，它们作为"全体蒙古的总神祇"之一，受到供奉，它们的白宫分别为——

哈日苏勒德。这是一柱黑纛式旗徽，为成吉思汗所向无敌的战神。蒙古人祭祀苏勒德与祭祀成吉思汗一样隆重，所以一直将哈日苏勒德供奉在他们的圣祖灵帐附近，从未远离。初在额璘臣的旗王府供奉，后移到郡王旗南部乌伦木兰河套，旋因该地改牧场，北移到查干陶勒盖平地，建"苏勒德霍洛"。苏勒德霍洛建有高一尺的平台，祭坛面积250平方米，供奉5柄苏勒德，其中一柄为"成吉思汗哈日苏勒德"，插在一只大金龟（石制）背上；四周，有四柄苏勒德，称"陪苏勒德"。成吉思汗苏勒德的柄（称"希利波"）是柏木制的，长一丈三尺五寸，上端为一把一尺长的两刃矛头，金属制成。下部是一个银制的圆盘，中间有孔，得以安置在柄上；边缘有九九八十一个小孔，用于固系缨子。缨子长度为三拃四指（120厘米左右）。这些缨子取于九九八十一匹枣红公马的黑鬃。苏勒德祭坛上还有一座小铜庙，内藏苏勒德矛头和祭祀用灯。

查干苏勒德。源自大蒙古国斡难河畔树立的九斿白旗。这柱苏勒德的缨子是用银白色公马的马鬃制作的，故称查干（白）苏勒德。北元时期由察哈尔万户供奉。清初，林丹汗被逐往青海途中，将其（以及其守护千人）留在鄂尔多斯。清朝、民国时，由乌审旗南部长城边宝日陶勒盖移到毛布拉格的陶高图滩北角。查干苏勒德由主一柄、陪八柄组成。主苏勒德的柄（"希利波"）由松木制作，长一丈三尺，顶端为一尺长的三叉（象征火焰）铁矛，下部是圆盘。圆盘周延系固白公马鬃做的缨

成吉思汗的威武象征：哈日苏勒德（黑纛）

成吉思汗的威武象征：查干苏勒德（白纛）

成吉思汗的威武象征：阿拉格苏勒德（花纛）

子。察合台汗的查干苏勒德，过去曾在哈拉哈蒙古札萨克图罕（今蒙古国乌布苏省温都尔杭盖苏木境内汗呼黑山前）供奉过。

阿拉格苏勒德，也是大蒙古国的旗徽，因为用黑、白两色的公马鬃制作缨子，故名。花纛经成吉思汗及其后裔使用，传至林丹汗，他在被西逐青海途中，将其留在鄂尔多斯西北境的杭锦草原。林丹汗当时为躲避清军的追击，将此纛藏于水井里，故又名"察哈尔水神"。此纛最后迁至杭锦旗南部浩绕柴达木苏木的额布格巴拉尔供奉。阿拉格苏勒德"希利波"长一丈三尺，直径二寸，用柏木板制成，插在花岗岩上，象征大地永存。四周有四柄陪苏勒德。主苏勒德顶端是宽二指、长一尺、夹顶、双刃的矛，矛面上镶有七斗星图案，以示此苏勒德为七斗星化身。下部圆盘周沿有九九八十一个眼孔，固系白色、枣骝色公马制作的缨子。

阿拉格苏勒德中还有一柱"哈撒尔的阿拉格苏勒德"，

供奉在鄂托克旗查干陶勒盖苏木的昂索。哈布图哈撒尔是成吉思汗的胞弟，著名的神箭手。阿拉格苏勒德由察哈尔的几个氏族世代守护。

成祭历史活化石

成吉思汗新陵园的苏勒德祭台（1997年建）

成吉思汗祭祀（八白宫祭、苏勒德祭）源远流长，自成吉思汗逝世后七百多年来一直未中断过。成吉思汗祭一年举行多次，有日祭、月祭、祝福祭、公羔祭、台吉祭、灶火祭，以及忽必烈钦定的无比隆重的"四时大典"祭等。哈日苏勒德祭与成吉思汗祭同时举行，有日祭、月祭、大祭（年祭），以及龙年威猛祭（十二年一次）等，一代一代传承下来，形成了一整套形式独特、内容丰富、涵盖深广、礼仪规范、程序完整的系列宫廷祭祀文化。八白宫祭和苏勒德祭成为鄂尔多斯蒙古族百姓，特别是黄金家族裔孙们精神生活不可缺少的一部分。

成吉思汗传统隆重的"四时大典"祭分别为春季查干苏鲁克大典（农历三月二十一日）、夏季淖尔大典（农历五月十五日）、秋季斯日格大典（农历九月十二日）和冬季达斯玛大典（农历十月初三）。即使狼烟四起、烽火不断的抗日战争年代，鄂尔多斯也照样举办不误。

关于成吉思汗祭祀，现代历史上曾经有过一段苦涩的闹剧。抗日军兴，针对日寇、伪满企图劫持成陵，将其东迁归绥（已沦陷）的阴谋，1936年6月，国民政府同意伊克昭盟申请，将成吉思汗暨两位夫人的灵柩及成吉思汗哈日苏勒德等圣物西迁至甘肃兴隆山供奉。这在鄂尔多斯上下是件惊天大事，但变节了的杭锦旗阿王想出一个奇招，以便挤进成吉思汗鄂尔多斯子孙群中。

尚在1937年11月，杭锦旗札萨克阿拉坦鄂其尔北渡黄河，跑到包头投入日本侵略军怀抱，做了伊克昭盟"盟长"。如今，这位阿王见祖宗的灵柩已迁出故土，就失魂落魄地说："现在我们该向什么叩头？"因为失去了可向日本主子讨价还价的背景，他十分苦恼。思索良久，他动了一个念头，就指派他的旧部、杭锦旗达尔扈特丞相（达尔扈特高级官员）阿某专程赴兴隆山，向往年巡祭于杭锦旗、达拉特旗的"陪苏勒德"（七月十四日威猛大祭结束后，四柄"陪苏勒德"分四路到鄂尔多斯七旗巡祭）管理达尔扈特求情、活动，终于搞了一柄复制的"陪苏勒德"，携回包头。1940年农历三月二十一日春季查干苏鲁克大祭来临之际，阿王在包头如法炮制，支起成吉思汗宫帐及帐内诸祭物（均仿制），树起赝品哈日苏勒德，借助日本主子的支持，在包头"阿王府"狐假虎威地举办起查干苏鲁克大典祭祀。闹剧即将启幕，忽然有传言说，成吉思汗宫帐不能过黄河，在北岸边不能设帐供奉，云云。阿王听到后大为沮丧，但这位不肖子孙的祭祖之举并没有就此中止，最后终于将"宫帐""黑纛"运到黄河南岸沦陷区，在达拉特的大树湾乡举办。农历三月二十一日到了，由伊盟伪"盟长"、伪达拉特旗保安团团长森盖林沁，以及几个降日的贵族主持，举办了一场不伦不类的春季查干苏鲁克大典。骄横的包头日军人物居然也去凑热闹。

此举为蒙旗所有有良知的人士所不齿。

"只要你是蒙古人，"采访时奇忠义先生对笔者说，"绝不会，也不敢数典忘祖，你是伟大的成吉思汗的子孙！但是阿王那场春季查干苏鲁克祭典是扭曲的，可悲的，给历史留下了一个笑柄。蒙奸有资格祭祖吗？然而我们鄂尔多斯蒙胞是宽容大度的，称这柄赝品苏勒德为'杭锦旗苏勒德'，1955年成吉思汗新陵园落成后，将它连同当年祭祀所用的银质祭器，作为文物，一并送入陵园，加以妥善保存。"

达尔扈特一群体

达尔扈特人（1935年）照片

八白宫得以完好保存，成吉思汗祭祀得以庄严规范进行，鄂尔多斯这一"活化石"般的传统得以世纪复世纪地持续——这里依靠了一根"轮轴"鲜活转动：那就是达尔扈特江河行地的功能。

"达尔扈特"，意为"神圣者"，这是圣祖八白宫守灵人的美称，负有世世代代守护和祭祀的神圣义务和责任，而这一殊荣是紧紧依附于鄂尔多斯整体的。

达尔扈特有特定的时代概念。要了解达尔扈特，先得从守卫八白宫的鄂尔多斯部落的悠久历史说起。"鄂尔多斯"的概念既含时间，又含地域。鄂尔多斯的"斯"，在蒙语中表示复数和多数的意思，那么"鄂尔多"——宫殿，到底有多少呢？说起来，成吉思汗这位一代天骄万里征战欧亚大陆，但连国都也没有。他的三子窝阔台建立了大蒙古帝国第一个都城哈喇和林，但他却匆匆去世了。不过，成吉思汗戎马倥偬中建有四大指挥中心，史称四大鄂尔多（斡耳朵）。每个鄂尔多由上千座营帐组成，成为一组军事、政治群体，其中心就是他的哈屯（皇后）宫帐；四大鄂尔多，则由他的四大著名哈屯主持，管理日常生活事务。这四个鄂尔多则是：

——大鄂尔多（又称克鲁伦鄂尔多），位于克鲁伦河畔的萨拉哈赤。

主人是与成吉思汗（时年18岁）结婚的孛儿帖格勒真，第一夫人。这位大哈屯贤惠通达，"宅心渊静，禀德柔嘉"（《元史》）。她生有四子五女。

——阿彦鄂尔多（又称行宫），位于萨阿里客额儿的哈日拉图，今蒙古国东部克鲁伦河南流东折的喀罗台敖茂湖附近。主人是美丽聪颖的忽兰哈屯。她最得成吉思汗宠信，三十九位后妃中，唯有她随大汗西征七年。她生有一子。

——希日嘎其鄂尔多，位于土拉河上游的哈日栋（黑森林），原克烈部王汗旧营盘。主人是也遂哈屯。无生育。

——哈木图特回鄂尔多，位于今蒙古国北部色楞格河支流伊德尔河畔，原乃蛮太阳汗旧营盘。主人是也速干哈屯。她与也遂是胞姐妹，生一子（早夭）。

卫侍这四大鄂尔多的队伍，就是以后鄂尔多斯部落的雏形。所以最先的鄂尔多斯不是一个氏族种姓的部落，他们来自成吉思汗部队中最忠诚、最勇敢、最亲近的将士，以及他们的后裔，当然也有成吉思汗的直系裔孙。成吉思汗生前有九位随身大将：博斡儿出（来自阿尔德拉部），木华黎（来自札来尔台部），朱尔其特（来自朝木尔根部），陶尔贡迭剌（来自苏勒丹部），者勒篾（来自兀良合部），者别（来自巴苏德部），哈日赫如（来自维拉特部），孛尔忽剌（来自朱尔根部），希吉忽图忽（来自塔塔尔部）。他们死心塌地跟着成吉思汗征战亚欧大陆，冲锋陷阵，出生入死打江山，立下汗马功劳。在《蒙古秘史》中记载了当年成吉思汗的一段话，对他们十分满意、赞赏，乃至昵称他们为"狗"——

忽必来、者勒篾、者别、速不台，有如四条猛犬，听我发令指示，无坚不摧，无险不破，深水不能阻挡，所以每次厮杀，皆教你们做先锋；而教博斡儿出、木华黎、博儿忽、赤佬温四杰在我左右；教术赤台、畏答儿二人立在我前，我就十分放心了。

这就是有名的成吉思汗"四狗""四杰""二勇将"的来历。成吉思汗带领他手下爱将充分施展猛、智、勇，从而使他的千军万马所向披靡、战无不胜。

这十位将军加上成吉思汗的子侄、亲家、盟友、薛婵、"英雄"（一种军职）、向导、匠人等等，组成他的万人亲军（万人"客什克腾"）。他又从亲军中遴选出千名"把托儿"（英雄）、千名"火赤儿"（弓箭手），组成宿卫，"不分昼夜地保卫我的帐房，不合眼睛护卫我的身躯"。他的万人亲军中还有"必彻赤"（文书）、"巴古儿赤"（厨师）、"者宝赤"（掌鹰隼）、"兀剌赤"（掌车马）、"答剌赤"（掌酒）、"胡儿赤"（掌音乐）、"火儿赤"（箭筒士）、"云都赤"（带刀者）、"玉典赤"（门卫）、"阔端赤"（掌从马）、"怯里马赤"（翻译）……各司其职，涉及民政、生活起居，分工极细。这些人围绕着成吉思汗，一起演绎了"一代天骄"的故事。

成吉思汗身后，"四犬""四杰""二勇将"及亲军将士等等，以及他们的后人，继续聚集在八白宫周围，对主子尽忠尽孝，并因征战随之迁徙。后来，他们随"战车上的白宫"，万里跋涉来到阴山之南、长城之北的黄河宝日陶亥（河套）地区。八白宫终于落地了，他们便成了鄂尔多斯人，负起守护成吉思汗灵寝、行使祭祀成吉思汗及其圣物的神圣使命。所以说，鄂尔多斯群体，当年无疑是蒙古人中的精英。

在鄂尔多斯部落的组合中，蒙古贵族占了较大的比重。16世纪伊始，成吉思汗第15世裔孙巴图蒙克达延汗通过征战，控制了蒙古诸部落后，任命他的三子巴尔斯博罗特为右翼鄂尔多斯、土默特、永谢布三个万户的济农（亲王），嗣后又进一步帮助他用武力统一鄂尔多斯。从此以后，及至清朝、民国三百多年中，鄂尔多斯济农或盟长，以及各旗中札萨克，都由成吉思汗黄金家族世代承袭。

鄂尔多斯这个多姓氏的部落中，还有远在漠北肯特山的兀良合人，他们当年是成吉思汗的门卫和太夫人诃额仑及四大鄂尔多（斡耳朵）的侍卫。他们中出了"四犬"之一者勒篾等名将。这是个成吉思汗最信得过的部落。这个部落的后人，一直守护、祭祀成吉思汗及"奉祀之神"。15世纪时，他们随八白宫进入宝日陶亥地区。

由四个鄂尔多衍生而成的河套鄂尔多斯，当然不是一家之姓氏了，据史籍统计，其中姓氏多达200多家，都是历史悠远、战功赫赫的氏族。略举几例便知：大克烈惕氏，来自当年伺候成吉思汗太夫人诃额仑，又继续守护、祭祀太夫人身后白宫灵帐一族。额尔古特氏，来自忽必烈太夫人唆鲁禾帖尼白宫的侍卫、祭祀者。阿日鲁德氏，其后人是成吉思汗白宫侍卫、祭祀者，大将博斡尔出就是该姓氏的人。巴苏特氏，其后人是成吉思汗白宫中的奏乐者，大将者别出自该氏族。

鄂尔多斯部众对战乱中守护、卫侍和祭祀成吉思汗白宫做出了贡献，没有辜负大汗生前对他们的信任和嘉言。但自从这一部众定居河套，臣服清廷，划旗立盟封爵，接受清王朝羁縻怀柔政策统治后，上述蒙旗的札萨克王爷对八白宫和"奉祀之神"的管理、祭祀公共义务就不那么执着了，他们经常互相推诿，说："成吉思汗是全体蒙古人的可汗，而不只是我们的可汗，应该由大家来供奉。"有的甚至将八白宫的圣物拿到自己旗里去供奉了。鉴此，康熙三十五年（1696），内外蒙古十个盟的王公协商议决，以伊克昭盟为主，抽调蒙古各盟旗的家户，重新组建"达尔扈特五百户"，免除其服兵役、纳赋税的义务，让他们集中居住在大伊金霍洛周围，建立达尔扈特艾玛格（地区），专门从事守护、祭祀八白宫公务。这一议决得到清廷的同意，因为利于其统治。

其实，"达尔扈特"这一组织早在大蒙古汗国时就有了，存在于成吉思汗的亲军中。1227年成吉思汗逝世后，以者勒篾为首的肯特山的兀良合人派出一千人守护埋葬大汗遗体之处，不让任何人靠拢；同时他们守护成吉思汗遗孀孛儿帖格勒真哈屯的大鄂尔多，祭祀成吉思汗的灵帐白宫。接着，元世祖忽必烈启用了"达尔扈"（意为"担负神圣使命"）这一名称，要求他们聚集在八白宫周围，专事成吉思汗白宫及"奉祀之神"的守护、祭祀、迁移、管理任务，同时也给予免除兵役、徭役的待遇。因为鄂尔多流动性大，而达尔扈必须紧随八白宫，执行守灵、祭祀任务，所以人数须少而精。元王朝结束后，松散的被追击的北元政权无时不在流徙中，成吉思汗灵帐变成了"战车上的白宫"，此际更需一支专业护灵队伍，达尔扈特（"特"与"斯"一样，表示复数、众多）这一群体因时而生。

难能可贵的是，达尔扈特在战乱动荡中完整地保留了始自13世纪的一套成吉思汗祭祀文化，这是对中华民族文化遗产留存的一大贡献。

达尔扈特这一守灵人群体并不是一个部落。严格意义上，鄂尔多斯也不是单纯氏族的部落，只不过是在成吉思汗旗帜下，由忠诚于他的部属的一百多个姓氏构成的庞大的政治群体和军事型部落。到了清朝以后，这一群体蜕变成由清廷中央统制的行政区域，即伊克昭盟和七个各自拥有封建领地的县级地方基层区域所隶属的准政治军事性质的集团，其唯一职责是护卫、祭祀成吉思汗陵园——各白宫灵帐和"奉祀之神"、各种神物，是十分神圣的。

达尔扈特，史称"五百户民众"，是从内外蒙古十个盟所辖旗里派出的守护祭祀"奉祀之神"的人员。当然，他们主要还是来自伊克昭盟的七旗。到1949年，达尔扈特共460户，人口2071人。他们集中居住在大伊金霍洛的八白宫、哈日苏勒德白宫周围。

康熙三十五年（1696），对达尔扈特来说是具有划时代意义的一年，因为这一年这一组织不仅重组了，而且还建立了一整套完全有异于蒙旗的管理体制。它虽然在郡王旗境内，却不受该旗管辖，而直接受鄂尔多斯济农和伊克昭盟盟长管辖。

达尔扈特也是个政治实体概念，它的行政机构由"艾玛格"（区，长官为达尔古）、"哈然"（管辖区，长官为大达玛勒）、"贺希格"（最基本组织，长官为小达玛勒）构成。艾玛格初时6个，后来6个艾玛格缩编成六个哈然，以此划分达尔扈特成员的职业。前3个哈然负责成吉思汗宫帐祭祀，后3个哈然负责哈日苏勒德祭祀。他们六位长官（大达玛勒）是从达尔扈特"亚门特"（世袭贵族）中产生，都有专门的职称。但具体祭祀工作（职司）却要由18个贺希格去做，例如——

太师贺希格：成吉思汗祭祀活动首领。

太保贺希格：成吉思汗祭祀仪式筹备、安排者。

芒乃贺希格：成吉思汗祭祀活动的总管和大小祭祀的起始者。

浩尔其纳日贺希格：守护、祭祀成吉思汗弓箭白宫的专职达尔扈特。

…………

贵族系统的亚门特有八个，在元以前都是蒙古汗廷中的大臣，因此他们的职名都带有浓厚的朝廷色彩：太师、太保、宰相、洪晋……到了清朝却得到允认。道光帝认为，这些职称都不过是虚职而已，不是官衔，也没有酬金，并不涉及公事，就默认了。清朝出于其羁縻怀柔政策的需要，也是积极扶持达尔扈特这一制度的。当达尔扈特出去（蒙古地域）四方征收、募集成吉思汗祭祀所需财物时，中央理藩部就授予通行牌子，还令（蒙古地域）各地驿站提供乘骑，给予支持，这一活动因之合法化了。这种特殊的达尔扈特募化活动直到新中国成立才结束。人民政府除拨专款建造新陵园，逐年维修外，还对每次成吉思汗及"奉祀之神"的祭祀都给予物质保障。后来，陵园对外开放后，自然开辟了一定的收入来源。

大伊金霍洛的达尔扈特还有一支保卫成吉思汗陵寝、成吉思汗"奉祀之神"及自己家乡的武装，因为成陵曾两次遭受土匪的抢劫。这支武装在1935年先后组建了两个保安连：一个连受辖于札萨克旗保安团；一个连受辖于郡王旗保安团。抗战军兴，1938年蒙旗独立旅（新三师）进驻大伊金霍洛西北布拉格。新三师政工干部乌兰夫、白海峰帮助达尔扈特组建了一个骑兵连，有60余人、40余支枪。此连后来编入郡王旗保安司令部建制。达尔扈特保安连参与过1943年"军垦事件"斗争。1949年7月，达尔扈特与解放军和平谈判成功，它的三个连随札萨克旗、郡王旗的保安部队起义。

达尔扈特不愧是成吉思汗亲军的后裔，他们认清时局态势，顺应时代潮流，追求进步。现今，他们依旧是成吉思汗新陵园的守灵人，成吉思汗祭祀文化的传承者，陵园管理的职业工作者，他们已被纳入国家工作人员的编制。

笔者有幸，于1993年随《团结报》社同仁去伊金霍洛旗拜谒成吉思汗陵园时，恰逢达尔扈特古日扎布先生主持谒陵仪式。仪式结束后，笔者单独与他合影，并请他在我的采访本上签字留念。当时没有感觉什么，16年后，查阅有关史料，才知道这位古日扎布先生乃是成吉思汗麾下第一大将博斡尔出的第38代裔孙。

一个幸福的达尔扈特人家庭

笔者1993年谒陵后，与达尔扈特人古日扎布
先生合影

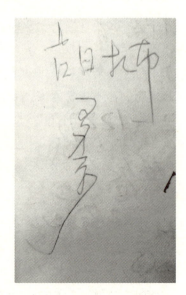

古日扎布给笔者的签字

第四章

郡旗王府

黄金家族34代裔孙降世

降世蒙包大阿哥

1927年8月28日，本书主人公奇忠义降生在鄂尔多斯左翼中旗（郡王旗）的成吉思汗三十三代裔孙巴图吉雅家里。父亲巴图吉雅是该旗的记名札萨克辅国公。辅国公是清朝封的爵位，级别低于郡王、贝勒、贝子。郡王旗受清廷特别优待，除一个郡王外，还额外配一个镇国公或辅国公的爵位。民国时期中央政府对蒙古贵族优待，沿清制，父亲的爵位就承袭了下来。人们平时叫他"巴公"，好比称他祖父郡王旗札萨克图布升吉尔格勒和硕亲王为"图王"一样。

鄂尔多斯中部美丽的阿拉腾席连镇是郡王旗王府所在地，奇忠义降生、成长之地，是他终生怀恋的摇篮。

鸟瞰今日之阿拉腾席连镇

阿拉腾席连镇也是现今伊金霍洛旗旗治所在地，这是一个蒙古语词的读音，译意是"金桌子"。此何谓也？这里高原上的山并不高险，多为沙砾形成的丘陵，但颇有气势。镇子北边的都凌嘎山不妨说是座大戏台，演绎着天上人间二龙抢珠的大戏；东、西对称的双诺古吉山与尚比山，像文官与武将忠诚侍立；南边的章嘎台锡里山更平坦，像是张檀香供桌。近处的昌汗淖（红海子）和伊克淖（西海子）两个小湖在太阳光照射下，不正像两只金碗吗？它们奉在郡王旗多罗郡王府面前，注满香溢四方的奶酒。

放眼开去，郡王旗王府西北约一里外有一座叫什拉台格的山，被人们比喻作飞禽之王罕嘎尔迪——这是蒙古语"鲲鹏"（大鸟）的意思；东北二里外有一条小河纳林高勒，犹如腾云驾雾的飞龙；西南四里外乌西喜峰堪称雄狮；东南二里外布尔陶亥峰当然是猛虎了！从南向北流入红海子、西海子的九条溪水，就像九条游龙一样源源不绝向旗王府的两个"金碗"斟酒。札萨克王爷在里外四周"大力神"的围护中，喝着大自然赐予的美酒，取之不尽，用之不竭。

这张"金桌子"西南方四十里的甘德尔敖包，山上那座金碧辉煌的成吉思汗陵园，是伟大祖宗长眠的地方，是蒙古民族精神的不朽偶像。阿拉腾席连的兄弟姐妹们有幸，与成吉思汗的八白宫离得这么近，他们如同达尔扈特兄弟一样，守护着圣祖成吉思汗陵寝。

奇忠义确实有幸，人杰地灵他都揽上了。在他出生之前，他的祖父札萨克和硕亲王图布升吉尔格勒已有四个儿子六个女儿，分别为三任夫人所生（第一任生二子五女，第二任生一子一女，第三任生一子）。长子（子女排行第二）即巴公，是奇忠义的父亲。第三个儿子阿拉坦鄂齐尔，他的出生时辰正是青海塔尔寺的堪布大喇嘛乌兰活佛坐锡札萨克召圆寂之时，后来经拉萨达赖喇嘛认定，他为乌兰活佛的转世。图王家的这位老三，后来去塔尔寺进修，成为当地著名的活佛，与世俗承袭无关了。老四，叫额尔德尼鄂齐尔，是图王第三任夫人——她小图王26岁——所生，仅比奇忠义大两岁而已。按清制规定，札萨克王爷的法定继承人应是长子、长孙。长子巴公很能干，精通满、蒙、藏、汉四种文字，还识得印度古文梵文，并擅长琴棋书画、吹拉弹唱，机智聪慧，连建筑工程制造也懂，郡王旗王府翻修重建总工程师便是他。他秉承了额璘臣追求时代潮流的家风，颇具民主意识，因而时不时与图王的封建做派发生冲突。但他自幼赢弱，大烟烟瘾很重，图王担心他不能尽其天年，因此心切盼望孙子能及早降世，也好早早加以培养、历练、承袭王位。

1927年，是中国现代史上政治风云翻卷，事变频出，同时也带有希望的一年。这年8月，是鄂尔多斯草原战云汹涌、鼓声阵阵的月份，乌审旗席尼喇嘛领导的"独贵龙"运动蓬勃开展，迎战伊盟、乌审旗王公的武力镇压。然而北邻郡王旗那块蒙古民族尊崇的圣地却静谧安详，鲲鹏、飞龙、雄狮、猛虎护卫下的旗王府，每个长夜都有彩云缭绕的好梦。然而到了27日这一夜，却显得焦躁不安，图王尤甚。他不断去家庙，焚香拜佛，诵经祈祷，请求神灵助力……

在旗王府正屋东侧，王府粮仓之南，内城墙里面的院内，有一座现搭的蒙古包，蒙古包里的床褥上，巴公的夫人巴拉吉如丽玛正十月胎足

郡王旗王府，今是自治区文物保护单位

旗王府大门一角

旗王府院落

旗王府院落

待产。27日这难熬的长夜挨过去了。28日新的一天已降临，残云终被些许朝霞咬破，东方熹微，生物开始骚动，终于，生命第一声"呱呱"冲破黎明前的沉寂。

"生下来了！是大阿哥！恭喜恭喜……"

瞬间，乌达更（接生婆）向旗王府的听差传话："巴公已得男儿，快些，快些向老王爷报喜！快些向王府领剑回来割脐！"

早早在王府二进大厅等候消息的39岁的图王，一扫脸上严霜，一方面传令吹螺鸣号，一方面亲自到王府大门外、王府内城墙外的玛尼宏台烧香、洒奶，向圣祖成吉思汗禀报第三十四代裔孙已平安降世。然后又到家庙（汉藏合璧式的召庙）点神灯、烧香、献哈达，接着从神台上取下一把剑、一条哈达，交与差役，赶紧传去给乌达更。乌达更按照黄金家族的规矩与成例，将婴儿连接胎盘的肚脐带放在一块已经准备好的石头上，挥剑切断。等婴儿被包裹好，送到产床母亲身边后，他把那把剑用哈达包上，恭敬虔诚地扎在产房蒙古包后檐的中央，随后

用双手捧起柏叶祭了
大神。

　　婴儿呱呱坠地后
最要紧的是取名字。
图王这个长孙、巴公
这个长子，因为是黄
金家族三十四世的第
一胎，将来是要继承
蒙旗大业的，所以他
的名字必须由圣祖铁

旗王府，侯门深如海

木真赐予。于是图王和巴公派王府私邸侍从亲信"顶名白通达"（官职
名，总管家，一般由绝对忠诚的奴隶担任，如札萨克犯罪，则可代主子
受过顶罪）苏宁巴雅尔，携带祭祀供品，赶去成吉思汗灵寝八白宫求
取。好在路程不远，就在本旗阿拉腾席连镇西南方向四十里地的大伊金
霍洛。

神秘灵帐窥些许

　　大伊金霍洛因为是八白宫的驻地，是蒙古族万众朝觐膜拜的圣地，所以显得至高无上，并带有无限神秘色彩。

　　那么当年（20世纪上半叶）的大伊金霍洛的布局是怎样的呢？根据历史记载，大伊金霍洛在郡王旗巴音昌霍格河西岸，宝日陶勒盖、高吉高尔敖包北坡上。成吉思汗灵帐设置在大伊金霍洛一个颇为简约的院落中。院落中央，是成吉思汗与第一夫人孛儿帖格勒真哈屯的宫帐（蒙古包），宫帐外为广阔的小广场，便于朝拜者聚集；院落西北角，是珍藏奶桶、酒壶、银碗、银盘等祭祀用具的商更斡尔阁宫帐；院落东侧是个守灵人起居的蒙古包；还有一间土坯房，是熬茶、煮祭祀时用的羊背子的厨房。院落坐北朝南，用青砖铺地，柏木板作院墙。院墙外还有一块场地。出院落百米左右则为达尔扈特人的浩特（村落），有30多户。

　　若去过现今开放式的成吉思汗陵园，人们对里面的设施是一目了然的，然而当年神秘的成吉思汗陵寝核心——成吉思汗和第一夫人宫帐能有几多人亲历目睹呢？且听笔者细细道来——

　　双宫帐。成吉思汗和第一夫人孛儿帖格勒真哈屯（他的患难与共的妻子）的蒙古包是双宫帐，坐北朝南，坐落在一座高四尺的台基上。台基由双层大石块砌成，东、西、南三面均有六级台阶，便于人们拾级而上，拜谒成吉思汗的灵柩。两座宫帐前后相连，呈葫芦形，用毡子围搭，高一丈五尺多，帐顶有黄铜顶子。宫帐双门，高五尺多，宽三尺多。宫帐顶圈金。后帐较前帐大些，可容一百多人。后帐有四根柱子，都用游龙云纹图案的毡毯包裹，还有丈把长的五根梁，中梁上吊着一颗硕大的玻璃球。后帐与前帐相连，连接处是锻制的门帘。

　　灵桌。成吉思汗的灵柩供奉在后帐正中一块方形的石台上。灵柩前有一张灵桌。所谓灵桌，就是两只大小不一的长方形箱子，靠在一起，成了一张梯形的灵桌。为了防腐蚀，下面那只箱子盛食盐，上面那只箱子则放满香柏。灵桌上供奉银制的烛台、香炉、杯碗，以及当年绥远省军政长官傅作义献赠的九个银杯和国民党中央委员会刘守忠献赠的一面银镜。灵柩前的酥油银灯是长年点着的，香烟袅袅不绝。灵柩右侧供着成吉思汗生前使用过的蒙古刀，有二尺多长；灵柩左侧则是弓箭。

民国时期的成吉思汗双重灵帐（老照片）

供奉在大伊金霍洛的成吉思汗灵柩

灵柩是纯银制作的，长三尺六寸，宽二尺三寸，高三尺。棺椁（灵柩）正面镂刻镏金"五雄"图案（中龙头，四角猛虎、雄狮、骏马、神凤）。棺椁两端各有四个龙头环，用以提举；平时则各用一柄古刀把环儿穿在一起。棺椁由一把银锁把守。但每年逢查干苏鲁克大祭（农历三月二十一日）时，开银锁，不过只露一条很小的缝隙。

灵柩里面。成吉思汗银棺里面的神秘，1910年（清宣统二年）曾为一位叫策旺·扎木斯日诺的白俄罗斯学者实地考察探究过。他写道，"成吉思汗灵柩内一把小椅子上放着两只绸袋子，袋内分别是成吉思汗的头发和第一夫人的衣服"，"并藏有《金册》（按，祭祀书籍）"。这位学者还看到了"黑桌"和"黄桌"（即用铁皮包裹的箱子和用铜皮包裹的箱子）组成的灵桌，以及有关供奉祭器、长明灯等。灵柩内的头发到底是不是成吉思汗的？据传萨满教（古代蒙古人信奉的原始宗教）

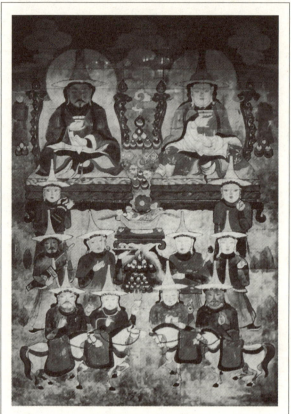

成吉思汗黄金家族绘图，据传藏于成吉思汗灵柩内

有习俗，在成吉思汗将死时，人们取来一束白骆驼头顶上的绒毛，放在他嘴上，留下了他的神灵。所谓"头发"，或许是驼绒？

很明显，成吉思汗与夫人的灵柩从严格意义上说是"衣冠冢"，那么灵柩里面还盛有什么？奇忠义在叙述自己名字来历时说，"太师图门生揭开银棺，从中取出奇渥温·孛儿只斤的家谱"。由此可知，灵柩内还珍藏着一卷黄金家族的家谱。

圣祖赐名裔长孙

当下——1927年8月月末的某日，受图王、巴公指派的郡王旗王府"顶名白通达"苏宁巴雅尔携带着"羊背子"（烤全羊）、"萨日胡德"（各类酒的统称）、"苏格"（各类糕点的统称）、奶、灯、香等献给圣祖成吉思汗的供品，来到大伊金霍洛成吉思汗灵寝双宫帐里，将它们交给达尔扈特的专司祭典人；又取出蓝、白、黄、红、绿五色哈达，敬献到灵桌上，然后跪下，向着大汗灵柩和灵柩前的一幅米苏（清画家）绘制的成吉思汗肖像行跪拜叩首大礼，祈求圣祖给他的三十二世孙图布升吉尔格勒和硕亲王的长孙、三十三世孙巴图吉雅辅国公的儿子赐名。

成吉思汗的后裔祭祀圣祖历史悠远（自元世祖忽必烈开始），祭典繁复众多，有日祭（每日清早）、月祭（每月初三在成陵）、季祭（每年三月二十一日查干苏鲁克大祭、五月十五日淖尔大祭、九月十二日斯日格大祭、十月初三日冬季达斯玛大祭）、年祭（正月初一）、除夕祭、祝福祭（五月十二日，三年一次）、公羔祭（每年六月，由黄金家族王爷和达尔扈特轮番执祭）、台吉祭（七月二十七日）、香火祭（十二月二十三日），还有成吉思汗威武精神象征的苏勒德祭的一系列祭祀。

祭祀典礼仪式程序繁复，严格规范，只有祖辈相传的专业的达尔扈特人才能操持。

不过这回苏宁巴雅尔代表图王、巴公直奔圣祖灵柩前求赐名，是一次不公开的家族内部专门祭奠，仪式从简了。图王是达尔扈特最高领导人之一。事先得到通知的达尔扈特太师图门生严格按照规仪，揭开银棺，从里面取出一卷奇渥温·孛儿只斤的家谱，高举过头，朗朗诵读道

（括号之内是笔者注释）：

——铁木真·成吉思汗（元太祖）；

——二世，术赤、察合台、窝阔台（元太宗）、拖雷（成吉思汗死后，由其四子拖雷监国一年，1229年才由窝阔台即蒙古汗国汗位）；

——三世，忽必烈（元世祖、拖雷次子）；

——四世，金真（忽必烈皇太子）；

——五世，答尔麻巴剌（金真次子）；

——六世，海山（元武宗，金真之孙）；

——七世，和世瓎（元明宗，海山长子）；

——八世，妥欢帖木尔（元顺帝，和世瓎长子，元朝至此覆亡）；

——九世，脱古思帖木尔（元益宗，妥欢帖木尔之子，北元末代皇帝，黄金家族失去对蒙古帝国的统治权）；

——十世，哈尔古楚克都古楞；

——十一世，阿塞；

——十二世，满都固勒，阿嘎巴尔济；

——十三世，哈尔固楚克；

——十四世，巴彦蒙克；

——十五世，巴图蒙克达延汗（再次统一蒙古的历史英雄）；

——十六世，巴尔斯博罗特（又称塞音阿拉克汗，达延汗三子，开始世袭鄂尔多斯领地）；

——十七世，衮必利克图（济农，相当于亲王）；

——十八世，诺延达喇（济农）；

——十九世，布延巴图（台吉，蒙古贵族）；

——二十世，博硕克图（济农）；

——二十一世，额璘臣（济农，多罗郡王）；

——二十二世，固鲁（和硕亲王）；

——二十三世，栋鲁布（多罗郡王）；

——二十四世，萨克巴（多罗郡王）；

——二十五世，扎木杨（多罗郡王，一度降爵为贝勒，后复王位）；

——二十六世，车凌多尔济（多罗郡王）；

——二十七世，什当巴拜（多罗郡王）；

——二十八世，巴布多尔济（多罗郡王）；

——二十九世，图门济尔格勒（多罗郡王）；

——三十世，额尔肯毕里克（多罗郡王）；

——三十一世，特古斯阿拉坦呼雅克图（和硕亲王）；

——三十二世，图布升吉尔格勒（和硕亲王）；

——三十三世，巴图吉雅（辅国公）……

　　哇，这么长一大串名字，达尔扈特人一口气诵完要花多少时间呀！读的人口吐珠玑时，也许口干舌燥；听的人跪受沐浴甘露，难道不腿脚酸麻吗？快了，当诵读到"三十三世巴图吉雅……"时，太师图门生悄悄从成吉思汗银棺旁取出一条金黄色的哈达。这条哈达中段还绣着一个象征吉祥如意的彩结，达尔扈特人引颈高声道："图布升吉尔格勒亲王和巴图吉雅辅国公听着，今番降世的大阿哥为黄金家族的第三十四世孙，成吉思汗圣主赐他的名字是伊尔德尼博禄特。"

　　说罢，提起毛笔，蘸着朱砂，在这条金黄色哈达上写下了"奇渥温·孛儿只斤·铁木真已经赐给他的第三十四代孙为伊尔德尼博禄特"一行字[①]。紧接着，郡王旗王府这位忠诚的白通达代表图王、巴公向成吉思汗圣像和灵柩行三拜九叩首礼，然后直起腰，恭敬接过金黄色哈达。

---

　　① 上述孛儿只斤·铁木真黄金家族传承以奇忠义先生编制的《世系家谱》为准，铁木真以上与非直系从略。名字汉译，基本上依照《世系家谱》所写。

满月酒溢欢歌声

在白通达赴大伊金霍洛向圣祖祈求赐名大阿哥的时候，图王已经亲自到内城外神圣的玛尼宏台烧香、洒奶，向圣祖报告喜讯。此土台高约三尺，长方形，上插两根高高的朱红色旗杆，顶端装有苏勒德式三叉戟铁矛头，下托一个圆盘，盘沿下垂马鬃长缨。此两杆间有两三根毛绳相连，挂了许多五色彩旗，故又称"五彩连绳"。连绳两头，分别挂有丈半白布。人们称"玛尼宏"是圣祖"苏勒德"的化身。

白通达奔马返回复命，旗王府又是一番热闹。图王吩咐让玛尼宏台的香炉里再次燃起香草、香柏叶，旗杆下吹起悠扬的螺号。家庙里香烟袅袅，酥油灯火影摇曳，佛号齐鸣。两代家族成员、王府仕官、府邸侍从纷纷来向图王、巴公叩头贺喜。

这种热闹延续到这位三十四世孙的满月那天，形成高潮。

现代人很难理解，妻子生产、坐月子时丈夫竟然不到床头去慰问、伺候。但20世纪二三十年代鄂尔多斯蒙旗王府里，就是这样，要隔上一个月夫妻俩才得以见面。

奇忠义的父亲巴公也就是在儿子满月这一天第一次进入他们母子的蒙古包。他从妻子怀里接过小宝贝，小心抱着，然后领着妻子一道走到图王的大厅，向图王叩头。太师椅里的图王并不起身，但小心翼翼地接住褓褓，十分难得地漾出了笑容，端详这个孙子，良久，突然惊叹一声："多清秀！一双眼睛，那个鼻子……还有嘴巴，多像他爸！"接着，他接过白通达递去的圣祖成吉思汗陵宫赐予的金黄哈达，披在他怀中的褓褓上，说："伊尔德尼博禄特，圣祖赐你的名字，意思是'宝钢'，希望我们的三十四代孙是一块顶顶好的钢！"事后，人们评价说，坐着纹丝不动、站着八面威风的图王从来没有像今天那样动感情。

机灵的白通达及时趋前，双手捧一只盛满鲜奶的银碗，举过头，献给图王。图王接过，腾出左手托着，右手五指合拢，大拇指并无名指，向碗里轻轻一蘸，举起，向上空弹去；再蘸，向地面弹去；三蘸，齐眉，向前方弹去——表示敬天、敬地、敬祖宗。接着他就着银碗喝了一口鲜奶，用手指将奶滴在小孙子嘴里，十分幸福地微笑一下。然后，图王依次给他年轻的妻子（应是奇忠义的祖母）、儿子、儿媳的手心滴了鲜奶。

晋见祖父图王的仪式结束后，母亲怀抱小宝贝，在丈夫陪伴下并肩回到自己的蒙古包。白通达紧跟而来，先将一支箭插在门的右侧，然后进门，向巴图吉雅记名札萨克辅国公暨夫人行跪拜礼，长吟一句"幸福长安，万事如意"，表示衷心祝贺。

苏勒德的化身，玛尼宏台

巴公将妻子安置妥帖后，走出蒙古包，回到王府大厅，接待各方来客。这天，王府深院内欢声笑语溢出墙外，上下都显得喜气洋洋。人们相互"阿门德"（问安）、寒暄、祈愿，一切都因图王府有了第一个王孙而兴奋、欢欣，似乎连同整个阿拉腾席连镇都沉浸在无尽的幸福中了。

8月、9月是漠南草原气候最好的日子，夜间，图王特令设宴款待旗王府内所有仕官和侍从。"羊背子"抬上来了。侍从先从整只烤羊的五个部位取少许肉，作为"德吉"（第一味），抛洒天空，敬给上天和圣祖成吉思汗，众人高喊"繁荣吉庆"；接着，再切割少许"德吉"，奉献火灶；然后是分享"首思"：从羊背子胸椎上割下一块肉，放在羊额头上，请图王与其他入座的客人品尝。仪式告成后，侍从熟练迅速地将整个羊背子骨肉卸开，按习俗规定摆放，盛入木盘，将用来切割羊肉的蒙古刀刀柄朝里，刀刃向外，托着盘子，跪拜式地向一桌一桌客人送去。"请用羊背子！"客人也十分礼貌地用手撕扯着羊肉，或用刀子割切、挑剔着吃，而绝不折断骨节或用牙齿啃羊头。这里是王府，不是牧民的毡包。但是轮到饮酒时，洒酒敬天地神后，就开始放纵了。渐次将盅换杯，将杯换碗，无论多大的碗，都"一饮而尽"，简直是往喉咙里一倒。"完了，再来一碗！"再一碗后，用衣袖一抹嘴角，放声唱起歌来——

> 在那遥远的年代，
> 早在成吉思汗的时代，
> 向上苍霍尔木斯塔，
> 祭洒白骒马奶子时。
> 那潺潺流淌的酒浆，
> 装满坛子溢满酒瓶，
> 愿你酿造的美酒像大海长流水，
> 愿你制成的佳酿美名传天下！

今晚是"小王爷"的满月酒，客人们不忘这个主题，他们边喝酒边祝愿，边高唱——

> 幸福长安，万事如意！
> 至高上天赐给你，

一百二十岁寿禄！
在无边的大地上，
永享真正的幸福！
祝你腰带坚实，
祝你褥垫厚实，
凭借佛家真言，
无限瑞气吉兆。
…………

唱着唱着，唱出了蒙古人心底之音《我的父母双亲》——

高高的宝塔天上，
飘浮着朵朵的白云，
我敬的父母双亲，
无时不在思念我们。

夕阳牧歌，蒙旗旗民（老照片）

在那遥远的西山之巅，
据传有宝大于猛虎；
我说在世间宝中之宝，
比不上我的白发母亲。

这座一向森严肃穆的郡王旗王府大院，因为成吉思汗第三十四世裔孙、图王孙儿的满月，溢出了欢快的歌声、笑声和喊叫声。

据传，蒙古族人一生只过一周岁的一次生日，但奇忠义因为是王胄，生辰八字不能广为他人知悉（怕仇人作阴法加害），所以到底有没有举办周岁生日宴，他自己也记不清楚了。

第五章

贵族教育

特王抵制"独立"往事

严父长远心

巴图吉雅辅国公（巴公），奇忠义的父亲

家规与教育是这个黄金家族几百年来的神圣准则。图王和巴公重视它，如同重视自己的生命一样，尤其是对大阿哥奇忠义的教育与训练，因为他将是旗业和札萨克位的继承人，所以在为他选择启蒙老师一事上特别慎重。

20世纪50年代以前的中国广大城乡，无论哪个阶层，人们在上小学或蒙学书塾之前，都是"放养"的，最多不过是受父母辈的启蒙教育罢了。但是在边远塞外那块绥境蒙旗土地上的贵族人家则不然，奇忠义在王府里受到了良好的、正规的启蒙教育。祖父图王慎重、严格地选择了三位老先生来做小奇忠义的启蒙老师，其标准是"首先要思想正派，行为端正；次而要处世公道，心胸开阔；还要知识渊博，能循循善诱，教育有方"。

不负图王、巴公所期望，这三位老师在草原上、在蒙古包里、在柳树林里、在沙嵩丛中，给才不过三四岁的奇忠义讲野兔与狐狸，讲植物，讲地名，讲伦理人情……循循善诱地开智。他们教育的主旨意导是：大千世界，天人合一。

这三位先生都是品学不错的人，其中有一位是中共党员（已无从究其姓名）。因为郡王旗距陕北神木、府谷很近，仅一条长城之隔，20世纪30年代中共陕北特委已派曹动之到郡王旗南乌审旗组建工委，长城内外早有共产党人在活动了①。

奇忠义的初级教育是从5岁学藏文开始的，当然旗王府认为那尚不是正式的，因为这位老师是他的父亲，记名札萨克巴图吉雅辅国公。他精通满、蒙、藏、汉四种语言文字，多才多艺，是七个蒙旗中最能干的中年贵族。当年图王鉴于这位长子是继承王位的唯一人选，在他5岁时开始了严格的贵族教育与训练，打下了学识基础。

学习语言文字作为学龄前教育，或者说贵族教育的肇始，是不难理解的，但是在蒙旗王府里为什么首先学藏文呢？这里需要简述下鄂尔多斯蒙古族人，特别是王公贵族信仰藏传佛教的渊源。

尚在1253年，元世祖忽必烈征西藏时，得到喇嘛萨斯加娃的协助，因而凯旋时带其侄八思巴到大都。八思巴被封为国师，于是元廷信奉藏传佛教甚众。不过当时信奉的还是宁玛派藏传佛教，元亡后，该教随北元传入漠北。15世纪初，宗喀巴大师在西藏创立格鲁派藏传佛教。16世纪中叶，鄂尔多斯部落贵族彻辰鸿入藏朝圣，皈依该教，返回后，在河套广为传播。其时被明朝封为顺义王的俺答汗厌倦杀伐征战，也皈依该教，潜心修佛。他曾邀请两位西藏大喇嘛并偕百名各级喇嘛到蒙古传教。接着他又偕彻辰鸿亲自入藏，朝谒三世达赖（格鲁派嫡传）。归来后，他在库库胡同（今呼和浩特）建造喇嘛教召庙。此后，在内蒙古各地纷纷建召庙，迎活佛，视藏传佛教格鲁派为正宗。更由于鄂尔多斯高地是由藏入蒙必经之地，也是藏传佛教得以深广传播于蒙古的策源之地，所以历来伊克昭盟各旗王公把学藏文、理解藏传佛教真谛作为头等大事。

---

① 曹动之（1906—1950）陕西横山县人，1927年加入中国共产党。1930年奉命做兵运工作，策反定边县高世清部骑兵团的一个连，建立蒙古骑兵游击队，参加陕北工农红军，任二十二支队支队长兼政委。1935年，与吴亚雄创建蒙汉骑兵游击队，在刘志丹领导下对敌战斗。1936年，曹动之到伊克昭盟开展工作，在乌审旗河南乡成立中共乌审旗工委，曹任工委书记兼伊盟宣传部部长。1939年曹动之任中共伊盟工委军事部部长兼伊盟骑兵大队大队长。

藏传佛教严禁杀生，大大淡化了蒙古族尚武精神，这正符合清王朝羁縻怀柔的统治政策，所以自顺治帝始，历代清廷大力倡导蒙旗喇嘛文化，大事建召庙，转世活佛掣签制得到清政府的承认。当年与达赖、班禅齐名的外蒙古哲布尊丹巴呼图克图，被清廷规定只能降生在西藏。西藏在蒙古人的心目中成了圣地，熟识藏文，才能领悟喇嘛经典的精髓。因此，懂不懂藏文似乎成了够不够王公贵胄资格的一把准尺。

民国时期，国民政府同样承认内蒙古地方藏传佛教势力，将其教首呼图克图（活佛）安排到官方机构蒙藏委员会任委员，公布蒙古召庙监督条例。藏传佛教在内蒙古各旗依旧势众，深入民心。

图王因此规定小奇忠义学龄前必须跨过藏文这道门槛，尽管当时不少旗里新一代小王爷或台吉不是不学无术，就是纨绔子弟，但郡王旗王家子孙必须是优秀的。老子训练儿子当然是得心应手的，诚如蒙谚所云，"人须幼时教养，马须驹时训练"。所以巴公既是严父又是严师。有意思的是，儿子对学习丝毫不反感，而且很感兴趣，仅两个月，5岁的奇忠义就能熟记并书写藏文的全部36个字母了。接着诵读《开巧经》、

现存的郡王旗王府第二进院落

《长寿经》（格鲁派的初级经文），他也很快能背诵了。这时父亲巴公才第一次发现，自己的这个儿子竟是绝顶聪明的！由于儿子可训可塑，这位严父近乎残酷地训练儿子读经拜佛：早晨起床后，晚上睡觉前，低声背诵两部经的同时，必须向菩萨叩头。叩头完全是藏式的，始站立诵经，然后跪伏，趴倒，以五体贴在地面上，叩头。如此，每天"五体投地"轮番7次，以后逐渐增加，竟至108次！一个才5岁的幼儿如此五体投地跪拜，很难想象他体力上能否支撑得住，而且同时须口诵经文，精神上能否接受。奇忠义全部接受了，只感到一天下来，浑身筋骨松软，疲惫不堪，入梦后也在念经。殊不知，这种"巴公式"诵经叩拜的实质是锻炼身心。巴公深虑，以后时势必将艰巨而险恶，没有超强的抵抗力、忍耐力，很难保住已经日薄西山的蒙旗王业。巴公这一用意对谁都难以言表，只能埋在心底。果然，在奇忠义以后几十年的动荡生活中，精神肉体兼受折磨，都靠了儿童时代炼成的韧性、严父给他的施教，才闯了过来。

郡王旗王府有家僧（喇嘛）家庙，图王全家上下都笃信佛教，图王本人虔诚到几乎全天都浸淫于佛的感悟里。环境的耳濡目染，使这位大阿哥学藏文不过一年，就不仅达到能认会诵的程度，而且诵起来朗朗上口，滔滔不绝。父亲巴公认为他教藏文任务已经完成，就向他父亲图王作了如实汇报。祖父图王微笑颔首，叫来这位他预料中应该前途远大的孙子到跟前，命人取来他的书箱，随手取出一本他自己念的藏文经卷，给奇忠义："诵给我听听。"奇忠义抽动了下鼻孔，领会到这是在考验自己了。他接过经卷，定定神，先目诵一遍，接着念了一句，双膝落地，五体投地叩拜起来，口中同时念经了。"不用啦！"图王瞥了巴公一眼，略带愠色，怜爱地对地上的奇忠义说，"孙儿就站着诵吧。"奇忠义调整好气息，就抑扬顿挫地一字不差诵读了起来。祖父图王听着，满意之色掠过眼眸，但瞬间又严肃起来了。

图王叫仆从取过一张凳子，让奇忠义坐了，他和颜悦色说："好了，你已经有了一定的基础，能认会诵了，以后只要天天念经就不会忘记藏文，可以不必再深造了。从今天开始，你还要再学会另一种文字。"

另一种文字是已失去实用价值的前朝满文。清朝灭亡已经二十多年，但图王总感到自己是大清的臣民——至今享受着前朝的封建待遇，如果不识满文，似乎便不是合格的蒙旗主子。那么满文师父是谁呢？竟是祖父图王！

奇忠义又一次显现他的特殊天分，不过两三个月就掌握了满文的字母、拼音和基础文法。紧接着，祖父充满信心地给他讲读康熙皇帝《圣旨》。冗长的文字背后，无非忠、孝、仁、爱四个字。干涩的《圣旨》三个多月学完了。一天，奇忠义在祖父卧室的暖炕边，等他吸完大烟之后，听了一个故事——

盛夏，百花绽放之时，蜜蜂国王命令众工蜂筑巢。群蜂响应，努力劳动。

巢筑好后，蜂王住进巢，又令众工蜂去采蜜。群蜂不顾酷暑，不辞辛劳，纷纷将花粉采回巢内酿蜜，准备在漫长的冬天食用，维持生命。冬天临近，蜂王不准群工蜂食用它们酿成的蜂蜜，引起群蜂不满。大家一怒之下，纷纷离开蜂巢，只留下蜂王一只。冬天终于来到，蜂王只好亲自到巢外取泥封口，因为独木难支，巢里的蜂蜜差不多都流了出去。这样，不到三九腊月，蜂王已将有限存蜜吃光了。蜂王孤苦伶仃，饥饿难忍，便飞到外面去觅食，恰逢大雪纷飞，寒风嗖嗖，精疲力竭的蜂王终于倒在雪地，挣扎不起。此时蜂王才明白，今天的灾难，完全是自己造成的。

"孙儿你听好。"祖父图王一反往日严峻的脸色，显得特别慈祥，"蜂王派使工蜂采蜜，是天经地义的，好比世家子弟承袭祖业一样，好比仆人为主子服役一样，都是天下地上命运使然。但是命运不可能是一成不变的，好比蜂巢里那群工蜂的叛走，好比二百九十四年的爱新觉罗王朝（从后金太祖努尔哈赤天命元年算起），终于完结于辛亥武昌首义。孙儿要记住，孙中山先生是位了不起的大人物，他说过，'世界潮流，浩浩荡荡，顺之则昌，逆之则亡'。你应该牢牢记住这句话。你的二十一世祖宗额璘臣济农顺应时代潮流，臣服清朝，得来了我们家族三百多年的安定生活。你应该牢牢记住，民国肇始那年，你的曾祖父特古斯阿拉坦呼雅克图，我们郡王旗的札萨克多罗郡王兼伊克昭盟副盟长，他顺应五族共和的潮流，拥戴中华民国，带领伊克昭、乌兰察布两盟十三旗，抵制外蒙古哲布尊巴丹'独立'分裂国土的逆流，为中华民国立下大功。那年我23岁，做记名札萨克才5年，亲历了这一事件。现在回忆起来，可以说是惊心动魄。你是个聪明的孩子，但光聪明还不够，还要聪敏。什么叫聪敏呢？就是顺应潮流，才能把聪明发挥到极致，立于不败之地。"

让大阿哥出卧室前，祖父图王又讲了一句话："日子还没有开始，以后我会护着你的，但你自己要争做栋梁，顺应潮流。"

隆重拜师仪

奇忠义5岁左右时学龄前教育结束了。在他7足岁不到的1934年春，鄂尔多斯正闹着土匪，"东陵大盗"孙殿英部四十一军收编了土匪杨猴小，孙部解体后，杨匪东窜东胜，混乱一团糟，就在此时，奇忠义拜师就学了。什么是非都动摇不了郡王旗这块乐土，都干扰不了郡王旗大阿哥正式读书的大事。五月初十那天，旗王府上下喜气洋洋，图王专为长孙奇忠义举办的王府学堂（设在一个大蒙古包里）开张了。学生除奇忠义外，还有三个伴读：他的三叔阿拉坦鄂齐尔（此人是转世活佛，不能从政），四叔额尔德尼鄂齐尔，汉名奇宝玺（此人后来与奇忠义争记名札萨克位），二弟奇信义（此人也是转世活佛，不能从政）。教师是图王经过精心比较，筛选出来的王府退役笔帖式昌汉东。昌汉东是位老学究，蒙汉两种语言皆通，还能教算术。这个旗有顺应潮流的传统，办学亦在列。郡王旗已有小学（国民学校）一所，设在西去王府十里的达尔楚克，有蒙汉学生16人。

正式授课之前是一场庄重的拜师仪式。

昌汉东在两位仕官的陪同下，走进一座按家规布置得颇为华丽的大蒙古包。早已在此等候的图王和巴公十分客气地接见昌汉东老师。昌汉东先向图王行君臣之礼，叩头，再互换鼻烟壶，然后让座。正中坐图王，左侧坐巴公，昌汉东被让到右侧落座。德木齐（衙门事务官、王府大总管）端着盛满鲜奶的银碗，上来代替图王向昌汉东献奶。昌汉东恭敬接过，用右手中指蘸奶，并拢拇指，行敬天、敬地、敬祖宗和敬孔子牌位（在蒙古包西北角）的礼，然后将鲜奶倒些许在自己的手心，喝了一口。这时图王离座起立，双手捧起一条天蓝色的哈达，对昌汉东说："今天是个吉祥的日子。本王把长孙伊尔德尼博禄特交给你，正式拜你为师。请你接受本王的哈达。"应声而起的昌汉东当即向图王叩头，躬身接过哈达，表示他已接受王府之聘，成为奇忠义的师父了。图王在献哈达的同时，还向昌汉东逐一介绍了奇忠义的三位伴读。

接了哈达后的昌汉东，退行到蒙古包西北角，在孔子牌位前，点亮一盏酥油灯，燃了几根棒香，分别交给奇忠义等四人，教他们将香插进香炉，然后行三跪九叩首大礼。拜叩先师孔子之后，昌汉东回到自己座位前，从怀里取出一条哈达，还献图王，说："我忠诚接受亲王之命，愿作良师，接受亲王长孙大阿哥和其他三位公子作贤徒。"图王高兴地接过哈达，命长孙、两子、次孙向昌汉东老师献鲜奶，献哈达，行三跪九叩首大礼。

拜师礼毕，昌汉东再次向先师孔子牌位献哈达。奇忠义等四人在德木齐带引下，聚跪在昌汉东跟前。昌汉东则从神龛下面取出一根竹签（教鞭），又从怀里取出一卷手抄蒙文书，说："从今天起始，你们就是我的学生了。你们都是亲王的子孙，黄金家族的后裔，但要记住，太子入学，庶民同列。但凡学生，尊师如尊父。你们都要遵守我的规则。你们在学中，不准吵架，不准骂人，不准打人。"昌汉东如此这般教训之后，又向图王行礼如仪，然后拿起竹签，指划着教了奇忠义他们一行蒙文字母，终于使这场繁复的拜师仪式结束。在图王、巴公满意的眼光中，昌汉东恭敬地捧起孔子牌位，带领他的四名学生退出蒙古包，走进王府给他安排妥当的书房（兼卧室），指示奇忠义将孔子牌位安置在早已做好的神龛里，然后师徒再次向先师行礼如仪。

入夜，德木齐和哈温（侍从官）诸人忙碌着主持"五叉宴"，招待昌汉东老师。夜宴上用了羊背子，并让奇忠义等四名学生先后给老师敬酒。那晚昌汉东吃得很开心，大现蒙古汉子本色。他大碗喝酒，对哈温说："完了，再来一碗！"他面不改色，用衣袖一拭嘴角，在众人的喝彩声中，又一碗酒往喉咙一倒。吃羊背子时，他将一将袖子，用刀子割下一块，双手抓住送嘴里，大口撕咬起来。喝茶时，他也是仰着脖子一饮而尽，然后用舌头伸进碗里，将残渣舔个干净（不舔净，对主人不敬）……"五叉宴"将尽时，传来图王的吩咐：从明天开始，奇忠义等四人先后值日，给老师提供生活服务；尤其每天清晨，须向老师请安，然后再进早餐。

这是郡王旗一个不寻常的日子，王府内宴上唱诵起《森吉德玛》的歌来，那是一曲鄂尔多斯草原人尽皆知的长调——

　　比那盛开的桂花生得美丽，
　　比那深海的水儿生得清亮。
　　想起你那深沉明澈的智慧来，
　　啊呼，森吉德玛，
　　就是盼到你白发苍苍也从不惆怅。
　　哎哒，
　　为什么叫人这样痛苦呀，
　　森吉德玛？
　　……

师从昌汉东

阿拉坦甘德尔敖包

祭敖包

唵嘛吽，唵嘛吽，
以汗腾格里父为首，
大地母亲，
上苍父亲，
人间的一切神祇，
召请你们前来光临。
唵嘛吽！
向圣明汗长生天祭洒马奶。
唵嘛吽！
向四尊天神凶煞祭献。
唵嘛吽！
向英雄天神祈求苏勒德神祇。
唵嘛吽！
向克伦河荐食奠酒。
⋯⋯⋯⋯⋯⋯

《醇祭敖包祭文》

又是一年一度（农历）五
月十三日的郡王旗祭阿拉坦甘
德尔敖包的日子。敖包前，供
奉活剥山羊、绵羊，以及奶食
品、干点、水果。熏香台上燃
起了香草、香柏、檀香末、砖

茶、米酒和酥油拌制的芳香物。主祭图王在螺号声中熟练地诵完138行的《敖包祭文》，点洒马奶酒，敬天、敬地、敬神后，带领家族子弟和仕官、仆从叩头祈愿，向敖包添加石块，将一只纸剪的大风鸟放置在敖包顶端……一切如仪后，祭敖包典礼结束。之后，由王府大总管德木齐主持，白通达操作，将羊背子的尾尖等胙肉及多种供品分予始筑敖包的家族裔孙和今日参加祭典的人们。图王象征性地首先品尝了胙肉后，就在随从们护送下，策马返王府去了。接着祭敖包的人们十分幸福地分吃多样祭品，于是热烈、欢腾的"敖包会"——赛马、摔跤、射箭等竞技活动开始了。正是第二个学年开始的时候，年方8岁的奇忠义，因为身份是大阿哥，无法去参加竞技，只好跟在昌汉东身后，聆听这位老师的恳切教导。

敖包会娱乐：赛马

敖包会娱乐：摔跤

"你知道敖包是怎么来的吗？这么一大堆石块的堆砌是干什么用的？"奇忠义正要探问敖包的来历，昌汉东却主动向他讲了，"远古时代，我们蒙古族的先民们狩猎或者生活时，使用石器作工具，因为那时还没有铁，于是自然而然地将一些锋利的石块收集起来，堆放在一起，

沙漠生灵：驼群

沙漠生灵：沙柳

这是一。第二，先民们狩猎归来，选择一处高地或土丘，将石块工具堆放起来，以备明天去取，这是二。这么一来，堆置石块的地方，自然而然成为他们交流、娱乐的中心了，成了集合议事的中心了，这块地方的地位就高了，这是三。"

"最要紧的是第四。"昌汉东继续耐心地说，"远古时代，我们蒙古族信奉萨满教。萨满教的神就是腾格里。先民们希望腾格里随时都在自己跟前，于是他们将与自己密不可分的石块收集起来，放在一起，堆砌成小丘状，就是'敖包'，邀请守护神腾格里来居住。他们举行仪式，恭请上苍九十九尊天神推荐腾格里神降落蒙古大草原。当然我们鄂尔多斯须得更加照顾，因为这里是圣祖八白宫安居的地方。从先民到我们，我相信还有我们的后代，千百年来，世世代代，每年都定期祭祀敖包，祈福消灾。"

奇忠义每参加一次祭敖包活动，就对蒙古族、鄂尔多斯加深了解一次。

郡王旗王府学堂的教学规程是200天为一个学年。在第一个学年里，老师除授蒙古语语文外，还要安排作业，主要是自读规定书目和抄写本旗的一些公文、文献。三个伴读都循规蹈矩地这样做了。但奇忠义却出乎昌汉东意料，写起作文来，文章虽简短，但标题不凡：《溯源鄂尔多斯文化》。圣祖成吉思汗绝唱"花角金鹿栖息之所，戴胜鸟儿育雏之乡"之前，鄂尔多斯是块死寂的荒芜之原吗？昌汉东老师的敖包之说，为小奇忠义添加了想象之翼，于是他描绘先民们狩猎捕鱼，篝火煮食，围着敖包踏歌的画面，试着绘制鄂尔多斯古代文化图谱。

"这是历史，不是故事，不能杜撰。"昌汉东读了奇忠义的作文，认真地说，"先祖巴尔斯博罗特将鄂尔多斯部落带到宝日陶亥，创造并衍生了我们蒙古族的鄂尔多斯文化。溯源鄂尔多斯文化，可悠远着呢！"

显然，这对旗王府学堂教学规程来说是越矩了，但面对一双火辣辣的求知眼睛，一个天资超越常规的学生，昌汉东无法拒绝，终于把自己所知道的倾倒了出来。况且图王、巴公有言在先："尊重老师，任何权力者不得干涉老师的教授！"

"阴山之阳、黄河之套的宝日陶亥——河套，别瞧它荒漠、寒冷，可是块了不起的地方。你不是已经知道黄帝战蚩尤于涿鹿的故事吗？"

昌汉东向奇忠义讲起了河套的历史——

河套，古时水草茂盛，土地丰腴，已有一些游牧民族在生活了，他们被叫作土方、舌方、鬼方、羌方和獯狁等，当然都是汉族历史书上这么称呼的。过了几百年，或者上千年吧，到了西周时期，他们被统称为"戎狄""犬戎"。到了春秋时期，被叫作楼烦、林胡。他们都是游牧群体，当然已进入青铜或铁器时代了，为了食物和土地，互相争夺杀戮。再下去，到了战国时期，这些游牧部族都被赶走了，兼并了。一支新来的部族很厉害，叫匈奴。匈奴人的骑兵横行河套内外、阴山南北，杀人掠夺一通，呼啸着向大漠深处遁去。秦始皇虽然统一了六国，一时也拿他们没有办法，只好筑长城来抵御。后来他终于派出了公子扶苏、大将军蒙恬率30万大军去征伐匈奴。后来中原起乱，更朝换代，匈奴乘隙又来侵扰，因此又有西汉武帝派大将卫青、霍去病出云中，至高阙，大战匈奴。再后来，到了汉宣帝时期，汉匈两族和好了，这就是有名的呼韩邪单于求婚，王昭君出塞和亲的故事了（西汉元帝竟宁元年）。这个故事已经演绎成多种戏文了。

昌汉东将故事拉回正题。讲到匈奴人留在地下的青铜文化——他们的青铜刀具、青铜鞍具、青铜动物纹饰物以及金件、玉器。

毫无疑问，匈奴人的青铜器具大都还沉睡地下，等待以后人们去发

鄂尔多斯青铜文明：双禽　　　　　鄂尔多斯青铜文明：动物形杖首

掘，但现在我们在王爷府里、王公贵族身上和家里所看到的，已令人惊叹不已了。你别小看一件小小的饰牌、扣饰，或是马鞍上的吊饰什么的，都是千年前匈奴将军、贵族使用过的。我还看到过一件三兽咬斗的青铜挂件，一枚金饰片，雕的虎鹿交媾，还有一把锈迹斑斑的青铜剑，剑首是鸟头饰。总之这些被制成动物钮纹的青铜雕件都是宝贝，价值连城。

昌汉东告诉奇忠义，近百年来外国人对鄂尔多斯草原上挖掘出来的青铜器动物纹饰特别喜欢，运到他们国家的博物馆珍藏起来；至于私人收藏，就成为身份和财富的象征。听说鄂尔多斯青铜文化已成为一门世界性研究课题，鄂尔多斯青铜动物纹雕镂已成为西方热门收藏品之一了。

"大阿哥你应知道，生我养我的鄂尔多斯，是块无比富饶的土地，我们的先民——无论是楼烦、猃狁，还是匈奴，还是蒙古人，都充满智慧，并不亚于其他民族，岂能为眼下旗里那些蝇营狗苟之辈理解！"

昌汉东兴奋地畅述，突然发觉自己失言了，远远超越儒学教育的门槛，急忙打住，补圆了句："大阿哥聪敏超群、智慧悟达，继承王业后，望顺应时势，前途必定无量。"说着，躬身走进设在学堂里的卧室去了。

师从潮洛蒙

转眼间，第一个学习阶段结束，行将进入第二阶段时，昌汉东向图王、巴公进言，大阿哥聪敏无比，吸收知识容量极大，应乘此良机，再聘请一位良师，专职教授历史社会学问，必将裨益旗王府大业。图王认为很有道理，接受了。经过多方寻找、选择，1935年秋季，图王决定聘请正在衙门当班的笔帖式潮洛蒙，做奇忠义的兼职历史教师。

与小心谨慎的矮个昌汉东相反，潮洛蒙是位身材高大、脸面红黑、声腔洪亮的蒙古汉子。他也是黄金家族的后裔，讲起辈分来，要高出奇忠义五代，但在旗王府里他仅是知识层的仕官，是"臣下"。奇忠义听说这位长辈仕官是对蒙旗制度持不同看法的，有些敬畏。但潮洛蒙是图王的忠臣，对奇忠义十分钟爱。

"大阿哥，我可以把我的知识全部教给你。你不懂，尽量问好了。你看法不同，可以同我争辩，我不会骂你的。"

潮洛蒙教奇忠义的第一课就是一大册蒙古文手抄的《各代王事记》。"我和昌汉东老师一致认为，你作为奇渥温·孛儿只斤的后代——呵，你是几世了？我弄不清楚，其实也没有什么，要紧的是你作为旗王业的当然继承人，你就必须知道，而且应熟知本族本旗札萨克的统治本领。这些，都散见于这本大册子中！"

"你必须在我这里读。"潮洛蒙说，"你可知道，这是我从王府机密档案箱里搜索出来的，仅有这么一份，得到图王批准才借出来的。每代札萨克王爷圆寂后，由族长主持，聘请知情通史的有学问的公正人士来追写他的生前大事，总结得失，以为经验教训。这还不行，要经五大经肯（即五大仕官：东西协理、管旗章京、东西梅林章京）审阅、签名，再经当政札萨克王爷认可，才能立卷入档。大阿哥，你要认真研读，不要以为是'我家的事儿'，那是一个已经消亡的清王朝，在你家族里的微缩，各代旗王爷的内幕，换句话说就是统治技巧。可千万不能丢失一册，我是从你祖父图亲王那里借来的！"

一个星期之后，奇忠义已经熟知老祖宗额璘臣以来郡王旗各代札萨克王爷的脉络。这个黄金家族自从额璘臣济农被爱新觉罗·福临于顺治六年（1649年）诏封郡王旗札萨克多罗郡王算起，到现在图王，都是世袭罔替，父子承袭或兄弟承袭，已经历12代15任札萨克王位了。再读几遍后，奇忠义已能够记住这些祖宗的名字——

1. 额璘臣，顺治六年（1649）诏封札萨克多罗郡王，顺治十三年（1656）卒，在位7年。其他六旗札萨克都是他的兄弟子侄，他是名副其实的老祖宗。

2. 巴图（额璘臣从子）。

固鲁（巴图之兄）。

3. 栋罗布（固鲁次子）。

4. 萨克巴（栋罗布长子），任2年亡故。

喇什班珠尔（栋罗布四子）。

5. 扎木杨（萨克巴长子），任期30年。

6. 车凌多尔济（扎木杨庶夫人出长子），任期22年。

达尔玛咱第（车王长子），任4年亡故。

7. 什当巴拜（车王次子），任期27年。

8. 巴布多尔济（什当巴拜之子）。

9. 图门济尔格勒（巴王之子）。巴王因获罪，被削去札萨克位，但保留多罗郡王爵，因此这位札萨克位，只能封一等台吉，直到巴王死（1838）前2年，才承袭多罗郡王爵。

10. 额尔齐木毕里克（图王之子）。这位札萨克王爷任期最长，达64年（道光十七年至光绪二十七年，1837—1901），跨道光、咸丰、同治、光绪四朝。

11. 特古斯阿拉坦呼雅克图（额王之子）。

读完高祖额王之册后，奇忠义发现曾祖特王行述没有记载在册，就好奇地向潮洛蒙老师发问。

潮洛蒙没有正面回答他，而是意气轩昂地说："两个时代的交替，石破天惊，清王朝沉沦了，中华民国升起来了，这是中国历史上最伟大的更朝换代，史无前例的交替。您的曾祖父特王就生活在这一特殊历史时期，而且他顺应时势潮流，做了一件流芳百世的大事！"

特王事迹，奇忠义已从祖父图王那断断续续知道了一些，如今再听潮洛蒙娓娓道来。

特王是一位旗帜鲜明抵制外蒙古"独立"并引诱内蒙古叛随的行径的英雄。

1911年12月，武昌辛亥革命首义（10月10日）后，各省纷纷独立，脱离清廷统治，正在中华民国成立前夜，一直怀有"独立"野心的外蒙古政教领袖八世哲布尊丹巴活佛，乘中国政局混乱，找来沙俄八百步骑进驻库伦（今乌兰巴托），宣布"独立"，成立"大蒙古帝国"，举

特古斯阿拉坦呼雅克图多罗郡王
（特王），奇忠义的曾祖父

行登极大典，年号"共戴"。当时南京的中华民国临时大总统孙中山通电外蒙古王公，指出这是沙俄作祟："俄人野心勃勃，乘机待发，蒙古情形，尤为艰险，非群策群力，奚以图存。"但八世哲布尊丹巴却反其道行之，接连向内蒙古各旗发去两道"檄文"，说，"现值南方大乱，各省独立，清皇权势日就凌夷，国体变更，指日可待。我蒙古亦宜联合诸盟，自立为国"，"此案虽未与内蒙古逐一议办，然我蒙向系同族同宗，谅必允从"。引诱凡投奔过去的人，晋封公爵，发给武器，云云尔尔。当乌兰察布盟盟长、四子王旗札萨克勒王接到"檄文"后，除传递土默特旗、伊克昭盟外，还派人去库伦响应，引起河套内社会波动。乌盟有的王公听闻沙俄出兵新疆伊犁，便不顾绥远城将军约束，竟以乌、

阿拉宾巴雅尔
（1866—1913），伊克昭盟盟长

伊两盟十三旗名义通电中央政府内务部，反对五族共和。

面临如此严重的情势，伊克昭盟副盟长、郡王旗札萨克特古斯阿拉坦呼雅克图多罗郡王会同盟长、杭锦旗札萨克阿拉宾巴雅尔（1866—1913）固山贝子，于1912年6月，召集本盟七旗札萨克会盟于郡王旗境苏泊尔汗滩召庙，共商对策。会盟会议上，特王力主拥护民国、赞成五族共和的立场引起共鸣，于是伊盟诸王公基于内蒙古的历史与现状，提出与外蒙古"檄文"完全相反的观点，认为蒙古地方自古就是中国的领土，哲布尊丹巴不能代表整个蒙古。他们还揭露这位大活佛以"同族同宗"的幌子，企图拉拢内蒙古各旗王公跟他走分裂祖国的死胡同。会盟会议决定，由郡王旗西协理贡都扎布（台吉）和杭锦旗梅林章京纳木林二人，综合各位王公观点，撰写一份文件，名为《十三条质疑》公布于世。其主要观点是——

请求俄国保护我蒙？俄人涎我利权，固属乐于承认，唯其军用品物如饷糈枪械各项所费不赀，我蒙财政困难，能否源源接济？

我蒙二百年来，即为中华领土。环球各国，共见共闻。此次俄人承认保护，是否通知各国，得其同意？

世界独立之国必先通牒各国，经各国之许，方能具有国家资格。我蒙号独立，究于何年何月成立，各国均未预闻？

《十三条质疑》以问题质疑的形式，点出外蒙古王公"独立"之实质是投靠沙俄，抵制了外蒙古用"独立"诱惑内蒙古分裂祖国的图谋。这一文件成了内蒙古、外蒙古分道扬镳的分水岭。但是八世哲布尊丹巴继续依靠沙俄，与之签订了《俄蒙协约》，加紧对内蒙古各盟旗诱惑。

鉴于如此严峻的形势，中华民国大总统袁世凯授命绥远城将军张绍曾主持，召集伊克昭盟、乌兰察布盟十三旗的札萨克王爷，于1913年1月23日到归绥（今呼和浩特），举行有名的"西蒙会议"，做出具有历史意义的决定——

赞成共和。

悬挂国旗。

选出议员。

大总统命令及其公布国会决议之法律均应遵从。

不承认《俄库协约》（即《俄蒙协约》）。

民国绥远（首任）将军张绍曾

在"西蒙会议"上，由伊盟盟长阿王和副盟长特王领衔，发表了致北京大总统、国务院、参议院、蒙藏事务局的《不承认〈俄库协约〉之通电》，并请外交部通知世界列国，认为这个《俄库协约》就是以出卖外蒙古主权与资源为条件的"独立"作背景的。通电是这样说的——

佛俄协约实乃断送蒙命，本盟绝对否认。且库佛乃系教主，不特不足代表蒙古，抑更不能容喙政治。现与乌盟共同议决，除联合另文忠告库伦，取消独立，邀集内外蒙古各旗尽忠民国外，恳饬将本盟不承认佛俄协约理由，通知各国公使知照，冀使俄人早日反省，以维和平大局幸甚。

比较《十三条质疑》，这个"通电"更加旗帜鲜明地反对沙俄策划外蒙古独立，维护中华民族统一，而且形式上更加合法化，用词造句更政治化了。无论是"苏泊尔汗滩会盟"，还是"西蒙会议"，都起到积极的历史作用，促使内蒙古的哲里木盟、卓索图盟、昭乌达盟、锡林郭勒盟、乌兰察布盟、伊克昭盟——六盟四十九旗的广大王公认清了外蒙古哲布尊丹巴"独立"真相，在中华民族大一统的关键时刻，感召他们和伊克昭盟七旗王公站在一起，坚持民族大义，维护中华统一。无疑，杭锦旗的阿王（返旗后同年8月11日卒）与郡王旗的特王起到了特殊的掌舵作用。

同时，哲里木盟十旗王公在长春举行"东蒙会议"，反对《俄蒙协约》，维护中华民族统一。

奇忠义了解这些史实后，昂首聆听潮洛蒙的"后记"："袁世凯给咱几位札萨克都晋升了爵位，阿王连晋三级，由贝子升亲王；特王升一级，郡王升亲王；谁也不能否定，因为特王的努力，一场历史大错误得以避免。但就在这年的农历正月十二，特王归天。噢，在人生最后的阶段，他以身奉献了历史！"

外蒙古引诱"蒙独"失败，就撕破脸皮动武了。就在"西蒙会议"发表通电的同月，库伦令陶什陶率部南犯，其西路军在沙俄炮兵的支持下，直攻伊克昭盟北部地带。银川镇守使马福祥（马鸿逵之父）奉命率部抵抗，获胜。陶部败退外蒙古。

至于特王为什么尚没有入册，潮洛蒙是这样对奇忠义解释的："因为他的历史功绩非同一般，是要用大笔榜书来写的。此任务也非常人能担负。图王是很谨慎的。况且旗里情况非常复杂，现在的东、西协理，完全不同他们的父辈——这点大阿哥以后会有切身体会的，图王要平衡关系，恐怕还要时间，且等等再说吧。总之，因为"西蒙会议"的成功，蒙旗封建制度得以继续——不是吗？外蒙古早在民国十三年就赶走了王公。倒是中华民国把王公特权保留下来，使得你们生活优越。但是，这是地地道道的封建制度，与民国制度大相径庭，不符合时代潮流。大阿哥呵，你好自为之！"

第六章

日寇逼降

亲历图王妙计摆脱险境

恩师阿迪亚

大阿哥在1937年年初基本上学完了语文、历史和算术的规定课程，经考核，成绩优良。如此，应该说是提前一年通过了第二个学习阶段，要进入第三阶段——政治课程的学习了。所谓政治，就是从政，进入旗衙门实习。但因为他尚未到12足岁，还没有获得台吉（贵族）的资格，不能在衙门任职，因此只能帮忙。昌汉东、潮洛蒙两位老师将继续教他学习汉语文，同时他们力荐一位资深笔帖式——阿迪亚老先生做他的政治老师。他们联名向图王签报，图王同意了。

50多岁的阿迪亚自青年时代起就在旗王府衙门服务，不仅精通业务、办事老到，而且人脉广，方方面面的人都能卖他面子。如今他收下了这位前途有望的学生，既兴奋又担忧，因为只有他清楚潜在对手隐伏的实力，所以阿迪亚确实真心诚意想把奇忠义训练得精通业务，在蒙政事务上也能自我驾驭。

"大公子，"阿迪亚在称呼上不愿刻意露骨地奉承奇忠义，因为对方前途中还有好多未知数，他言简意赅地说，"你既然做了我的学生，那么你必须听从我三点要求：一，学好我指定的文献资料；二，接受我指定部下的帮助和指正，抄缮文件要认真；三，细心观察我的言行举止，尤其是礼节。"

根据阿迪亚的建议，图王同意让奇忠义在衙门里当三个月的练习生，作为从政训练的先行。这事并没有在衙门里公开，图王行事保守、严谨而自律。这样，大地封冻、朔风依旧肆虐的初春季节，每天太阳光正射衙门大院的时辰，奇忠义便带着毛笔、墨盒去"上班"了。他要干几个小时的活儿。这天，阿迪亚在自己卧室，差人将助理笔帖式道尔吉叫来。道尔吉一见奇忠义在场，愣了一下，赶紧下跪叩头："大阿哥安好！"阿迪亚立刻纠正道："大公子从今天起到衙门上班，当三个月的练习生，先跟你练习誊写文案。这三个月内你就不必给他叩头。工作时，你应该随时指正他、帮助他，按规定准则，严格要求他，因为他正在接受训练。在你值班期内，由你安排他的抄缮工作，不得有误！"阿迪亚嘱咐完，道尔吉躬身告退。奇忠义跟着道尔吉来到办公室，开始了练习生生活。

在办公室，年轻的道尔吉正要给奇忠义跪叩，给奇忠义制止了。"啊呀，你是我的月师，理应我给你叩头。"说着，两人相视而笑。道尔吉翻出一份文件，交给奇忠义，说："我这一轮班，上门来的文件较多，急需誊抄归档。大公子来帮忙太好了！但必须按照规定格式抄出一份，千万不能抄错了字，格式上也不许出差错。"说罢，递过一张麻纸和一根标准方尺，并指导如何将麻纸折出天头、地脚，缝合边扣，然后紧沿方尺抄写。写的姿势也很特别，是蹲在炕上，用右腿当桌子，将麻纸放在右大腿上（蒙古大袍宽大，足矣），右手握毛笔，调整呼吸，从容落笔。道尔吉补充说："蒙旗笔帖式都是这样抄写的，即使在沙滩、河岸，也这样，不是简易又方便吗？大公子可以就此练习蹲写的功夫。"奇忠义还是第一次干这样的活儿，但他没有叫苦，忍耐了下来。因为他自幼就有了五体投地跪拜的基础，所以两个小时只觉得是一瞬间，一张麻纸便誊抄好了。如此这般，他干了好几天，抄出了8张麻纸，交给道尔吉。道尔吉认真核对原件，看了一通，对奇忠义说："大公子的字很漂亮，很有自己的个性。不过有些地方写错了字，有些地方线条不直，不符合规矩。不过算了，因为这是第一次，难免的。以后若是这样，可要重抄了。"其实，道尔吉将那抄错的两张，自己偷偷补了。奇忠义知道后，十分内疚，从此誊抄再没有出过差错。

道尔吉当班一个月，班期满时，让奇忠义也参加交接全过程，亲身感受衙门工作的严肃性、规范性、完整性。奇忠义因此知道，一个蒙旗并不是札萨克王爷私家的，蒙旗仕官也并不是王爷家的奴才，只是因为沿袭清制，才向王公们叩头，表示恭谦而已。这种礼制应该摒除了。他体会到仕官们承事循规蹈矩的精神是可嘉的。他也感觉到民国时代的现代官场风气已悄悄渗透了进来，暗想，要是将来自己当政，要进一步发扬、扩大这种风气，当然首先要废除跪叩、活佛占卜等陋习。

奇忠义当练习生的三个月里，正好是仕官们三个轮班周期，郡王旗衙门里的管旗章京（相当于秘书长）、两位东西梅林章京（相当于副秘书长）、四位参领（区级仕官）、三位承启官（相当于副官）、三位笔帖式（秘书）、六位助理笔帖式，还有不少苏木、章盖（乡级仕官），众多吃蒙旗衙门饭的仕官他都认识了，都成了他的老师。众仕官也交口称赞："大阿哥谦谨有礼，不愧是王公大家子弟。知识丰富，不愧是多才多艺的巴公调教出来的。是黄金家族的正统，天降大任于斯人也！"奇忠义也因此了解了旗王府衙门的工作程序，基本上掌握了一整套制度。

见习中奇忠义初识仕官群的深浅。

郡王旗有两位功勋卓著的人物，就是官位在众仕官之上，地位仅次于札萨克图亲王、记名札萨克巴公的东、西协理。协理这个官位只能由台吉（贵族）来担任。他们是东协理额尔德尼格尔勒、西协理贡布扎

王府议事大厅

布。他们都是权力人物，也很少露面，笼罩着一层神秘的面纱。奇忠义从潮洛蒙老师那里打听到额尔德尼格尔勒的大致情况：尚在曾祖父特王做札萨克时，慈禧太后委任理藩院尚书、绥远城将军贻谷为垦务大臣，遣来西蒙放垦，结果撒了郡王旗一屁股烂污，民怨沸腾。郡王旗的善后是由特王手下的这位东协理来处理的。他为本旗收回了一部分已经开垦牧地的属权，同时又替旗王府抹平了一笔大债，那是王公们去北京朝觐花费时，向汉商贷下的巨款。此两项"功盖于世"的事迹，使他成了旗王府的功臣。协理虽然必须是台吉身份，但不能世袭。居功自傲的东协理便向图王要求自己的独生儿子奇兆禄能破例承袭东协理的职位。

潮洛蒙还曾与西协理贡布扎布共事过。他对奇忠义说，贡布扎布是衙门出身，由见习生、笔帖式、参领、梅林章京一步一步地当上了西协理。他平易近人，反应敏捷，政治嗅觉机灵，且善于社交，他曾积极拥护德王百灵庙"蒙古联盟自治政府"，因而得到德王的赏识，提高了自己身价。他的家在刀老堡梁，离旗府阿拉腾席连镇很远，与陕西神木接壤，似乎淡出人们的视线。他利用清末时在那里的放垦，滥收苛捐杂税，积累了不少私产，把自己的西营盘经营得严严实实。因为那里是蒙汉杂处地，他的汉语被磨炼得很好，加上他处世圆滑，郡王旗官方同外界打交道，少不了他。贡布扎布也正在刻意培养自己的儿子奇全禧。

两位协理的儿子是否是大阿哥的对立面呢？现实是，这两位同时代的青年进入了奇忠义的视线，奇忠义因为自己的地位殊高，还不怎么介意，但前者却已是虎视鹰瞵，处心积虑地蠢蠢欲动了。此际，草原已是风起云涌了。

是忠还是奸

1937年"七七"卢沟桥的炮声震撼鄂尔多斯草原，攸关伊克昭盟生死存亡，每位蒙旗王爷在历史关键时刻，必须做出自己的抉择。

从"七七事变"到这年10月，短短三个月时间，除了地理位置特殊的伊克昭盟外，内蒙古大部分盟旗先后沦陷。日军占领归绥（10月14日）、包头（10月17日）后，原先在百灵庙搞"蒙古自治"运动的德王，跑到归绥成立了伪蒙古联盟自治政府，堕落为彻头彻尾的蒙奸。日本侵略者对伊克昭盟的蒙旗原打算采取"不战而胜"的策略，因此策划10月27日在归绥举行"第二次蒙古大会"，"邀请"伊盟盟长、各旗王爷赴会，迫使他们附日。德王派去了专机，日本特务内田等随机去新街，"迎接"蒙政会委员长、伊克昭盟盟长、札萨克旗多罗郡王沙克都尔扎布。但沙王坚拒不去，只派他儿子鄂齐尔呼雅图克到会应付。日伪们大为恼火，另谋计策来迫降伊克昭盟。

沙王没有与会，但去归绥的却不乏其人。伊盟西北部的杭锦旗札萨克和硕亲王阿拉坦鄂其尔（伊盟副盟长）去了。此人后来到了包头，被日本人扶上了伪伊克昭盟"盟长"的座椅，做伪盟长蒙奸（死于1945年）。

伊盟东北角的准格尔旗西协理（掌理该旗一部分政权）奇凤鸣携

蒙奸德王（中，着大袍者）与日军高官

其子奇子祥（此人以后做准旗保安大队的大队长）去了归绥与会，公开附日了。

伊盟北部，距包头只有一条黄河之隔的达拉特旗札萨克多罗贝勒康达多尔济（就是以贿赂出名、买美国轿车的逊王儿子）一心要投靠日本，当他正要做出可耻行动时，被著名抗日将领马占山派去的三百精兵抓住，直送重庆软禁。但是这个旗的保安司令森盖林沁投降了日本，他同时拥康王之弟章巴拉多尔济为护理札萨克。达拉特旗实际已沦于日寇的统治。

三旗王公既附日，形势严峻，伊克昭盟已处在抗日前沿十分敏感的十字路口。不仅如此，鄂尔多斯由于三面被黄河环绕、境内两条沙梁（库布其、毛乌素）横亘的天然障碍，日军的机械化部队难以长驱直入这块地广人稀的土地，一时成了战略空白点，于是国民党杂牌军、溃败部队相继涌入，给当地蒙旗形势增添了复杂因素，也给牧民带来了另一重灾难。原在黑龙江抗日的马占山将军率领他的东北挺进军进入伊克昭盟，在黄河南岸达拉特旗、准格尔旗一带，会同从陕北而来的国民党十三军（汤恩伯部）、骑七师（门炳岳部）、骑二军（何柱国部）、三十五军（傅作义部）等正规军经伊盟开往绥东前线抗日。

鄂尔多斯与中华民族抗日中坚、中共领导的陕甘宁边区比邻。尚在1935年10月，中央红军二万五千里长征到达陕北不久，12月，毛泽东主席就代表中华苏维埃中央政府发表《对内蒙古人民宣言》，宣布中国共产党团结少数民族共同抗日的统一战线政策。1936年在定边成立了以李维汉为主任的蒙古工作委员会，抗战开始后改建为少数民族工作委员会（高岗为书记）。1938年成立绥蒙工作委员会（白如冰为书记，高增培为秘书长），并派八路军警备骑兵团进入伊克昭盟。从此，伊盟七旗、东胜县及因抗日战争需要而组建的相当于旗级别的行政机构"绥远省达拉特旗战时民众组训处"（在耳字壕，简称"组训处"）、"桃力民办事处"（在杭锦旗、鄂托克旗交界处），都纳入了中共领导的抗日民族统一战线范围。

日本侵略者一直对伊克昭盟虎视眈眈，尚在1936年9月，日本关东军参谋长板垣征四郎自长春飞来札萨克旗旗治新街镇降落，欲劝降绥境蒙政举足轻重的沙王，结果吃了闭门羹，只好悻悻飞回。1937年的德王叛国叛蒙的"蒙古大会"甚嚣尘上，沙王也拒绝出席。沙王时任绥境蒙政会委员长、伊克昭盟盟长、伊盟保安司令部中将司令，且为表明自己不附逆的立场，他将蒙政会在归绥沦陷前由该城迁到了新街。一身兼三要职，自然成了日伪拉拢的目标，但沙王坚持民族气节，不为诱惑所动，于是他们转移目标。在他们的眼光中，有一位旗王的出身比沙王更崇高，但"为人迂腐、守旧，笃信喇嘛教，办事刻板到昏庸程度"……

他就是大伊金霍洛所在地郡王旗的札萨克，伊克昭盟首任盟长、郡王旗第一位札萨克额璘臣王爷的嫡传裔孙图布升吉尔格勒和硕亲王。

图王是这样的人吗？

在奇忠义眼里，祖父图布升吉尔格勒亲王是他至亲至爱的长辈和导师，离他最近，因此他比任何人都了解图王，理解图王。抗日战争期间，奇忠义只有十多岁。图王在关系到蒙古族命运抉择的关键问题上，立场坚如磐石。但图王处事圆熟应变，他的言行、举止给奇忠义留下了难忘的印象。特别是1937年秋

图布升吉尔格勒和硕亲王（图王），
奇忠义的祖父

末初冬，他揭穿日本特务乌吉达企图裹胁伊盟各旗王公去包头的阴谋，保持了鲜明的政治倾向，受到了人们的尊敬和赞扬。

1937年，早慧的奇忠义一面在王府内接受专职教师的贵族式教育，一面在旗王府进行笔帖式从政实习，经常随从札萨克图王左右，得到耳提面命之教导。

是年10月，喧嚣一时的第二次"蒙古大会"之后，蒙奸德王对着黄河南岸坚持民族大义的成吉思汗嫡系裔孙既恼怒又无奈，煞费苦心地帮助他的包头日本主子策谋，如何实现"不战而收复伊克昭盟"，把七旗的王爷们"一网打尽"的企图。于是一场险毒的阴谋开始了。

大祸从天降

初冬，彤云把大伊金霍洛荒漠的天空压得低低的，惨厉呼啸的朔风中，一辆人们似乎见过的颇为陈旧的小轿车疾驰而来，进了阿拉腾席连镇，直撞郡王旗王府的内城门。这块古老又守旧的土地上难得有汽车出现，小孩子们一拥而上指指摸摸地围观，其间有大人叫了声："这不是达旗逊王的那辆美国汽车吗？"逊王早就去世，他的儿子康王已被马占山将军抓到重庆去了。达拉特旗从此沦陷于日本侵略军的魔爪之下。王府的卫兵发现轿车上插有一面日本"太阳旗"。车门打开，走出一个头戴呢毡礼帽、身裹蒙古大袍的中年人，傲视周围一圈，嘀咕了几句日本话后，便向前来接洽的德木齐（王府总管）用蒙古语说："我是你们的朋友！我是包头来的皇军代表，要会见你们的王爷，图亲王王爷！"德木齐赶紧转禀东、西梅林，东、西梅林不敢怠慢，转告管旗章京，很快图王知道了"皇军代表来了"的消息。图王亲自吩咐，将这个不速之客暂先安排在东院客室休息。但是来者不善，自称乌吉达（其实他是地道的日本特务，本名内田勇四郎）的这个人哑着嗓子对奉命接待他的管旗章京巴音桑命令式直喊："本人奉皇军包头前线指挥部司令官的命令，专程前来贵旗郡王旗，必须面见图布升吉尔格勒亲王。你必须立刻去禀告，不得延误！"

"慢！还有，我必须今天见到图亲王！你们，不，是图王必须把我安置在他的王府内院，绝对保障我的人身安全，否则皇军的飞机会飞来你们的头顶！"

巴音桑脸色严霜般回到图王的客厅——他正在同王府仕官们会商——报告刚才的一切。奇忠义也在场，他立即发觉祖父的绝对威严面临威胁，图王古铜色脸庞登时赤紫发光，沉重地吐了两个字："混账！"他与仕官商量之后，接连吸了两根纸烟，吩咐大家，对乌吉达此行要绝对保密。他告诫大家："国民政府西安方面对我们这块尚未遭到日寇蹂躏的'净土'十分敏感，一旦有风吹草动，我们有口难辩。"图王又责成自己的长子、旗保安司令巴公，派警卫排严密保护这个日军要员："绝对保障他的安全。不要忘了卢沟桥事变的教训。要知道此去二百多里，黄河对岸就有日军的飞机！"

巴公遵命，立刻去部署了。奇忠义在旁观测，祖父思维很敏锐，分析很老到，谁说他昏庸？接着，图王还做了一件十分重要的事：派专人连夜快马飞驰到邻旗札萨克旗新街镇，向盟长沙王汇报这一突发事件，请示对策。奇忠义细心领会到，图王凡举大事，必定会向上级领导及时汇报并取得指示。他感到祖父图王并不像外界所说的"刚愎自用"或"专横跋扈"，他是位很理智的旗王。

乌吉达当晚被安置在王府二进内院一间厢房，好吃好住，但图王没有和他见面，也不允许其他仕官同他交往。乌吉达的生活由奴隶出身而行权颇大的白通达打理。

当晚，图王又同仕官在他的客厅里商议此事，有些仕官倦得偷偷打呵欠了。

第二天下午，图王在众仕官、保安团团长陪同下，在王府一进大官厅里接见了乌吉达。被冷落了一昼夜的这个骄横的日军特务，此际也仿照蒙古习俗，与图王交换鼻烟壶。图王不屑此举，严肃询问他："先生到底是蒙古人还是日本人？"

"这——我是日本人，我是日本贵族之裔，我是日本武士。我是日本中佐军官，我是奉包头蒙古军总司令部之命前来贵旗，专门向图王爷转达我皇军三项命令的！"

包头日伪军的命令是："一、着伊克昭盟盟长沙王及所有旗的王公立即通电，宣布脱离南京国民政府，归顺皇军，接受德王的'蒙古联盟自治政府'的领导。二、把贵方祖宗成吉思汗陵宫迁出大伊金霍洛，到安全地带。去什么地方，皇军可以提供并协助，保护迁移，必须从速。三、各旗王公必须由沙盟长召集，迅即聚合，然后由本人带领，一起北渡黄河到包头，谒见皇军司令和德王，共商'蒙古联盟自治政府'大事。"

末了，这位内田勇四郎中佐颐指气使地催促图王："请你派专人去新街，从速向沙盟长转达。本人在这里坐等。从速！"

乌吉达好厉害，明知绥境蒙政委员长沙王撼不动，就施"假途伐虢"计，向他心目中的"迂腐、昏庸"的图王开刀，以图引来沙王，达到他的目的。

奇忠义虽然只有11岁，但听到这"三项命令"，犹如五雷轰顶，眼前直冒金星。他看到有几位仕官转过身子，偷偷抹泪，但是祖父图王端坐着，岿然不动，愤怒之色溢于言表，目光似在射火。

沙王接到通知后，立即派出他的高级仕官布升梅林章京先行郡王旗，会见乌吉达，允诺沙王亲来阿拉腾席连，主持召开全盟各旗札萨克及仕官会议。

一天后，沙王以盟长身份来到郡王旗。过了一两天，各旗王公陆续来到。如此非常时期，贵族聚会各种礼节都从略。图王提出唯一要求，沙王及与会者必须守口如瓶，否则将给郡王旗带来严重后果。事到如今，本旗

民国时期的大伊金霍洛

只好当仁不让，走一步看一步了，只能祈求圣祖保佑，佛祖保佑了。

奇忠义跟着他的老师阿迪亚笔帖式参加会盟的接待与秘书工作。阿迪亚是鄂尔多斯的资深仕官，对各旗王公很熟悉，他向奇忠义一一介绍与会者。他们分别是：沙王盟长，沙王手下的札萨克旗东西协理鄂其尔巴图、阿木古朗，管旗梅林。副盟长阿拉坦鄂其尔，是杭锦旗的札萨克，"此人心怀叵测，可能有异动，小心！"他的弟弟色登道尔吉也来了，是杭锦旗的协理，"此人心地善良，是位乐于助人的长者"。奇忠义很快结识了这位色登道尔吉。到会者还有鄂托克旗王爷嘎拉藏茹勒玛旺吉拉札木苏，是盟务帮办，以及鄂旗协理旺楚克色楞；乌审旗王爷特古斯阿木古朗和他的协理扎那巴扎尔。准格尔旗和已沦陷的达拉特旗这两旗一个人也没有来。至于郡王旗，除图王外，东协理贡布扎布和他的儿子奇兆禄，管旗章京巴音桑，东、西梅林等也到会，因为是东道主，到会的人特多。但是会盟对外严密封锁，只是在旗王府一进大厅里悄悄进行。

郡王旗王府一进大院

会议开了三天。因为各旗王爷都有自己特殊的起居习惯，每天太阳落山之前半小时必定乘舆赶回本旗。第二天——西部地区太阳出来晚些——再赶来，坐定开会时，正好吃中饭了。图王一向厉行节约，"小气"得很，不愿铺张接待这些难以侍候的旗王。三天会议真正议论乌吉达"三项命令"的时间并不多，但终于有了结论——王爷们认为现今的时局发展尚不可估测，但无论如何，作为成吉思汗的裔孙，额璘臣的直系子孙，决不能做中华民族的罪人！我们蒙古族如今是弱小民族，鄂尔多斯蒙旗力量微不足道，无法与日本军队抗衡，唯一的办法是尽量与其周旋，力求避免武力接触。

"但这并不是唯一的办法。"杭锦旗阿王提出异议。他的眼光怪异，预示着他要同与会诸王爷分道扬镳。果然伊盟会议结束后，是年11月，他北渡黄河，跑到包头，在日寇的支持下，做伪伊克昭盟"盟长"了。

沙王与图王审慎协商了回应乌吉达的对策，然后由沙王出面会见乌吉达。沙王说："圣祖成吉思汗陵寝迁移，是举世大事，关联到世界所有蒙古人的情绪。大汗陵寝八白宫自安落在鄂尔多斯来，已有七百多年历史，如若猝然移动，唯恐民心有变，就连贵国天皇也难控制。第二，国民政府眼下尚未彻底瓦解，在中国广袤国土上，就仅黄河以南、长城以北，鄂尔多斯草原有三万多国军，有你知晓的马占山部东北挺进军，伊盟王公若是对贵军有所表示，国军必先于皇军行动，兵伐蒙旗。我们挡不住呀，对皇军西进也是障碍呀！"沙王正要陈"第三"条时，被乌吉达打断了话："好了，好了，别再说什么了。你不是知道吗，用你们支那人垫大黑河，开路开路的吗！①因此第三，你们全体蒙旗王公必须跟我到包头去！"

"怎么能一走了之？还有我们的家室、旗民、牛羊、土地……"

"到了包头后再说，参加你们德王的'联盟政府'后再处理。当然你们都会回到自己的旗里，做皇军顺民的王爷。"

---

① 1937年10月14日，日军坦克从归绥过大黑河时，因淤泥阻滞，就射杀大批百姓，用尸体垫河铺路，坦克开去，尸体血肉横飞，惨绝人寰。

沙王没有办法，只好将乌吉达带到众王公面前。骄横的乌吉达虽然答应前两项：成陵暂时不迁；皇军未进伊盟前，王公们暂且不通电脱离南京。但是对包头之行丝毫不松口："你们，都必须去，这才是你们的出路！归顺皇军后，你们一样做王爷，而且可以得到皇军的保护。否则，大黑河就是你们的前鉴！"

　　"我们是成吉思汗的子孙，我们是中国人，赴包头万万不可！万万不能与德王同流合污！"图王瞋目裂眦，拍案而起。

　　"你们非去包头不可！皇军的陆军、空军正等着你们的回答！"乌吉达擂着桌子，跳起来，又开腿，做武士架势喊叫。郡王旗王府官厅里登时大乱。混乱中副盟长阿王助长乌吉达风势说："赴包头也是一条出路，至少可以逃避血光之灾嘛！"

　　旗王府里似乎已是山穷水尽，但王府城墙外面的鄂尔多斯却是广阔天地。密报传来消息，八十里外的东胜县此际已在激战。原来德王伪政权为了配合乌吉达的诱降，派出了他的总参谋长吴古廷率伪八师骑兵偷袭伊盟军事重镇东胜。若是占据了东胜，日伪便手攥伊克昭盟心脏，蒙旗诸王爷便由乌吉达随意摆布了。沙王不愧久历政治风霜的老手，启程赴阿镇前已部署札萨克旗、郡王旗两旗保安部队加强对东胜一带警戒，指示如有来犯，不管是谁，务必拼死抵抗，给予歼灭，因为沙王又是伊盟保安司令部的最高长官。果然，伪军来犯了。但伪蒙军在遭到东胜方面国民党军激烈抵抗时又突遭札、郡两支保安队腰斩，登时大败，狼狈渡河北撤。沙王、图王获知这一喜讯后会心一笑，他们有资本与可恶的乌吉达周旋了。而乌吉达还被蒙在鼓里。

妙计驱日特

郡王旗王府里双方还在僵持，最好的办法是表面应付乌吉达，顺他意，跟他走，然后用妙计摆脱这个可恶的家伙，不致两败俱伤。这天晚上，图王摆脱众人，将巴公叫到自己卧室，两人凑近，这般那般讲了一通。奇忠义也在近旁，看到祖父图王眼中闪着狡黠的光，脸上露出一丝微笑，点了点头。立即，作为保安司令的父亲巴公将旗保安团的特务连连长张春和叫来，俯身布置绝密任务，并预约了彼此呼应的办法。巴公回首对儿子说："生死攸关，严守秘密！你只要紧随祖父图亲王便是了！"

第二天一早，与会的各旗札萨克王爷和仕官及军官、役夫等都来了，有两百来人。他们在沙王的率领下，先去大伊金霍洛，向圣祖成吉思汗陵寝跪拜告别，情绪悲怆，不禁恸哭起来，达尔扈特人也在抹泪主持仪式。乌吉达假惺惺地参与祭祀，不时呼"快些"。祭陵结束后，王爷与仕官们，在乌吉达那辆老爷车引领下，各乘自己的马车，冒着凛冽的西北风，慢慢腾腾地上路了。

这天傍晚，他们一行到距东胜城不远的郭家壕驻扎，住在临时张搭的帐篷里。草原之夜，可怕的死寂中更凸显了风声的凄厉，侧耳细听，似有马蹄声伴着几声枪响自远而来，首先被奇忠义听到了。他战战栗栗地将此情形告诉祖父图王。

"你听到了？好！"图王兴奋了起来，焦急地等候张春和连长的消息。

原来特务连连长张春和奉巴公司令之命，先到东胜城里，召集当地蒙汉大户，告诉他们日军小股队伍今晚要渡黄河，来侵犯伊盟，而国民党的溃军也要经过这里，两支军队必然糜烂地方，"希望各位把地方民团集合起来，布防到罕台庙、板洞沟、皂火壕诸要地，保卫家乡。月黑风高，不妨多打几枪，壮壮声势！"

然后他又返回郡王旗，将本旗的保安部队调往东胜民团驻地附近，约定黎明时分，朝东胜北向运动，声势大一些，"可以多用机枪向荒漠扫射，发几发迫击炮弹也无妨"。

张春和布置完毕，一夜没有合眼，带着几个兵丁，快马加鞭奔向郭家壕。

"马占山的部队和河东撤下的国军部队，番号也不明，已经占领东胜，将罕台、哈什拉川一带住得满满的，对来往行人盘查极严！"张春和喘着气报告。

"这些国军可真凶狠，一看到骑马的人就开枪，我看到有好几个人被射死了！"一个兵丁补充说。

众人大惊失色。他们这支两百多人行色豪华的队伍自然是溃兵抢劫的目标，包头倒没有去成，半路上岂不成了散兵游勇的鱼肉？

"在此紧要时刻，我请求皇军保护。"沙王立刻意识到"新情况"，主动向乌吉达提出要求。

图王没有开口，但直盯着乌吉达，叹了口气："恐怕我这里也不安全了。"

此去包头，荒漠台梁

民国时蒙军一瞥（老照片）

乌吉达哪有能耐保护这些王公贵族，他立刻意识到，现在已深陷几重险境，自顾不暇，只好取消裹胁之举，乘混乱，悄悄地钻进那辆美国老爷车，溜了。

沙王与图王会意地交换眼色，异口同声宣布："解散！各自回旗！"他俩躬身道别。

奇忠义先生事隔56年后在接受笔者采访时说："祖父告诉我，这出疑兵之戏，是在当时几乎成绝境的情况下，他征得沙王同意才这么导演的。什么马占山部，什么白海风部开到东胜，都是子虚乌有的，我们不去诳日本鬼子，难道让这个特务把我们送进包头鬼子的虎口！急中生智罢了。祖父说父亲部署得周到，因为东胜刚刚与德王伪军交过战，而且得胜了，所以乌吉达这个鬼子心有余悸，夹着尾巴逃跑了。不过他事后并不张扬，这是他心中有鬼，两脚发虚罢了。"

包头日本侵略军当然不甘心这次可笑的败局，就命令内田勇四郎带一个伪蒙军分队窜到鄂托克旗阿拉庙，胁迫该旗保安司令章文轩修筑军用飞机场，作为侵犯陕甘宁边区的跳板。1938年年初，包头前线指挥部又派出一支日军，明目张胆进犯东胜县。国民党军驻军奋力抵抗。图王闻讯，立即派出他的保安二团蒙军驰援。这一仗打得很光彩，日军战线拉得太长，兵力不足，草原沙漠上施展不开机械化兵力，日军最终败北，大长鄂尔多斯威风。但不除图王难解心头之恨，日军于是采用了空袭一招。草原地广人稀，飞机来轰炸杀伤力并不大，而郡王旗臣民掌握了躲避空袭的规律，有时日机来袭数次，图王就率他的家属、仕官撤到专岗图山区躲避。那里黄沙连绵，沙丘变化复杂，不明地形的外人是无法进出的。少年奇忠义都把这些记在心中，在以后他自己危难的日子里加以运用。

迥异于一些软弱的蒙旗王公，历史记录下了图布升吉尔格勒和硕亲王以物资支援抗日战事的事实："为解决伊盟驻军给养困难，图王命郡王旗组织民夫130人、牛车250辆，长期从黄河后套向伊盟运输粮食。""马占山率东北挺进军进驻伊盟后，向蒙旗征用军马，图王一次就献马百匹，积极支援抗日战事。"（《伊克昭盟志》第六册）

爱国、民族气节、追求进步的精神流淌在这个家族的血液里，这是毋庸置疑的事实。

戚陵西迁

获得汉名"奇忠义"

沙王呈请迁陵

当年《申报》刊登的绥境蒙政会委员长、伊克昭盟盟长沙克都尔扎布（沙王）照相

乌吉达逼降事件极大刺激了伊克昭盟盟长沙王。圣祖成吉思汗灵寝自先祖额璘臣主持奉安于大伊金霍洛来三百多年基本平安无扰，受本族本宗同胞顶礼膜拜，也受到中华同胞、全体国人的景仰。蒙古同胞自觉骄傲，意识到拼死保卫这位蒙古族英雄、中华一代天骄的棺椁和圣物不受敌伪的破坏与侮辱，责任重大，有如泰山压肩。

事有凑巧，1938年10月，郡王旗的留日学生华登托拉图尔（奇林宝）归国返蒙旗，途经归绥，获知日军对伪蒙军训话时称："要发挥十字军夺回耶路撒冷的精神，向伊克昭盟进军，夺回你们蒙古圣地伊金霍洛！"奇林宝进入河套前，在陕西榆林见到了正要赴陪都重庆述职的沙王，就应邀做了随从秘书（后返郡王旗任东梅林章京），一起进川。途中，他把这一情报汇报给沙王。沙王听了，如同冷水浇背，立刻警觉到日伪此番非劫成陵不可了。到了1939年年初，果然日伪进犯伊盟，德王企图劫持成吉思汗陵寝的消息陆续见诸报端。报纸又说，重庆当局已令伊盟驻军蒙军独立旅白海风部进驻大伊金霍洛，守卫八白宫；又，骑二军军长何柱国也派兵去守卫苏勒德霍洛，云云。塞外漠南已磨刀霍霍，战火一触即发，势必殃及成陵。沙王心急如焚，形势迫得他产生动迁成陵的念头。

1938年，抗日战争全面爆发后的一年多的时间，日寇大举进犯中国，蒙古族聚居地的东北及察哈尔、热河、绥远等省，以及归绥、包头两市，呼伦贝尔、兴安、哲里木、昭乌达、卓索图、锡林郭勒、乌兰察布等盟先后沦陷，唯剩伊克昭盟。现在，成陵圣地所在的伊盟已成为十分敏感的前沿地区了。如此紧迫形势下，沙王不得不作十分现实的考虑：迁陵。

1939年年初，沙王抵达重庆，向国民政府述职。述职中，他如实汇报了成陵面临的严重形势。此际，西迁榆林的绥蒙长官公署也向重庆报告"德逆已得日方同意，派人潜伏，拟乘隙企劫成吉思汗灵寝，借此号召"。蒙奸德王只是怕众怒难犯，一时动不了手。借此，重庆蒙藏委员会代表行政院授意沙王，要求他提出迁陵申请，以避嫌"汉人劫陵"的非议。沙王考虑再三，终于向蒙藏委员会递交了专呈军事委员会委员长、行政院迁陵的签请书。有云——

　　查伊克昭盟，位滨黄河，地接绥包，久为日寇垂涎之区……兹拟转移整个蒙族观念，保护祖先，杜绝敌人利用，以策安全起见，拟将伊金霍洛成吉思汗灵榇及豪伦哈腾（即忽兰哈屯）、伊金哈拉苏力德（即哈日苏勒德，黑纛）格根迁移后方……一旦战争结束，时局奠定之后，仍请迁回！

蒙藏委员会委员长吴忠信游走蒋介石、孔祥熙（行政院院长）和沙王间。据说蒋介石曾召见沙王。3月13日，经国防最高委员会决议，孔祥熙签发密令，准迁成吉思汗灵榇往青海，再与军事委员会会商，制订了由国防最高委员会批准的迁陵方案。这个方案涉及地点（先甘肃兴隆山）、路线、起灵致祭、护送、沿途迎祭、安灵、护陵（军委会派驻步队一连）、通令（起灵时宣传移陵意义，安灵时表示战事结束将移灵原地）等问题，具体而周到。尤其西迁着落点，原计划在青海西北部柯尔洛果贝子旗柴达木，后经专家论证，就近第一步暂定在甘肃省榆中县兴隆山，因为成吉思汗攻西夏时经过甘肃，并病殁于甘肃六盘山。这个"迁移办法"经行政院院长孔祥熙向蒙藏委员会发出训令后，就具法定效力。紧接下去的事，就是从速迁陵了。

但是，鄂尔多斯草原哭了，恸了。七百多年来，时时刻刻忠诚守卫、跟随八白宫的黄金家族后裔们、鄂尔多斯人、达尔扈特人怎能舍得近在咫尺的伟大祖宗远行呢？已经为保卫成陵、保护伊盟众旗札萨克兄弟做出重要贡献的图王，虽然能理解成陵西迁是战争所迫，势在必行，但此时感情上却接受不了。他在给东邻准格尔旗护理札萨克的信中表示了犹豫："虽然中央政府和盟长被迫决定迁至他乡，但是世世代代祭祀供奉的成吉思汗陵寝，应以众人的力量共同请求，寻求暂缓迁移的办法。"回到鄂尔多斯的沙王亦是，几乎推翻了自己签请的移陵申请，在给图王的信中表示了担忧和动摇："本想让各旗札萨克协理的代表、管旗梅林、扎兰章京等聚在一起，商定无论如何不能将成吉思汗陵寝转移他乡，但中央政府突然派员，并用大军强行迁移。"其实沙王动摇不是没有理由的，这位历经风霜的蒙古王爷深谙国民党当局的惰性："看国民党这个样子，不一定让我成吉思汗陵寝返回故地。如果这样，我不仅没有功劳，反而成为罪人！"（1945年给儿子鄂王的遗书中言）

沙王和各旗王公的滞迁动态，立刻落入中统的情报网中，他们向陈立夫报告："蒙古人认陵寝为不可擅动之圣地，移动必遭祸端。""沙王受中央优遇情绪自有不同，然见各旗反对，已有悔意。"蒙藏委员会吴忠信得悉后，认为已"由沙王呈请报经国防最高委员会通过"，是为国家最高军政当局批准，不能改变，坚持移陵。

查干苏鲁克祭

迁陵日子越来越近了，恰逢一年一度的三月二十一日（成吉思汗纪元历五月二十一日）春季查干苏鲁克大祭来到，郡王旗图王决心在草原风声鹤唳中举办一次最为隆重的成吉思汗祭祀大典，在无奈中尽他最后一份孝心。

风萧萧兮易水寒。

虽已春分节气，但在鄂尔多斯郡王旗草原上值得骄傲的稚鸡草还没有长出嫩芽，去冬枯草一眼望去是无穷无尽的惨白。春的脚步还蹒跚在远方。朔风卷起割肤的寒气，裹挟着似唤如哭的尖啸，乘着太阳尚未升起的时刻肆虐着。一辆不知传承了几多代的特别高大的枣木花轮板车——黄车，由一匹特别英武的双峰白骆驼牵着，在大伊金霍洛八白宫

春季查干苏鲁克大祭

外面，迎风仁立，显得特别威风凛凛。这辆车一年仅用一次，在今天，它将载请成吉思汗的灵包、灵枢到甘德尔敖包东草滩上，举行三月二十一日的盛大祭典。

尚在旭日还未咬破天空一角时，奇忠义就催着老师阿迪亚来到甘德尔台梁。他尚未成年，还没有资格参加三月二十一日大祭典，但他终究是大阿哥，略使下性子，巴公就让阿迪亚带着他去了。

"黄车"歇巴音昌霍格草原

早上8时多，太阳终于缓缓升起。很快，天幕被无数金色的"飞矢"穿破，蓝天底下，暖洋洋、甜滋滋的阳光泽被大地。地气也回暖了，草滩也醒了。砂碛反射阳光，一层层地，有如天公在撒金粉，映衬一拨又一拨涌来参加盛会的牧民和他们的蒙古大袍，简直五光十色，使人眼花缭乱。大地有了生气。人们的视线都朝着一个方向，屏息等待，一个伟大的时辰来到，甚至连最外层摆摊做生意的汉人商贩，也停止喧嚣。

一会儿，几名专司今日祭祀的达尔扈特人，把成吉思汗的银棺从八白宫——双重蒙古包里请出来，抬上枣木花轮黄车。骆驼小奔着，驼铃银铛响，车轮辘辘，将银棺运到五里外的甘德尔敖包大草滩上。人群顿时涌起一阵骚动，但很快自动平静下来。人们眼见一位达尔扈特大达玛勒（哈然管辖区长，相当于参领）指挥几名年轻达尔扈特人，将一个锦绣的成吉思汗灵包和银质的成吉思汗灵枢——都是难得一见的至圣圣物——从枣木花轮黄车上抬下，小心翼翼地恭敬地请上一座事先搭成的祭台，供奉正中。祭台两侧，插了36根旗杆，36面龙凤大旗迎风猎猎作响。

接着，祭祀按传统的程序进行了。

开棺。达尔扈特几位高层达玛勒由外及里站成一排，每人从怀里掏出一枚金钥匙，依次去开启银棺上一层层金锁。最后一位达玛勒开完最后一层金锁后，就将银棺盖掀起似芨芨草那样宽的一道空隙。顿时，一股远古的神秘的凛冽香气从棺内溢出，似有似无地引得四围人群似痴如醉，他们或引颈，或嗅鼻，或张嘴，接受圣泽。他们目不转睛仰视银棺缝隙，即使看到缝隙里什么，也不敢正视，身不由己地跪拜起来。叩头呀叩头，他们似乎获得了圣示，感到无比幸福，涕泪滂沱了。

击马颅。人们正沉浸在精神启示的神圣氛围中时，五名达尔扈特人牵着一匹膘满肉肥、口轻体壮的黄骠大骒马来到祭台前，站定。不知从

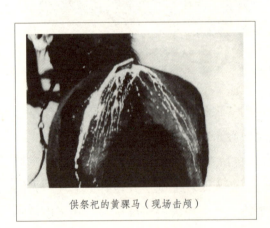

供祭祀的黄骠马（现场击颅）

什么地方出来的一位年长的达玛勒，体态威严地在成吉思汗银棺前跪下，叩头如仪，然后走上祭台，捧起供奉着的银杯，将杯里的酒有经验地匀洒在台下的草地上。接着他又取了供桌上一只银酒杯，向银杯斟满酒，捧着杯，神态严肃、步履稳健地走向那匹茫然无知的黄骠马，站定，瞧了一眼，就将醇酒向它全身浇了个遍。香溢四周。之后，他有条不紊地将银杯放还供桌。返身一转，他又快速回到黄骠马跟前，一瞬间，一柄寒光闪闪的小银锤握在双手，倏然举锤，猛地向马的脑门一击，那匹高大壮实的黄骠马顿时轰然倒地。几乎容不得人们眨眼，刹那间四个青壮年达尔扈特人一拥而上，拔出腰间的蒙古刀，三下五除二地将马剥了皮，开了膛，完成了屠宰程序。击杀黄骠马的那名达玛勒，手中那把银尖锤神秘地藏没了，他捋起衣袖，掏出马肚里的肝脏，端详、分析，口中念念有词一阵，卜测本年的年景与时势。

一口开水沸腾的大锅早就在等待了。被肢解了的黄骠马被扔进锅里，由四名达尔扈特人搅拌着，热气腾腾。到一定时间，"马背子"煮成了，被捞起，淋干，抬去祭台，置于第一排，作十分显眼的供品。

两匹神驹。与那匹当场被击杀、屠宰、烧煮成"背子"的黄骠马命运截然相反，在祭台两侧的拴马桩上，各拴一匹毛鬃银白无瑕、闪闪发亮的"扎格勒"。那是成吉思汗的传世神马。它俩俊俏挺拔，器宇轩昂，亦是今天大祭典上人们敬崇的对象。这里有一个动人的传说：当年，一个狂风暴雨的日子，一匹从不下驹的白母马奔到一条湍急的溪流边，生下了两匹小驹。小驹俩毛色与母马一样全体纯白，无一杂毛，而且一下地就跟妈妈一起疾奔撒欢。不日，小驹成长了，奔驰起来足蹄生风，声响震撼山野，乃至飞沙走石。它俩有缘归奔成吉思汗麾下。作为大汗的坐骑，它俩踏遍欧亚大地，成为胜利象征之一，就是路边掠过青狼、羚羊，都能赶上去，轻易捕获。成吉思汗十分喜爱它俩，赐了个美名："扎格勒"，蒙古语意思是绣腰鹰膀的骏马。成吉思汗归天后，达尔扈特伺候它俩终生，让它们在一处草原上传宗接代，欢奔撒野，不作他用，专门在成吉思汗祭典上展示、供奉。

图王主祭。正午时辰到了，大祭典开始了。先是达尔扈特的"昏真"奏乐。乐曲雄壮而深沉，不知怎么的，今天带有很浓的悲壮色彩，撼动着所有参祭者心魄，催人泪下。接着达尔扈特的最高首领"太师贺希格"济农，也就是八白宫大伊金霍洛所在地郡王旗札萨克和硕亲王、成吉思汗第32世裔孙图布升吉尔格勒出现了。他身裹前清五龙朝服，头戴红宝石顶子官帽，脚蹬蒙古大靴——十足逊清王爷的派头。他威严有加，但面色悲怆，似乎一场大哭之后才出场的。夹在达尔扈特达玛勒队伍中的奇忠义看祖父更细致，发现他面颊有两条淡淡的泪痕，担心他在现场会不会哭出声来。图王今天是来向圣祖诀别的，他和沙王一样，不相信国民党会把成吉思汗的灵柩再从甘肃回归鄂尔多斯，担心在如此风雨飘摇的岁月中，自己或许永远伺候不到圣祖八白宫了。这种哀痛，不仅是挥泪，还是淌血！但是若不移陵，必将遭日寇、蒙奸的抢劫，那更是万劫不复的悲剧呀！现在图王带领着由各旗王公组成的6名大达玛勒、

18名小达玛勒、8名亚门特（专职达尔扈特，贵族级），以及达尔扈特中专职人员组成的共计45人队伍，穿戴前清官服、民国中山装、蒙古大袍，五彩缤纷地浩浩荡荡地走向祭台，跟着图王齐刷刷地跪下，叩头。四周牧民一看到这情景，都不约而同地跪地，参差不齐地叩起头来。这时昏真们吹奏出或庄重或明快的乐曲，与灿烂的阳光、和煦的微风、草原潜在的绚丽相映成趣。

献哈达，祭祀开始了。图王捧着81条洁白的绢质哈达，迈开大步走向两匹神驹中间的长条供桌，代表伊盟各旗王公、黄金家族各支裔孙敬献圣祖。他后面参祭的45人分列两行，恭敬靠近。混在队伍中的奇忠义也一脸肃穆，但活泼的眼睛向四处溜转。

紧接着，达尔扈特台锡（总管）把供奉在长条供桌上的9盏高大银灯点亮了。马背子被抬上了供桌，还是热气腾腾的。羊背子也依次被抬上供桌，有81个。马背子前有9碗马奶酒，漾出了清香。羊背子上插了9把蒙古刀。马背子、羊背子后还供有炒肉块、糕点、圣饼、干果、鲜果等等。

黄金家族行大礼。行礼是三月二十一大祭重要的一个环节，图王带领达玛特、亚门特这支既有专职达尔扈特，又有不少各旗王公贵族的队伍，在成吉思汗银棺前恭行三跪九叩首大礼。其后是黄金家族的裔孙们跪地，由一位达尔扈特库呼克（司仪）从银棺中取出一卷神秘的黄金家族家谱，昂首，挺立，使出特殊的高亢声调诵道——

铁木真·成吉思汗；

二世：术赤、察合台、窝阔台、拖雷。

三世：蒙哥、忽必烈、旭烈兀。

四世：朵尔只、金真、诺木恒蒙克拉。

五世：甘麻剌、答尔麻八剌、乌力吉图。

六世：海山、不也图。

七世：和世瑓。

八世：妥欢帖木尔。

九世：脱古思帖木尔。

十世：恩克卓里克图、额勒伯克、哈尔古楚克都古楞。

十一世：阿塞。

十二世：阿嘎巴尔济、满都固勒。

十三世：哈尔固楚克。

十四世：巴彦蒙克。

十五世：巴图蒙克达延汗。

十六世：巴尔斯博罗特、图鲁博罗特、乌鲁索博罗特、阿尔苏博罗特、阿尔博罗特、阿尔楚博罗特、斡齐尔博罗特、格烈博罗特。

十七世：衮必利克图济农。

十八世：诺延达喇济农。

十九世：布延巴图台吉、诺木图斗林、文布达赖、伊必什、门古斯朝胡尔。

二十世：博硕克图济农、乌勒吉别力格图台吉、必格迪。

二十一世：额璘臣济农、色林额德尼、图娃、楚赉台吉。

⋯⋯⋯⋯⋯⋯

以上据奇忠义著《末代王爷》（新华出版社）"世系家谱"

跪伏在地的奇忠义听到了自己"伊尔德尼博禄特"的名字，依稀记得父亲巴公曾向他讲述在八白宫圣祖银棺前获得这个名字的往事，而今天的感觉是神圣的。神圣，不可知的前途如何与黄金家族命运相联系？自己如何努力，才能不负圣命？

成吉思汗颂。库呼克诵完黄金家族裔孙名单后，接着引吭高诵祭奠成吉思汗的祭文，颂曰——

承受天命而生/威名巨姓在身/占领世界江山的/生于威望的成吉思汗。

睿天之祖先的聪明机智/无数之箭能/无错之治国/天生的成吉思汗。

命名为铁木真英雄/有四位珍贵的哈屯/有四位威力的弟弟/有各位杰

出的儿子/世界的国王/成吉思汗。

你在成功之前知道的/有布尔特格勒哈金/有宝格达国主之称/金姓为布尔吉金/有布古尔其·毛胡来同伴/世界的国主/成吉思汗。

大哉我主/北征至欧/东西臣服/南辖汉土/大哉我主！

大哉我主/雄视人寰/苏勒德遗训/为天所颂/大哉我主！

大哉我主/仗剑疾走/所向无敌/酷爱斯土/大哉我主！

奇忠义听着，心底漾起骄傲之波，立志要继承圣祖大业。

库呼克诵完颂词后，图王再一次登台，捧着稿纸，以悲壮的声调，宣读今天前来参加三月二十一大祭典的各旗札萨克、圣祖各系各支子孙名单。说完，照理应该下台了，但他没有动，嘴唇有些发抖，突然沙哑的喉咙发出"呼噜"声，沉重地呼道："恭请祖宗大汗此去一路平安！保佑留在鄂尔多斯您的子孙！"

奇忠义陡然一惊，泪水迸发而下。

下面的裔孙、牧民群众，也是一时愣住了，但很快明白了，于是一片呼天抢地的恸哭声起伏着，犹如风浪掠过草原，回声经久不息。

洒奶酒。悲壮场面终于过去了，敬酒开始。首先是9位仕官组成一组，按7家蒙旗计，共有63名仕官形成一支敬酒队，每人捧着一碗奶酒，在高唱颂歌的库呼克带引下，走向成吉思汗锦绣灵包献酒。每人要反复敬5次。这是参祭者亲近圣祖灵柩的唯一机会。奇忠义也获得了这一荣誉，他疾速联想到自己出生后不久，由白通达代替祖父、父亲向圣祖银棺叩头，求名，这一再也不能重复的庄严场合自己无法亲历；今天机会终于来了，

洒奶酒祭天

他终于目睹了神圣而神秘的银棺，虽然时间极短，但心中充满了幸福感。

贵族、仕官们敬酒仪式结束后，便轮到参祭的广大牧民。他们拿到一只可盛下九盅酒的酒碗后，争先恐后冲向一只事先盛满马奶酒的大枣木桶——"布罗温德尔"。他们舀满奶酒，跑过可怜的"人马桩"，将奶酒朝天空洒去，然后绕"人马桩"一圈，再回到"布罗温德尔"，俯身舀酒，舀得满满的，绕过"人马桩"口中嘟噜着什么，向苍天洒酒。大阿哥奇忠义含着热泪观看这一动人的场景。

现已复原的"金马桩"

拆人马桩。洒奶酒真尽兴，但做"人马桩"者苦够了。夕阳西下之时，接近大祭祀尾声了，惩罚性的"人马桩"终被拆除。所谓人马桩，还有一个故事。原来祭祀成陵时，有一根拴马的金马桩，不料此桩被人盗走了。盗桩人被抓住后，达尔扈特为了惩罚他，实施了两条措施：一、盗金马桩贼的家族从此姓金，以此示众；二、每逢成陵大祭典，金姓家族必须交出一人，到祭台前，以身代"桩"一天。这一天须从旭日初升站到夕阳西下，该人的脚要插入沙堆里，直没脚踝，而且沙面上标有戳记，证明他没有移动过。此恶惩久而久之得到牧民的同情，他们在洒奶酒时往往会撒些钱币给"人马桩"。熬了一整白天的"人马桩"到被解除时，还得留意达尔扈特人，乘他们视线未及，赶紧将脚边的钱币抢一些，来不及收藏端正，就疾奔到"布罗温德尔"以外的草场去，这些钱才能真正归自己所有。

哭别灵柩西行

邓宝珊是伊克昭盟的朋友

迁陵大局已定，中央政府并不因为蒙古族感情而动摇此决心。蒙藏委员会派楚明善为移陵护送主任专员。军事委员会派唐井然为护送专员。此二人于5月21日到达濒临伊克昭盟的陕西榆林，公开宣称将部署卫士宪兵于28日开始移陵。一直与伊盟各蒙旗保持友好关系的国民党晋陕绥边区总司令邓宝珊将军亲自率部属进入札萨克旗和大伊金霍洛，同沙王会谈。持反对迁陵态度的达尔扈特人不理解此举，聚众抵制。邓将军反复教育启发他们，中央政府是为了保护这一举世无双的国宝，避免落入日伪之手，糟蹋伟大的成吉思汗灵柩，造成汉蒙两族都不堪设想的后果，才不惜代价迁陵到大后方，待到抗战胜利，一定会请回到原地大伊金霍洛，永远供奉。原来想武力护陵的达尔扈特人见来了两百多名全副武装的国军，而自己才二三十人，几位亚门特思量抵抗无力、阻拦无效，遂与邓将军谈条件：一、必须有足够的达尔扈特人员随行，不得阻拦；二、西迁后，应按蒙古习俗举行祭祀，费用由政府负担；三、启迁时，应尽到蒙古族礼仪，途中应允许蒙古人膜拜、祭祀。这些都是正当合理的要求，楚、唐二专员和邓将军全部答应了。迁陵谈判成功，该落实行动了。

兵荒马乱的1939年6月10日，成吉思汗陵寝——成吉思汗与孛儿帖格勒真哈屯灵柩、第二夫人忽兰哈屯灵柩，以及哈日苏勒德（黑纛）西迁终于启程了。

6月10日，大伊金霍洛一片哭泣声，草原成了泪海。

重庆当局继续公开表示，行政院院长孔祥熙签发

运送成吉思汗灵寝的"黄车"

训令，任命沙王、邓宝珊、高双成（二十二军军长）、石华严（绥蒙指导长官公署参赞）、荣祥（归化土默特旗总管）、袁庆曾（绥远省政府主席、第八战区副司令长官傅作义的代表）和图王等7人为起灵致祭官，任命楚明善、唐井然和贡布扎布（郡王旗西协理）为移陵护送专员，楚为主任专员。护灵随行人员随行多达36人，有来自各蒙旗的，但大多是达尔扈特人。他们带着三个霍洛的马鞍、弓箭、剑等一批圣物和金银祭器。邓宝珊部的一位团长及其所部200多名官兵武装一路随行护卫。

在奇忠义眼中，6月10日这个日子是不能忘怀的。祖父图王感情上受不了，托病不去送灵了。盟长沙王主持了起灵仪式，满脸泪水。在大伊金霍洛，送灵人有三千余众。礼炮三响后，灵车启程前行了，顿时，举佛灯、献哈达的民众捶胸顿足，大声哭喊，还有诵经跪拜的，或追赶灵车，乃至有人躺在大路中央，高叫要求灵车从他身上碾过去。"成吉思汗灵柩，是在伊克昭盟蒙民的泪海中，离开伊金霍洛圣地的。"当时一则新闻报道中如是写道。

灵车还是按计划离开了大伊金霍洛，南下西行。行程路线如下：

6月15日，抵达陕西榆林。榆林各界600余众在南门迎送。沙王护送至此，折返。

护送队伍改换交通工具，分乘8辆军车继续南下。途经米脂、绥德、清涧等县，灵车经过时，都有军民迎送。

6月21日，抵延安。陕甘宁边区政府在城东十里铺专设灵堂，将成吉

第七章·成陵西迁，获得汉名「奇忠义」

延安"成吉思汗纪念堂"旧址

成吉思汗灵寝西迁，途经西安

供奉成灵枢的甘肃兴隆山大佛殿

思汗三个灵枢及诸圣物迎入高悬横幅"世界巨人""世界英杰"的灵堂，举行隆重的迎陵祭典。中共中央代表谢觉哉、中共中央统战部副部长柯庆施、八路军代表滕代远、八路军总部联络部部长王若飞、八路军后方留守兵团政委莫文骅、陕甘宁边区代主席高自立、电报局局长汪克毅（汪系军统局西北区派遣）等延安各界高层人士参加祭典。陕甘宁边区秘书长曹力如在宣读祭文中称："元朝太祖，世界英杰，今日郊迎，河山聚色。而今以后，两族一家，真正团结，唯敌是挞"，"清凉岳岳，延水汤汤，此特此志，寄在酒浆，尚飨！"翌年2月，延安建立了由毛泽东题写匾额的"成吉思汗纪念堂"，每年逢三月二十一日春季查干苏鲁克大祭时，延安军政各界在那里集会纪念成吉思汗。

6月25日，抵西安。陕西省市各界3万人列队郊迎。灵车入城，沿途置香案路祭。陕西省举行了隆重的公祭仪式，省政府主席蒋鼎文主祭，重庆军事委员会委员长代表程潜（时任一战区上将司令长官、天水行营主任）赴西安，致祭词。据报告，西安有20万人迎送。灵车离西安后，西行北上。

6月28日，抵甘肃泾川，经平凉，再西行，经过当年成吉思汗征战西夏而病故的六盘山。

　　7月1日，终于到达终点站，兰州西南隅的榆中县。甘肃省政府主席、八战区上将司令长官朱绍良偕省府官员到榆中县迎陵。郊迎十里，鞭炮音乐之声不绝于耳。当即将灵车迎上西郊草木葱茏、风景优美的兴隆山，奉入建筑壮丽宏伟的东山大佛殿，安灵。成吉思汗灵柩奉安于正殿，左殿奉安两位夫人灵柩，右殿供奉哈日苏勒德等圣物。朱绍良率众官员登山，当日举行了隆重的安灵祭典。

　　移灵行程共21天，途经绥远、陕西、甘肃三省数十个县，得到国共两党及政府的隆重迎送、祭祀。奇忠义后来得知这一事实后，对抗日战争因之抱乐观态度，对自己人生前途也起到了潜在的导向作用。

融入汉人社会

时间似流水，缓缓地不知不觉地冲淡了蒙旗失却圣祖的哀伤情绪，因为八白宫的复式灵帐仍留在大伊金霍洛，大部分达尔扈特亦在，蒙旗古老的生活方式在战争的缝隙中凝滞，可谓日月经天。1939年深秋，图王按惯例，报请盟长沙王批准，给12足岁的奇忠义承袭了头等台吉的爵号。

头等台吉是贵族的爵号，次于镇国公、辅国公，那就是说奇忠义仅次于他父亲巴公一级了。有了台吉的身份，就意味着加入贵族队伍，可以在蒙旗就任协理以下的官员了。现在，人们都正式称他"小王爷"了。但他感到可笑：是什么年代了，民族危亡，人民水深火热！自己怎能生活在王府贵族的华盖下，对远远近近的现实视而不见？

奇渥温·孛儿只斤·伊尔德尼博禄特的汉名"奇忠义"就是在这一年——1939年获得的。父亲巴公鉴于他受爵后，社会交往，特别是在蒙旗之外广大社会交往必定会大大增多，尤其是主流汉人社会，为使各方长辈和朋友记得住、叫得清他的名字，便给他取了一个汉名：奇忠义。"奇"便是黄金家族拥有的汉姓。

自从有了汉名以后，奇忠义的时代危机感和社会责任感、蒙古族使命感更强了。"奇姓是我们黄金家族的通用汉姓。"巴公说，"圣祖不是姓奇渥温吗？依汉族通例取一个单姓，就是奇。其实这不是我的创造，我们邻旗准格尔台吉二少爷叫奇子俊。"

奇子俊这个人很有传奇色彩，奇忠义在12岁前已经从几位老师那里听到些许，但他们似乎都在回避，因为此人是在数年前惨死于旗内火并中的。现在既然父亲提到"奇子俊"的名字，他便要刻意一探究竟了。巴公不愿讲邻旗的是是非非，特别是血腥味极浓的争斗虐杀故事，儿子太小了，不适宜，现在被盘诘，只好有分寸地以自己的视角讲一点——

奇子俊先生不过大我六七岁，我们应该是同时代人，但他比我有作为！他和我们一样是黄金家族的人，是先祖额璘臣的直系后代。不过他的父亲纳森达赖是一位穷台吉，靠了苦干加实干，再加迎奉阿谀，巧妙运用各种关系到极致程度，爬上了东协理位子。于是他就血腥屠杀异己，掌握军政大权。他狂征暴敛，聚拢了大量财富。

巴公讲着，觉得离题远了，不是不应该说那些肮脏东西吗？于是他又回到奇子俊身上——

奇子俊是位很优秀，长相也很俊俏的青年。高亢的声腔，挺拔的身躯，具有军人风度。他拿了他父亲大量银子出去交游，乐于助人，成为绥蒙及晋陕两省一群蒙汉青年的中心。为了融入主流社会，他给自己取了个汉名"奇子俊"。他的蒙名叫热布腾拉不登。其时正是国民革命年代，他认识了于右任，拜见了冯玉祥。冯将军给了他苏式77步枪500支，他因此为准格尔旗创建了一支新军。他参加过冯玉祥的"五原誓师"（1929年），加入了国民党。他还当过冯部国民革命军第一路军中将司令。他与我们草原上"独贵龙"运动领袖席尼喇嘛是同志，参加过内蒙古人民革命党，是领袖之一……

巴公又发觉自己讲远了，于是再回到正题——

准旗第一个剪辫子的人就是奇子俊。又是他第一个将前清的顶戴花翎、黄袍马褂，还有朝珠、朝靴什么的统统扔进了黄河。旧的，付之流水！于是，奇子俊首先废止跪叩礼节，提倡脱帽鞠躬的现代行礼。难道我们郡王旗不应这样吗？他有见识，花王家的钱，在王府创办了同仁学校，这是现代教育的第一所小学，为此他还登报向归绥、北京征聘教员呢。他自己任校长。

他乐于助人，常常拿几百块银圆资助他人，慷慨得很。他们旗里的奇寿山就由他资助，得以逃亡南京读书的。奇子俊、奇寿山俩像兄弟一样友好，但他俩的父亲却是不共戴天的政敌。那时，纳森达赖为了消灭异己，一个一个杀过来，已经极其残忍地杀掉了五个，血迹斑斑。为了让他的二子奇子俊当上协理，他将不满他这种行为的老管旗章京——旗里最大的当家人，也就是奇寿山的父亲杀掉了，还想斩草除根！奇子俊成功地帮助奇寿山逃出鄂尔多斯，又资助他到南京去读书。若干年后，奇子俊以为事态平息了，就邀请在外面吸收了新思想的奇寿山回旗，振兴准格尔旗。奇寿山回来了，恰逢大年夜，来旗王府拜会。护理札萨克（代理执政）纳森达赖假惺惺地拿出五十两一只的元宝给奇寿山，说是"压岁钱"，送受之间本想进行射杀的，只是奇子俊在旁，无法下手。哪晓得到了年初三，逃过一劫的奇寿山上门来拜年了，他还带几名青年，作揖抬手的同时，几把手枪喷出火焰，射死了独裁者纳森达赖，还杀死了他的好友、恩人奇子俊！子俊死得真冤，才31岁。

巴公发觉自己又讲离题了，赶紧"刹车"。他就是聪明得首鼠两端，成不了大器。但聪敏颖达的奇忠义不仅把这些故事一字不漏地听了进去，而且很快就在消化了。

"子俊名字的缺陷是有俊而无德、无义，促短了他的天年。"巴公继续说，"我儿，我给你取名'忠义'，正是补上人生最要紧的，忠义两字是你为人处世的根本。我儿要记住，做人须有准则：第一要适应时代，维护传统，忠义国家民族；第二要以礼待人，团结大众；第三要忠诚事业——我讲的不光是眼下这点蒙旗王业，有所作为的要越过这个界限；第四要……"

"做政治家可真没有德行，与流氓、屠宰夫简直毫无二致！"正在消化"准格尔旗事件"的奇忠义冷不丁冒出了这么一句。

赴渝述职

正宗、青壮、少壮三角形成

两奇东西营

　　1936年东胜抗战获胜，虽是小规模局部战斗，却给了图王极大鼓舞，这位醉心佛事的王爷，为保一方平安，决心要把地方民团武装正式组建起来。第二年深秋，趁他的好友邓宝珊将军来大伊金霍洛劝说移迁成陵的机会，图王得到指点，将原来郡王旗保安大队（巴公任大队长）正式组建成准军事性质的旗保安司令部，获得伊克昭盟保安司令长官公署（沙王是中将保安司令长官）批准，委任巴公为少将司令。原来保安大队下面三个中队，则扩建成三个骑兵团和一个直属特务连。每个团下辖三个连（即原来的三个分队），枪械弹药，各团施展本领去弄，有钱可以通神。蒙军自有特色，一观便知：军官们身穿土黄呢制军服，却头戴獭皮、狐皮高帽；士兵裹着宽大臃肿的蒙古袍，头戴一顶国民革命军军帽。马是自己家的，草料也要自己提供，甚至人的那口干粮也要自备。但为了保卫自己的蒙旗，和日伪作战，他们勇往直前，再显圣祖杀敌本色。

　　既然建立了郡王旗保安司令部，自然要分割保安武装势力范围。这方面，图王不愧是政治老手。要统治好这个东西宽110里、南北长320余里，东北、西南160余里，东南、西北280余里，（按现今的伊金霍洛旗）总面积为5811平方公里的郡王旗，还得靠平衡好已有历史渊源的实实在在存在着的东、西协理的关系。图王深谙邻旗准格尔旗血腥仇杀的政治因素，一个人独裁的时代一去不复返了，别说一个国家，一块小小蒙旗地方，独裁的代价便是无穷尽的仇杀。纳森达赖富贵登天，却死于非命。图王认清了这一点，所以他放权他的两位东、西协理。东协理额尔德尼格尔勒居布尔台梁营盘，图王就任命他为保安一团上校团长；西协理贡布扎布居西刀老堡梁营盘，图王就任命他为二团上校团长；图王、巴公的亲信巴布林度被复任为三团上校团长，驻在王府所在地阿拉腾席连镇。

　　额尔德尼格尔勒是"前朝大臣"，特王手下的协理，干事得力，立过大功。他要回了前清放垦的阿吉尔玛牧地（长六十里、宽二十里）的归属权。此块地原来有历史争议，乾隆皇帝时为增设札萨克旗（鄂尔多斯右翼前末旗），划地调整时，将准格尔旗这块牧地划出，补偿给郡王旗。清末垦务大臣、绥远将军贻谷曾以此为由，取来作垦地。贻谷强制性放垦风波随着清朝灭亡而过去，这位大臣（兼任朝廷理蕃部尚书）也以革职充军新疆了此终生。额协理乘机将这块好地弄了回来，获得郡王旗官民一致称赞。额协理另一大功劳便是，特王曾向汉商贷下一大笔滚雪球般的高利贷款，无法偿还，于是他借王府威势，付轻款，压大款，最后将借契付诸一炬，清理了所有宿债。此举博得郡王旗衙门所有仕官的刮目相看，无不赞叹他的心机与干练。这样的功臣，坐上东协理高位，当然不是吃白饭的。他乘势招兵买马，扩充实力，逐渐形成了布尔台梁的势力范围。图王都看在眼里，但拿他没有办法，历史功绩是一方面，而现在是民国时代了，苟延残喘的一个小小札萨克能有多大能耐？千万别干准格尔旗兄弟的傻事。

　　人生如白云苍狗，额尔德尼格尔勒如今老了，他向图王恳求让他的独生子奇兆禄承袭他的东协理职位。但依清例，蒙旗里除札萨克可以世袭外，其他台吉的衙门职位没有世袭先例。额协理为郡王旗立下了上述两大功劳外，他还为札萨克旗札萨克沙王能接任伊克昭盟盟长职位，巧妙施计，立下过汗马功劳，于是

鄂尔多斯蒙旗协理一家（老照片）

他向沙王求助。沙王同意了。图王也只好顺水推舟，借口是民国了，可以改旧制旧例，但向奇兆禄开了几个条件：交出其父无理占据的旗地及其租金，交出其父得自旺丹尼玛（内人党总司令）的60支俄式步枪的一半。并不能干的奇兆禄照办了。他终于破例坐上了东协理的高位，兼任保安一团上校团长。他借助他已故父亲的功勋和威势，渐渐掌握了郡王旗的一部分实权和军权，成为旗内一角，青壮派的中心人物。然而这位公子奇兆禄从小娇生惯养，生活放荡，成天在鸦片烟雾中度日，庸庸碌碌，本人并无大作为，不过还是比较听话的。

成吉思汗陵寝在甘肃兴隆山安灵后，西协理贡布扎布如期归来。郡王旗像欢迎将士凯旋般地热情对待他。由于他办事干练，又善于表现自己，所以图王、巴公十分欣赏他。要知道，他和额尔德尼格尔勒一样出身穷台吉，是苦干加实干再加能干，一步步升到西协理高位的。理所当然，他兼任了保安二团上校团长。他的西刀老堡梁营盘自然成了他的势力范围。他和额协理一样，在自己势力范围里一手遮天，吞并土地，滥收捐税，高利盘剥，组建私人卫队武装连，把原居土窑洞改建成豪华的四合大院。贡布扎布还在陕西神木 购置别庄，烧大烟，玩妓馆，花天酒地，竟至患上难以启齿的梅毒。他与额协理不同的是，他刻意培养自己的儿子奇全禧，送他到旗外就读中央政治学校包头分校。奇全禧奋发上进，学习努力，善于吸收新鲜思想，成为全校的佼佼者，特别是汉语演说，一开口便滔滔不绝，颇有雄辩能力。奇全禧作为蒙古没落贵族出身的青年，犹如鹤立鸡群，立刻进入当地政界人士的视线。他一度是阿迪亚的学生，与奇忠义共一师。他先师事阿迪亚，而且是在阿家从学的。包头政校后来解体，他立即转学到伊克昭盟中学，成为该校第一届高中毕业生。此际恰逢1941年，蒙藏委员会电召郡王旗图王去重庆述职。

突起奇全禧

蒙藏委员会委员长吴忠信
（1884—1959）

图王因为抗日有了名气，所以被召述职。图王在严格意义上讲并不是政治家，只不过是一位守土有责、忠于职守的蒙旗统治者，因为他坚决抗日，不与蒙奸德王及其他失节的内蒙古王公同流合污，使得祖宗宅第——大伊金霍洛在乌云覆罩的鄂尔多斯草原上闪闪发光，因而引起大后方的注目。图王故步自封，并不想远行大后方，但在盟长沙王及蒙藏委员会驻郡旗专员施宗森等人的劝导下，终于赴渝成行。他的随从人员也是一支不小的队伍，东、西两位协理是随行中重要的官员。东协理额尔德尼格尔勒已病重，卧床不起，候补协理奇兆禄自然代父随行，但此人碌碌，图王担心他办不了事。西协理贡布扎布当然胜任，但这位老仕官脑筋一转，乘机把自己儿子推了出去，对图王说："亲王此行，意义重大，将载入史册，肯定要给中央和全国留下无比深刻的印象。随行人员是个幕僚班子，随时要给亲王谋划、跑腿，十分重要。但老臣已日薄西山，百病缠身，心有余而力不足，特别是送圣祖灵寝西行往复，已觉心力交瘁，恐难久于人世。亲王此行，老臣不能尽犬马之劳了。为了赎罪，老臣将犬子奉献出来做亲王的马前卒，让他给您做翻译。他京片子讲得好，也懂上海话和川腔，您会满意的。"

此时奇忠义尚未在旗衙门任职，阿迪亚见奇全禧出色，也向图王推荐。图王同意了。没料到贡布扎布得陇望蜀又说道："感谢亲王栽培，老臣肝脑涂地也报答不了万分之一！老臣又替您想，亲王南行队伍浩荡，都是有身份的仕官，替亲王增添光彩。但犬子地位是零，人微言轻，将来在蒋委员长面前做翻译，如何进得了场面？也有损亲王的颜面！老臣冒昧，亲王不妨赐他个身份，比如老臣的保安二团上校团长？国军里的上校都是年轻人嘛。这当然是给亲王增添光彩！反正老臣很快就要让位了。"

贡布扎布巧舌如簧，话中套话，图王行程仓促，奇全禧的上校团长身份因此敲定了下来。这样，年轻少壮的奇全禧如三级跳远般，从边远的刀老堡梁跃入了郡王旗衙门高阶。但是奇忠义呢？奇忠义当年才14岁，说他翩翩一少年尚可，虽然跨进了台吉队伍，但尚未踏进社会，在衙门尚无官衔。1940年春，祖父图王接受仕官们建议，让奇忠义当了一年小学教员。次年，因为巴公健康原因，图王让奇忠义做自己的承启工作，还是谈不上官职。眼看奇兆禄、奇全禧蒸蒸日上，自己与他们比一比，落下了一大截，奇忠义有些心急了。政治老师阿迪亚说，你尚不到从政的年纪，不急，来日方长呢！

但奇忠义绝不是个贪图安逸的人。他在主动接触社会，这个社会虽然暂时在旗王府圈子里，但不可小觑。乌吉达事件后，重庆军统局本部指示其伊克昭盟保安长官公署少将参谋长绪大光（其秘密身份是特工）重视郡王旗的情报工作。1939年春，绪大光派出了一个叫蔡志伟的参谋，进驻郡王旗保安司令部，做情报搜集工作。蔡志伟以旗保安司令部参谋的身份，径直找上旗王府，向图王死乞白赖地要求在王府里院安排一间房间，做办公室兼卧室之用。"贵王府有一百多间房间，总腾得出一间，给我这个中央特派员使用。那么我可以代表中央直接指导你们，保护你们啦。"图王被纠缠不过，就将走廊门道通外院和家庙拐弯地方的一个大房间给了蔡志伟。"这个特务大言不惭，那就让他去吹过道风，做顺风耳吧！"事后图王这么说。图王行得正，不怕影子歪，每天两次经过这房门口，去家庙拜佛、诵经，不屑受蔡的鞠躬作揖。但奇忠义则不然，经常好奇地去串门，一看到蔡志伟迅速将正在写的纸笔放进抽屉，就调皮地伸下舌头。

"小王爷近来为图王老爷做些什么事？"

"玩呗，玩了又玩。读书，读了又读。但我不是小王爷！我不喜欢这个封建制度！"

奇忠义后一句话被蔡志伟当作重要情报送去给他的上级。于是奇忠义进入了绪大光的视线，也引起了八战区长官部驻郡王旗代表张国林、蒙藏委员会驻伊克昭盟协赞专员施宗森，乃至伊克昭盟警备司令陈玉甲等国民党官员的注意。他们估计，这个一直平静祥和的旗里的正宗守旧势力中将有一名新人冒出来。

1941年5月，图王赴渝述职之行启程，让奇忠义羡慕的是，奇全禧以上校团长的身份随行，一副春风得意的样子。图王在西北境内一路上，受到老友邓宝珊将军的照顾，直过秦岭。

作为抗日前沿尚未被日寇蹂躏的塞外土地上一位坚持民族大义、抗日御侮的蒙旗王爷，图王自然受到了陪都重庆各界人士的真诚欢迎。图王向中央政府述职，汇报伊克昭盟抗日斗争中有抗有降的复杂局面，大仗虽然没在盟境内打，但数万国民党军队涌入，给当地蒙汉百姓带来沉重的负担，希望中央能拨款，赈济鄂尔多斯尚未沦陷地区的军民，以为一鼓作气抗击日本侵略军的根本。他还向军政当局要武器弹药，加强蒙旗的自卫力量。为了应付这位一本正经的蒙古王爷，军事委员会委员长蒋介石、国民政府主席林森先后接见了他，还让他到电台发表广播演说《团结抗日，争取民族生存、国家独立及主权完整，为自由和平公理而战》。述职时，广播演说时，都由奇全禧陪同，进行口译。一老一少，形象对比何其鲜明。奇全禧的鲜活、机灵，北方官话流畅，又懂国民党的话语，立刻引起了重庆国民党和三青团高层的注意。他们认为，这样一个蒙古族的优秀青年尚未被延安"统战"去，应立刻抓住，加以栽培，为己所用。所以在8月图王启程返回时，蒙藏委员会征得图王同意，将奇全禧留在重庆，送去三青团中央训练团培训。

图王返程走了近一个月。回旗后一直闷闷不乐，淡于谈陪都山城见闻，彼时，正逢日机"疲劳轰炸"重庆，校场口"大隧道惨案"发生之际（1941年6月5日）。当然乘坐汽车走成都，看看风景，越剑阁，过秦岭，路途险阻，风尘仆仆，是一个原因。也许长途旅行搅乱了他晨叩头、早念经、晚敬佛的宗教生活，使他心存无奈与不快，也是一个原因。但按他的地位，作为一旗之长，定会向众仕官谈点对大后方的感想，以作训示，但图王还是回避这个公共时事话题。奇忠义究竟是初生之犊，到处打听祖父图王有否遭到什么不快的事。打听来打听去，终于从奇兆禄那里挖到了一些消息：图王离开重庆后到了成都，被误会在客栈里抽大烟而坐了次班房（奇兆禄承认自己也被吓得手足无措）。返途过陕北时，

抗战时的延安

延安窑洞

在共产党大本营延安待了几天。"这是邓宝珊将军帮助安排的。延安很客气。亲王命令我们绝不许讲开去！"奇兆禄对奇忠义耳语，并再三嘱咐保密。

诚然，延安是个十分敏感的话题。现在王府里有大大小小的蔡志伟，绝不能让他们嗅到一丝气息。奇忠义深知祖父自尊自信的个性，乃至刚愎自用，也许老人家在思索什么，他可不敢去惊动。所以延安之行的影响无形中被按捺下去了。

但是图王赴重庆述职的大事，依例是要向绥远省当局暨省主席作汇报的，即使是官样文章也少不掉这一环。1941年，绥远省省会已偏安到黄河之北、后套以西的陕坝（今杭锦后旗旗治）。那里，历史上也曾是鄂尔多斯的领地，因为清朝放垦弃牧，农业发展了，汉人增多，遂设县治。此时绥远省政府主席是八战区副司令长官傅作义将军。傅作义原是阎锡山部第

陕坝：战时绥远省会，今日杭锦后旗旗治

今日陕坝街景

陕坝傅作义长官司令部（老照片）

七集团军总司令。阎锡山在自己地盘里建设工业山西、农牧业绥远，遂放傅作义去主政绥远。抗战全面爆发后，蒋介石任命傅作义为八战区上将副司令长官（司令长官朱绍良驻兰州）。1939年傅作义率所部三十五军赴驻后套。此后，晋绥分家，山西受辖于二战区，绥远受辖于八战区。傅作义也逐渐摆脱阎锡山的控制。日军攻占包头后，继续沿黄河西进，欲犯后套。傅作义奋起抗战，打了包头战役、绥西战役、五原战役，苦战150天（1939年12月中旬—1940年3月30日），歼敌3400余，击毙日寇皇族水川中将，收复五原城。从此日伪军就不敢西犯，在包头、中滩、后山间与傅作义的部队形成犄角。这条缓冲带，基本上保全了鄂尔多斯和后套地区。傅将军的五原抗战大胜利，使他成为蒙汉人民心目中的大英雄。傅也乘机巩固、经营后套、鄂尔多斯这块后方基地，推行保甲制，实行新制县（如东胜、桃力民、耳字壕组训处）。这时，许多有志抗日的将校投奔到傅将军麾下。图王与傅作义有交往，乘述职返回，理当去陕坝拜访一次，但"成都误会"（吸大烟坐班房）那块心病使他恼羞，就借口旅途劳顿，派儿子记名札萨克巴公赴战时省会代劳，并同意孙子奇忠义随行，开开眼界。

巴公、奇忠义父子俩到了陕坝，按例送了礼品。傅作义很大度，表示理解图王不来陕坝的苦衷，并赞扬了他坚决抗日的立场和智退日特乌吉达的非凡勇气。他说："'九一八'以来，从东北到华北、西北，多少蒙旗给日本鬼子占领了，还有无耻的蒙奸把祖宗的土地出卖给日本侵略者！唯有鄂尔多斯这块地方还是干净的。难得图亲王主动来与我们联系，支持我们抗日，真是凤毛麟角，感佩，感佩！"

傅作义看到巴公身边站着的奇忠义，问明了身份后忙叫卫兵搬来椅子让座。"公子一表人才，承袭王公家教，再和时代精神相结合，将来一定前程似锦！"客套之后，傅作义让副官去拿来一套礼物：一块够做一套中山装的毛哔叽衣料，一支金星牌自来水笔，两本宣传国民党的小册子，并加上两句很有分量的话："令郎可以从军旅起步，这样人生很有意义。""奇公子以后有事，可以直接找我。"

傅作义：绥远省省政府主席，八战区上将副司令长官

奇忠义就凭着傅将军的这两句话，回到旗王府后缠着父亲巴公，要求在旗保安司令部任个军职。"祖父那里的衙门，我不敢去求职，我实在有些怕他。但司令部是您的地盘，您做得了主。不是吗？在陕坝有些长官呼我'少王爷'，您都要光火了。我知道您不愿托祖上的荫福，因为现在是民国时代了，还有共产党要消灭剥削、消灭封建……"巴公很满意儿子的思想状态，当然想给他在司令部安排一个军职，但决定权在父亲图王手里。图王会怎么想呢？他也不敢亲自去探求，于是指点儿子找他部下保安三团上校团长巴布林度去说项。

"也有可能巴布林度的分量不够些，但可以探得你祖父的口风。不然我再去找蔡志伟、施宗森那些党官。"巴公说，尽管他不屑那些带有特殊使命驻在旗里的国民党情报系统的官员。郡王旗由图王执掌，还是一番祥和平静的景象。蔡、施等辈会关注儿子处境，因为他们也清楚，郡王旗不能跌入"准格尔旗黑洞"，相互仇杀，对国民党统治不利。特别是奇全禧快要从重庆回来了，敏感的人们正拭目以待。

这段时间巴公确也没有情绪为大儿子去刻意活动，因为他的妻子巴拉吉如丽玛因病去世了（1941年12月5日）。这个善良的女人为他生了三个儿子、两个女儿。她临终时小女儿才4岁，茫然无知地在炕上玩；小儿子才满周岁，因饥饿哇哇大哭。亡妻之痛、家口之累，使巴公无法再与严厉的父亲接触，乃至无法执行他额外的一份工作——汉语口译，而希望儿子能替代这份工作。当然奇全禧是没有资格进王府跟随在图王左右的。奇忠义已经是图王的承启官，现在再是翻译官，可以天天亲近祖父图王，便努力表现自己。其实一家子的人，这样的想法是共通的，图王心中已早有谋算，让初显干练的长孙担任一份非公开的公职，一方面便于亲自调教，一方面也可以平衡他失算了的奇全禧的突起。

1942年春，奇全禧从重庆回来了，带回了一个显赫身份：三民主义青年团中央团部委任他为三青团郡王旗团部总干事。人口稀少而封闭的蒙旗对"总干事"这个官职，视之甚大；而奇全禧的谈吐、举止又显得自视甚高。图王有些懊恼，心中有预感：不久西协理的位置必属此人，因为已有奇兆禄的先例。现在，东、西营盘已落入这"两奇"的手中，无疑是两股势力夹持了自己，我这个至高无上的札萨克和硕亲王必得在他们认为需要的时候听从他们的指挥。儿子巴图吉雅虽然是保安司令，但实际上掌握的仅有三团之中一个团的兵力而已，而且这个儿子在观念上、处世上竟与自己格格不入。若是另二角，尤其是西营盘较真起来，他真能应付得了吗？一想起邻旗准格尔同室操戈、血溅王府的凶事，而且噩耗接连不断，图王不禁毛骨悚然。黄金家族的时髦青年，什么奇寿山、奇子俊、奇文英的杀戮不禁，无非为了权力。这种丧心病狂的仇杀绝不能发生在本旗。可憾的是郡王旗竟然也出现了"两个奇"了，势力已开始膨胀，而图王心中的"那个奇"（奇忠义）尚是块璞玉——能力绝不会在他爹之下，那么是否能早些提拔？抑或揠苗助长？图王十分心焦。

图王还没来得及左思右想，奇全禧却捷足先登了。这年秋季贡布扎布病入膏肓，带着"无法尽忠，乞亲王将小儿扶植到老臣西协理职位"遗言，撒手西去须弥山了。于是西协理这个空缺的职位由谁接任被摆到议事日程上。有哪位台吉能胜任这个札萨克之下众仕官之上的重位呢？目标一下集中到受过重庆培训、三青团旗团部总干事奇全禧身上。河套内外的社会名流如邓宝珊将军、马占山将军（奇全禧拜他为干爹）、"塞北文豪"荣祥（又是土默特旗总管）先后致信图王，推荐青年才俊奇全禧。这些人物都是图王的至交，难以拂面。但是图王还是不动声色，静观事态发展，没想到惊动了一位实权人物——伊克昭盟警备司令陈玉甲将军带了礼品亲自来王府拜会了。他与图王也是好友。他俩在图王卧室密谈了近一个时辰。陈将军走后，图王终于下决心任用奇全禧，而且是无条件的。这也很快得到盟长沙王的批复。事后，图王意味深长地对他的长子、记名札萨克巴公说："协理，不是我们一家可以包的。即使你做了王爷，也要有手段，要驾驭好这个人。木已成舟，也是为了孙儿日后，权作平衡。"

起步奇忠义

图王卧榻

旗王府一进大殿厅长方供桌

奇全禧喜气洋洋做了西协理，全旗平安度日。转眼间农历癸未年春节已过去，时间已是正月二十日。郡王旗依例举行"开印"典礼。严守封建清制的郡王旗在旧年腊月送灶君上天那天，隆重封印，表示在一个期限内停止一切公务活动，让祖宗和活着的人们充分享受天赐的大年欢乐：拜年、崇佛、受赏赐、吃喝、醉闹、唱诵、跳舞、观赏，甚至放纵……但这等时间不过一个月光景，生活复常了，因为旗王府要"开印"了。

这是一个吉祥的日子，风和日丽，阳光下的白雪也显得柔软。郡王旗王府上下忙着为开印做准备工作。在王府头进大院坐北朝南的大议事厅里，管旗章京、东西梅林在指挥白通达、哈温们布置一张特大紫檀木八仙桌上供奉格局。他们把一早就送来的四个羊背子放在下首——它们分别是旗王府下四个区的参领送来供奉的；送羊背子的还有衙门各执事部门及旗保安司令部。羊背子一层层地叠了起来，壮观又诱人。羊背子下方还有酒水、奶制食品、糕点等。羊背子上方则摆了5盏黄铜酥油灯，排成了一个月牙形，中间一盏大的代表图王，两边各两盏代表四个参领。酥油灯中间，略上方空出较大一块地方，铺着锦缎，等着放置"鄂尔多斯左翼中旗之印"御赐王印。

这天这个开印仪式是由新任西协理奇全禧台吉来主持的。年纪轻轻的奇全禧由此登上了郡王旗的政治舞台。

时辰已到，只见朝气蓬勃的奇全禧穿戴着暮气沉沉的前清官服（他平时穿中山装、西装），从图王套房出来，手捧紫檀木印匣，毕恭毕敬、目不斜视地走过内院，拐过内、外院间的连接走廊，向守在门口的特工蔡志伟略一偏首，似笑非笑地表示一下，走到前院，步伐有致地拾级而上，跨入议事大厅。他抬头看见札萨克图王、记名札萨克巴公等人已端坐在龙凤绣垫的太师椅上，就赶紧下跪，高举双臂，捧着印匣，等待图亲王验看。他双臂有些抖颤。穿着前清沉重朝服的图亲王迟缓起身，掀开朝服下摆，掏摸一通，取出一支已被磨得黄灿灿的铜钥匙，郑重其事地开锁，打开印匣，先浏览一阵，然后握住踞虎作钮的"鄂尔多斯左翼中旗"（有满、汉文两行）宝鉴端详一会，放进匣，合盖，上锁。这方象征郡王旗至高无上权力的大印是康熙皇帝在康熙二十一年（1682）御制诏封的，纯银铸刻，重五十二两（旧制衡），代表了中央政府对这块蒙旗的统治。奇全禧现今双手捧奉的是郡王旗至高无上之印，也许他已意识到了这一点的沉重，也许图王验看的时间多了一些，也许印章的虎钮反射着阳光，有些刺眼，奇全禧的双臂不自然抬动，双手微微发抖。这一细节恰巧被奇忠义瞧在眼里，禁不住想过去喊一声：

印玺、印钮　　　　　　　　　　印匣

"嗨，你的手不要抖呀！"但来不及发声，也来不及再思索，奇全禧已将印匣供奉到八仙桌上去了。紧接着图王偕家属，奇全禧率众仕官、参领齐刷刷分立左右，开始了燃灯点香的仪式。

图王点亮了他的那盏大酥油灯，四位参领各点亮了自己的酥油灯。白通达点燃了棒香，分送给图王和参加今天开印仪式的人，然后他们先后虔诚地上香，口中念念有词。紧接着奇全禧高诵颂词一会儿，然后引领大家行三跪九叩首之大礼。

这一仪程之后，图王回到他的太师椅上，巴公及其兄弟、福晋和奇忠义分别就座，东西协理、管旗章京、东西梅林等主要仕官均各就各位。王府亲信侍从官出列，跪献奶酒，熟练地将供奉过的羊背子分送给各位大人，然后跪着，伸展双臂，诵了一通颂词，宣告开印仪式结束。

仪式结束后，便较随意地自由道问。当然，首先由奇全禧带头，给图王下跪叩头，给巴公跪拜，给福晋跪拜，给图王的另几位公子跪拜，但唯独将奇忠义给"遗漏"了。接下去便是众仕官"打签"、"他，阿木尔，三拜努"地问安，互换鼻烟壶，热闹了一阵子。

"这绝不是遗忘。我是现任札萨克亲王的第三代，正统的台吉，但他完全有意识地忽略我，不把我放在眼里，在公开场合羞辱我！"奇忠义越想越觉得事态严重，正想发作，但转眼看图王、巴公，他们端坐不动，只是神色不大自然，只好按捺下大少爷脾气，忍耐着等仪式散场。

"小不忍则乱大谋。"事后父亲巴公也谈到这件事，表示同感，但劝说儿子，"在那么隆重的场合你和他斗起来，且不说两败俱伤，你自己也会伤了元气！你想想，若是他老子贡布扎布在世，肯定会责骂他，令他来赔礼，到头来吃亏的还是他自己。现在机会来了，因势利导——你可以叫巴布林度去向图王提出你任官职的要求。图王是信任他的，而他的身份十分合适。我则去同蔡志伟、施宗森打招呼。他们出于自身利益，也会支持你的。"

事情果如巴公预料的那样，进行得很顺利。

"你们民团筹资真的十分困难，需要专职军官去行使职责吗？"图王显示出一副关心的姿态发问。他习惯了把已经升了格的保安团仍说成民团。他又边说边问："确实需要一位军需处长，要年轻的，因为要去化缘，要去讨债，只有年轻人才能干这活儿。你说我那小孙儿做军需处长，他有这份能耐吗？这样一来，岂不与你同级了？"

"亲王，大阿哥已经长大了。他才高八斗，区区军需处长，仅是起步。奴才有福与大阿哥共事，是求之不得的事！以后就能更直接地与亲王沟通，传达亲王的意旨，对付一团、二团。"巴布林度乖巧地回答，跪下去叩了个响头。

与此同时，施宗森、蔡志伟也来为奇忠义说项了。他们从情报角度出发，担心"准格尔旗黑洞"扩展到郡王旗，难以收拾，而且将破坏已经由于日本侵略成为残局的鄂尔多斯格局，所以他们成全奇忠义早日踏入政坛，在执政的正宗派中种下一颗新种，不久的将来牵制青壮、少壮两派，保持旗政平衡。因为这两个虽是外来之人，却是代表国民政府态度的，图王立即首肯。

渐渐地条件成熟了，图王就在一次仕官会议上宣布他的决定："日来本王收到多位旗王府仕官，以及党国政界、军界长官的善言，经本王和民团保安司令巴公的再三考虑，本王兹决定，任命伊尔德尼博禄特为本旗保安司令部少校军需处长。因为他年纪很轻，只能衔少校。"

图王拥有绝对权力，他说了"衔少校"，就给足了巴布林度上校团长的面子。接着他又补了一句："希望诸位仕官长辈、司令部众位长官多加栽培这个黄口孺子。"

从此，奇忠义结束了学习、实习的阶段，正式踏进了政界门槛，开始了他的政海颠簸航程。

"祖父真富有政治技巧！"晚年奇忠义接受笔者采访时说，"他是札萨克亲王，在旗内一言九鼎，但他不滥用权力，绝不是纳森达赖之辈。他总采用和平、调节的手法解决问题，是那么巧妙、圆熟，所以我们郡王旗与准格尔旗截然不同，一派祥和气氛，即使在四周日寇虎视眈眈的情势下。他当然希望我掌权，但绝不拔苗助长，而借助他人之手，使得水到渠成。"

但当年奇忠义则不然，少年气盛，必报开印仪式中的"一箭之

第八章·赴渝述职、保守、青壮、少壮三角形成

_165

仇"。上任军需处长职位后，他立刻向奇全禧"砍了一刀"。他知道刀老堡梁那块地盘很肥，尽干犯王法的事，比如私自收税，图王也拿他没办法。为了筹军款，奇忠义带了特务连连长张春和和几名亲兵，特邀旗保安司令部参谋蔡志伟，一起驰马去奇全禧的大本营，与陕西神木交界的新庙。那天，那里正逢庙会集市。奇忠义一群一到庙会中心地带，就以突击稽查的方式，收取了庙会上的全部税金。奇全禧闻讯赶来，眼睁睁看着一直是他收取的白花花的银子被这个"黄口孺子"用马车拉走了，还收受了这么一句教训："我代旗王府来收取地方税金，全归旗保安司令部充军需，谢谢。全禧宗兄珍重！"

身着国军军装的蔡志伟中校骑在马上侧过身，幸灾乐祸地笑了一笑，轻飘飘地举手，行了个军礼。

车辚辚马萧萧，眼望绝尘而去的奇忠义等人，奇全禧气得要吐血了。

第九章

盟长空缺

奇忠义长袖善舞到位

荐任：奇忠义手腕

青年奇忠义

沙王盟长因"三二六"抗军垦事件（1943），身心健康遭到严重损害，抑郁成疾、疏于视事的时候，奇忠义就在盘算伊盟盟长这个职位。他想了解本旗额璘臣最正宗的他家这一支后裔在伊克昭盟做了几任盟长，后来盟长怎么会落到乾隆时才派生出来的札萨克旗手中。为此，他专门去找了老师——已退休的笔帖式潮洛蒙，想从那本他读过的《各代王事记》中理出个脉络来。

"大阿哥，"潮洛蒙说，"那本《王事记》我是半借半偷弄出来的，现在已经封库了，借阅手续很严，要图亲王亲批才行，我看就算了。至于你的意思我明白，你是为图亲王能晋升盟长找历史依据吧？"

"谢谢老师。"奇忠义由衷信服。

"没有这本书，我也可以告诉你一个大概脉络。"潮洛蒙博闻强记，对本旗历史尤其熟悉。他告诉奇忠义本旗12代传人15任札萨克中被选任伊盟盟长、副盟长的有4位，他们先后是——

额璘臣多罗郡王，全盟第一任盟长，是顺治年间第一次会盟时，皇帝诏封的；

扎木杨多罗郡王，全盟第二任盟长，郡王旗第七任札萨克，是在雍正朝时封的；

车凌多尔济多罗郡王，是本旗第八任札萨克，这位王爷做盟长是在乾隆年间；

特古斯阿垃坦呼雅克图和硕亲王，是本旗第十四任札萨克，1912年外蒙古八世哲布尊丹巴诱降内蒙古"独立"时，这位时任副盟长的亲王带头抵制，就是有名的"苏泊尔汗滩会盟"和归绥城"西蒙会议"。

潮洛蒙说，以后的盟长先后由乌审旗、杭锦旗、准格尔旗、达拉特旗、鄂托克旗的札萨克王爷轮流坐庄，三年、五年不等，这是蒙旗通例，很公平。只有札萨克旗，就是鄂尔多斯右翼前末旗，从名字上也可看出，是由乌审旗和郡王旗划出一部分牧地拼凑而建成的，建立于乾隆元年，但在整个鄂尔多斯臣服清朝二百六十多年里，并没有轮上札萨克旗王爷做盟长，直到民国以后，才由沙王第一次做盟长，一做就是近三十年，倒也是奇事。

潮洛蒙继续说："郡王旗第四位盟长，就是我跟你讲过的特古斯阿拉坦呼雅克图王爷。特王是位坚定的爱国者，他发起苏泊尔汗滩会盟和归绥城西蒙会议，抵制哲布尊丹巴引诱内蒙古跟随外蒙古'独立'，维护了中华民族的统一，为国立下大功。他做盟长是众望所归，名副其实的。"

"那么沙王是怎样做盟长的？"奇忠义发问。

"一般盟长都是在会盟时，由各位札萨克王爷推选，再由绥远将军奏请朝廷颁诏，就合法了。清朝时享尽荣华富贵的蒙旗札萨克王爷，做盟长，多了一份俸禄而已，而且很辛苦，当然也光耀门第。盟长死了，当然由副盟长来接任，一般不是同一个旗。沙王是由副盟长升上盟长的。"

"副盟长继任。"奇忠义重复这一句话，眼睛一亮，继续问，"沙王本来是副盟长。听说他那颗盟长大印是我们去讨来给他的？"

"他的前任盟长逊王，哼！骄奢淫逸，贪婪残暴，昏庸无道！一个十足的衣冠禽兽！他的官运是用几辆大车的银子向袁世凯去买来的！哼！"潮洛蒙哼了几下后顾自走了。

奇忠义响应几下"哼"声，顿时浮现出这位达拉特旗札萨克、伊盟前盟长一连串不堪入目的镜头，七旗中最富裕的达旗的钱财，尽被这个恶棍花费消耗。这个恶贯满盈的魔鬼死掉后，该旗竟秘不发表，把盟长的大印藏匿了起来。

"是的，有那么回事。"资深笔帖式阿迪亚老师告诉奇忠义，"民国蒙旗制度沿袭清朝。盟长逝世后，先由副盟长暂代，再由副盟长替代，再由绥远省政府报批中央政府任命，成为正盟长，虽然是走一个官样，但这当中故事可多了。逊王死后，达旗封锁消息达两个月之久。副盟长是札旗的沙王，亏他沉得住气。倒是我们郡王旗的东协理额尔德尼格勒——奇兆禄的父亲出来打抱不平了。额协理直奔黄河南岸的树林召，指着康王的鼻子斥责：'逊王老盟长归天已满两个多月了，你为什么秘不发丧？难道让他永远沉沦在'须弥山'最底层的'铁围山'中受煎熬吗？你知道你这样做在盟里会引起怎样的后果？不怕连你这个札萨克也一锅端掉吗？'当年我们这位额协理名声极好，在伊盟无人不知。就这样，额协理在声色俱厉的谴责声中，把那颗五十两重的盟长大印带走了。"

阿迪亚笑着告诉奇忠义，其实额协理是把盟长大印带回到我们郡王旗，交给图亲王，劝图王去申请盟长官位的。没料到图王光火了，"你要陷我不忠、不仁、不义"地痛骂额协理，说一定要维护沿袭近三百年的蒙旗律例，一定要额协理立即将盟长大印送去札旗，亲手交给沙王。做了"出头椽子"又碰了一鼻子灰的东协理额尔德尼格勒留下了历史趣谈，显现了他的勇敢与智慧。

"老师，那么沙王一旦去世，我们不是可以让额协理的儿子，现在的东协理奇兆禄去取大印吗？子承父风，理所当然。"

"那是两个时代，两个人物，两种世势了。大阿哥，你要学会深谋远虑，多积蓄力量呀。"

阿迪亚虽然是资深仕官、奇忠义的业师，但究竟是平民出身的笔帖式，讲话分量有限，而且不允许他讲透。恰巧来了个机会，年近八旬的管旗章京诺尔布增布终于退休，回家养老了，空出了这个相当于秘书长的重要职位，仕官中谁来晋升呢？若是提升东、西梅林章京，是顺理成章的，但一个太老，另一个虽是日本留学生，资历又太浅，做梅林已经是他的造化了。从另外资深仕官中遴选，应该找一位平民，这样在旗里"五大经肯（高级仕官）"中贵族与平民的比例就是5∶2，是最恰当不过的了。议到这里，奇忠义不禁脱口而出："阿迪亚先生！"心有灵犀一点通的图王立刻点头称是。奇忠义还有一层理由没敢讲出："阿迪亚也是奇全禧的老师，做了管旗章京，可以有效遏制后者；再则，必要时也可作沟通的渠道。"奇忠义心中盘算：这一招棋出对了，或许奇全禧会感谢我提拔他的老师。哈哈，阿迪亚必定是我的人，因为他最忠诚于图王，忠诚到绝对的程度。人们不是在议说郡王旗有"三角"势力吗？若果真如此，那么我这一角不是增加了砝码吗？他决心加大对阿迪亚的支持。

荐任，是奇忠义的无形政治资源，不取来运用，就白白流失了；只要你心胸开阔，喜见他人高升，甚至一时超越了自己，那便为一份实力。是阿迪亚那句"积蓄力量"的话启发了奇忠义，他利用祖父、父亲两座山，通过荐任的通道，做好事，汇拢自己的力量，化无形为有为，为助力祖父晋盟长而活动。

过不久，图王、巴公的亲信保安三团团长巴布林度病故了。一团、二团已被东、西协理控制了，这个要害职位必须为自家人掌握。又是奇忠义出来荐任了。他毫不犹豫地提名他的四叔，也就是巴公的四弟奇宝玺。这位四叔为图王第二任夫人额尔敦珠拉所生，仅比奇忠义大两岁而已。但不久，这位福晋病故了，孤傲而挺拔的奇宝玺突然萎靡了，加嫉加恨于正十分顺畅的那位大侄子，因此对奇忠义的举荐有些莫名其妙。他没有料到奇忠义如此仗义，阴暗心理顿时消去。奇宝玺做三团上校团长后，奇忠义便悄悄向父亲、保安司令巴公推荐三团七连连长乌尔图为团副。巴公心照不宣接受了。此人是巴公父子的心腹，实际上是安在奇宝玺身边的一双眼睛。

旗王府他处，人际关系盘根错节，初出茅庐的奇忠义难以问津，但在保安司令部，作为军需处长，颇有伸展余地。一天，兼任参谋的施宗森鸦片瘾发作，来奇忠义卧室乞求。

此人虽然是带有特殊使命的官员——蒙藏委员会协理参赞特派伊盟专员（兼郡王旗参谋，多领一份薪水），倒是因为出身中山大学边疆政治系，对少数民族的政经、文化、民俗颇有了解，游走伊盟七旗，搜集情报，按质按量收受津贴，就是鸦片烟瘾大，入不敷出。自从结识奇忠义后，开始"打秋风"，后来奇忠义成了他的靠山，所以他也尽量献好。

"小王爷——喔，大阿哥奇处长呀，沙盟长看来不会久于人世了，你们方面要有准备。两个副盟长在，所以图王这位副盟长顶上正职，不是那么轻巧的。"施宗森话中有话地说。

"这话怎么讲？"奇忠义追问。

"你不晓得吗？沙王他的儿子在逼父亲写信给中央，要求继任盟长和保安长官的职位。这个消息目前还是秘密，不过蒙藏委员会不会不知道。所以，图亲王不可高枕无忧啦。"

此话刚止，奇忠义脑海立刻飞掠过一个念头：索印，像额协理那样上门索印！先下手为强。乘沙王父子被陈长捷开发军垦逼走，待在西乌审游击根据地，盘桓许久归来，而日子灰蒙蒙的时候，乘虚主动进取，有可能一举获胜。

"大阿哥知道吗？令祖父的前程中还有一个很强的潜在对手，你们也不能忽视呀！"

"是谁？请施专员告诉我，您是我旗的参谋呢。"

"这个，"施宗森的烟瘾满足了，坐起，舒展下身子，羡慕地看着烟具，说，"我这烟瘾坑死我了，一年总要支出三千五百多两银子，贱内都威胁要同我分手！"

奇忠义一下就明白这个官儿在敲诈，也就顺水推舟说："没有什么，待会儿你带去一千两上好的大烟！以后不够，尽管来要便是了！"

"多谢多谢！大阿哥古道热肠，我们便是忘年交啦！"

施宗森表演了感激涕零后，便对奇忠义说："沙王不是身兼三职吗？其中一职就是绥境蒙政会委员长。这可是超越伊盟地域，管得着西蒙十八旗的大官呀。你知道吗？现有一人也对此职虎视眈眈——荣祥。"

施宗森跳落地走了一圈说："这位荣祥先生虽然出身平民，可是大名鼎鼎的'塞北文豪'，又是西边土默特旗的总管。他在大戈壁中坐不住，就跑来东胜、新街活动，做了绥境蒙政会的常委，写文章、做演讲。我们已得到准确消息，他正在给蒙藏委员会写信，毛遂自荐，由常委升任委员长呢。"

"塞北文豪"荣祥（1894—1978）

"施专员——施伯父，你看此事怎么办？劳您大驾，帮助图王扫除做委员长的障碍，他老人家本来就是代委员长嘛。"

"没有什么大不了的！'塞北文豪'的影响不过就是在长城外那点荒漠之地而已，大后方有我哩！"

施宗森心满意足地带着奇忠义馈赠的一千两大烟土走了。临行，施宗森讲了一句真言："有一个人你可不能忘记，是图亲王的把兄弟陈玉甲司令。此人至关重要！"

看来，施宗森真是够铁。不过这根"铁杆"是插在烟土——金钱之上的，很可能事过境迁。于是，奇忠义又想出一个妙策，要将"铁杆"焊住，发生利害关系，给他一份高薪的兼职。旗保安司令部不是缺一个参谋长吗？巴公司令是正派人，不会吃空额的，而那份预算也一直空着。施宗森来自大后方的中央，有背景，这份空额——薪水不低的参谋长职位让他来客串，这根"铁杆"就被"焊"住了。儿子把这番理由申述给父亲听。因为直接关系到图王高迁，巴公便允诺了，很快就将一个郡王旗保安司令部中校参谋长的官位送给了施宗森。当这位协赞专员正要接受这套标准的国军军服时，奇忠义狡黠地笑了笑，说："啊哈，施参谋长，少了一颗星。您专员相应的身份应该是上校。疏漏了，我给您去办。"

施宗森对这位贵族青年如此善解人意，惊叹不已。果然没过多久，施宗森穿上了上校军服，带了他肥硕的太太，登旗王府拜见图王、巴公，他说："承亲王老王爷、巴公爷重用，用得着施某时，当万死不辞！"又说："我要让中央政府，特别是蒙藏委员会知道，在塞北，在郡王旗的青年中，不只有奇全禧，更有大阿哥奇忠义！"至此，图王才对孙子奇忠义日来奔波明白了一点，他心中有数，且睁只眼、闭只眼。奇忠义趁热打铁，宴请了施宗森夫妇，并请父亲巴公主席。席间，施宗森的颂调唱得更高："越过草原，穿过长城，跨过黄河长江，我要告诉

鸟瞰东胜（老照片）

大后方，当今蒙古族青年第一人就是奇忠义！这个汉名好，平仄搭配，忠义可嘉。"施太太凑热闹："奇少爷如此俊慧，我们当给他介绍一位名门闺秀，少爷以为如何？"巴公忙说："我们蒙古族台吉家庭的婚姻有自己的规矩，是由活佛占卜决定的，待以后图亲王高迁后再说，谢谢嫂夫人喽！"施宗森说："图亲王晋级，那是必然的。现在是守株待兔。这个时间一到，立即行动。你要去拜见陈司令，奇兄忠义先生，我说的是陈玉甲司令。他是老骑兵出身，爱马。"

馈赠：奇忠义长袖

陈玉甲（1888-1959）将军，
后参加"九一九"绥远起义

1945年的春风传来了沙王病逝的噩耗。奇忠义立即着手做两件事：怂恿奇兆禄去索印，自己登门求见陈玉甲。

职位上奇兆禄比奇忠义高，年纪上也比他大，但从能耐与背景上，后者可以指挥前者。然而，奇忠义不会这样做，这是出于策略的需要。他一开头就把好话说尽了："宗兄，令尊是位英雄啊，受到全旗官民的交口称赞，所以图亲王敢于破例，批准宗兄坐上东协理这把金交椅。令尊那次勇敢索印，载入史册，光辉春秋。宗兄应该继承且发扬光大，不枉人世间走一遭！怎样，明后天去辛苦一趟吧？图亲王高迁后，大家都水涨船高呀！"奇兆禄沉湎于吸大烟，懒散惯了，如今被奇忠义好言相劝，说得连心也怦怦跳了，几次因害怕而犹豫，被"令尊九泉之下也会向列祖列宗告慰的"一激，终于跺跺脚说："索印，我豁出去了！"

去东胜拜访陈玉甲之前，奇忠义向阿迪亚再次讨教。这位老笔帖式竟然通过自己学生奇忠义的阶梯爬上他以前连想也不敢想的高位，终于钦服这位"可畏后生"了，因而也打开了心扉。阿迪亚坦诚地说："这件事非同小可，非得您亲自去。巴公去不得，奇全禧更去不得，我也去不得。只有你去，才恰如其分。你不要怕，因为陈司令与你祖父是拜把子兄弟，在他眼中你还是小孙子，即使说错了话，也无大碍。你就叫他一声"爷爷"吧。这位陈将军其实是感谢图亲王的，一年半前，因为"伊盟事件"平顺解决，流亡中的沙王返回札萨克旗，图王将三个代高职主动退还给沙王，给足了傅长官、陈将军的面子，使他们可以向中央交代了。如今回馈呢？沙王既然物化了，蒙政会委员长、盟长、保安司令长官三个高位再回到图王那边，不是自然而然的吗？其间，需要有个引牵理由，那就是大阿哥你的恳求。放心吧，肯定会成功的。即使有变，因为你出面，有退路。不过你肯定会成功的。大阿哥，放心大胆去吧！"

奇忠义受到老师鼓励，义无反顾地出发了。阿迪亚出城门送行。临行，老师不解地问："大阿哥怎么空手去？"

"礼品已经先行了，派了七连的兵一路护送。为避人耳目，我走在后头。"奇忠义满怀信心回答。

奇忠义的礼品首先是一匹骏马。这匹马是从郡王旗马场上万匹良马里面精选出来的。奇忠义知晓，人家骑兵出身，对马是行家里手，所以选马时专请几位老师傅，细细甄别马首、马耳、马鬃、马颈、马胛、马胸、马脊及马的蹄子、屁股和尾巴，尽量做到全体优良。果然，陈玉甲一眼瞧去，不住地点头，突然他左手拉住这马的皮缰，紧拽，马嘴张开时，将缰绳后半截"啪"甩在马屁股上，马儿一惊，陈玉甲一纵身上了马。他右手牢牢抓住马鬃，双靴上的马刺往马肚皮一夹，呼地冲了出去……奔驰回来后，他吁吁喘息，苍老的脸上汗流不止。跳下马，陈玉甲大声对奇忠义说："好马！"

"孙儿知道爷爷戎马一生，赏马、爱马，如今来到我们草原上，如鱼得水！所以我精心从我们旗里上万匹良马中挑了这匹最骏的，孝顺爷爷，不知喜欢否？实在是献丑啦。"

"喜欢，喜欢！"陈玉甲开心地说，"其实世弟何必送此重礼。我与令祖图亲王是金兰兄弟，有什么话随时都可以说的。"

陈玉甲原来在邓宝珊麾下做事。因为邓与伊盟有特殊友谊，他来到东胜警备司令部。在陈长捷军垦大搞摩擦时，他作壁上观。陈长捷被调走后，这位陈玉甲就进了守备司令部，做了中将司令（后调任包头中将警备司令，参加"九一九"绥远起义）。日军因为国力衰竭，战线太长，内蒙古草原上的战争只能以黄河为界，无力南扰了。延安更信守国共合作抗日的原则，绝不会来摩擦。陈玉甲在里套守备正在百无聊赖时，郡王旗的阔少爷牵着好马，带着礼品上门来了。

陈玉甲将马缰交给他的马夫后，拉着奇忠义的手，绕开大厅，走进他的小花厅。陈玉甲已经完全明白这个"黄口孺子"的来意了。倒也是军人直爽，他开门见山地说："令尊祖，我的这位义兄太墨守前清那些陈规旧律了。现在是民国啦，在官场需要长袖善舞，运用方方面面的关系，为自己服务。哪像我们军人，只知道动刀动枪，总是吃亏。喔唷，倒是小王爷在行，可真是前程无限啊……"

陈玉甲唠叨着，奇忠义一直垂手侧耳恭听着——其实他的头脑在飞速盘算，假如这里不顺利，是否要跑去陕坝，因为傅将军曾留下过一句"可以直接找我"的话。但他是省政府主席、战区司令长官，门槛太高太高了……正想得出神的时候，听到陈玉甲这个老头在说了："啊呀，你怎么还站着，快请坐，请坐沙发里。"

"谢了爷爷，家祖图王的事，就求爷爷鼎力相助了！"奇忠义将谈话拉到中心话题上来。

"图亲王副盟长晋升盟长，这是顺理成章的。"陈玉甲终于说实话了，"至于盟的保安长官一事，我说一句话就得了。还有个蒙政会委员长的位子，听说荣祥在活动，一介文士叫嚷什么的。他那块土默特旗是不毛之地，有什么资本？我叫老施去蒙藏委员会打个招呼不就得了。他老施不是你们旗里的参谋长吗，总不能吃里爬外吧？"陈玉甲慷慨说着，最后泄露了"天机"，"傅长官也是这样吩咐的。"于是奇忠义吞下了一颗定心丸。

"当然，荣祥也应该分一杯羹给他，蒙旗宣慰使，不是很好吗？"

"这个主意倒是挺好的，将军是位政治家哩。"

"是吗？现在是训政时期，军人要学会政治。我嘛，实际上是伊盟的军政长官，我可以直接向傅长官荐任。"

一老一少越谈越入港了。他俩似乎在下棋，子儿都是盟长、司令长官、委员长……

奇忠义心满意足回旗去了。他一路上惦记着奇兆禄"索印"的事，估计并不乐观，还担心他是否去。所以奇忠义返旗途中并没有去阿镇，而是直奔布尔台梁。奇忠义一到东营盘东协理府，只见奇兆禄依旧高烧大烟。见到小主子来到，只好不情愿地下了炕，两臂下垂，低着头说："人家正在大办丧事，在塔布乌拉'五堆沙子'地方火化，我无法启口。"奇忠义又好气又好笑，本来想说句"你难道不好去新街待几天，等他们把丧事办了回来去讨"，但转而一想，此子非其父，无法相比，算了。只要陈玉甲或者傅长官说话了，不去索印，人家也会送印上门的。所以连鼻烟壶也没交换，他就策马回旗王府了。

回到他自己的办公室，总感觉工作还做得不够充分，时间越来越急迫，不能坐待。于是他花了整整两天，把自己关在房内，接连写了好几封信给八战区副司令长官傅作义将军、东北挺进军司令马占山将军、祖父至交邓宝珊将军、国民党绥蒙党部特派员赵诚璧先生（"伊盟事件"中死里逃生升了官）、中统局伊盟站主任李执中先生、绥境蒙政会委员胡凤山和任秉钧两位老先生，以及驻在榆林的二十二军军长左世允将军、杭锦旗护理札萨克色登道尔吉世伯，还有抗日女司令、乌兰察布盟乌特拉东公旗护理札萨克巴云英女将军（乌盟保安司令部中将司令，蒋介石、宋美龄誉她为"巾帼英雄"，参加"九一九"绥远起义）等塞外闻人名流，口气极其谦恭、理由极其充分地请求他们出于道义和传统，向绥远省和中央政府鼎力推荐图亲王简派伊盟盟长、伊盟保安司令长官和绥境蒙政会委员长。"疾风知劲草，板荡识诚臣"，几乎每封信的开头或结尾都写上这句诗，表明图王在国难

蒙旗"巾帼英雄"巴云英（德力格尔少）（1899—1966）

时期，在伊盟非常之时，坚持气节，和中央保持一致，实为国家一栋梁也。收信的那些人士，有的是图王老友、至交，有的是官场交往中，留下较深印象的，有的是忘年交，有的是心仪已久而无缘面谈的，等等。这些人士读了信，了解这位小王爷才18岁，都会产生一种"爱屋及乌"的情愫，于是碰上机会，自然会替图王说话了。

能屈：奇忠义韬晦

善言、美言总是越多越好。奇忠义在寻求荐助时却少想了一层阻力。一次在王府，他被蔡志伟拉进了他那个转弯角的房间里，对方说："大阿哥，你日来为图王奔走晋职，我都知道了。我也应你要求，向上峰报告了图王在'三二六'事变（即反抗军垦"伊盟事件"）中的表现，对晋职是很有利的。"当然，这个特工收受了奇忠义很多好处，包括白花花的银子。

"大阿哥你好像忽略了一个人，而这个人，有他的潜力和活动范围，弄不好会形成阻力。"

"是谁？"

"但是你不能讲出去是我告诉你的。"

"一定。我不会忘记蔡先生的！"

"奇全禧。他是三青团员，中央团部、省支团部、区分部都有他的熟人，不讲话还好，讲几句倒话，岂不坏了一锅粥！"

"是的，是的，谢谢蔡先生！"

"其实你们是一家人，好讲话的。"

奇忠义几乎毛骨悚然，若没有蔡志伟的提醒，差点功亏一篑了。冷静下来，他想想现在的情势，必得化怨为和，自己只好做小了。奇忠义心底是看不起奇全禧的，而目下只好委曲求全，能屈者才是大丈夫。那么主动约谈？一想到自己究竟太嫩，可能敌不过坏了全局，于是他又去阿迪亚老师那里讨教。

"不会的。"阿迪亚说，"奇全禧不会拖图亲王后腿的。他经亲王提拔起来，又要在郡王旗生存、做官，他不会，也绝不敢。但是要他善言，大阿哥，你得下点功夫了。"

　　阿迪亚将手向下一按，然后向前一推，意思是登门道歉，或登门求和。奇忠义不时点首。阿迪亚笑了，然后告诉奇忠义，奇全禧是位出名的孝子，他老父贡布扎布在世时，患了重病，他竟效仿"二十四孝"中"割股疗母"的故事，剜了手臂上一块肉，煮给父亲服用。现在他有位义父，就是有名的东北抗日英雄马占山。只要马将军那里说通了，他一定会遵照义父的指示行事的。

　　过了几天，奇全禧果然发话过来了："我们都是黄金家族的后人，哪有不维护图亲王权威之理。况且亲王有恩于我，是他把我带出了山。"

　　在马占山的撮合下，这两位各拥势力的本族青年，面对面交谈了一次。

　　"早年我年少，多有得罪，请宗兄包涵。"

　　"我年纪比你大，哈哈，大人不记小人过，大阿哥不必多虑。"

　　"当年前辈东协理索印的故事，宗兄一定知道？"

　　"知道，真了不起！可惜他的独生子被鸦片熏淡了锐气。"

　　"祖父时常对我讲起您聪明、能干，是我们蒙旗青年的楷模，要我学习。"

　　"绝不敢当。亲王的恩德，我一辈子也不会忘怀的。这次伊盟、蒙政会换届，我一定会向陈立夫部长、白云梯委员长、傅作义将军、董其武将军推荐亲王的。这回伊盟的首长，该由我们郡王旗坐庄了。"

　　"事成之后，水涨船高，我们一面掌盟政，一面理旗政，在亲王领导下，把我们郡王旗建设得更好。"

　　"大阿哥言之差矣！社会在发展，历史车轮滚滚前进。清朝封建制度早就消亡了，民国训政制度也够不上形势发展，不要忘记还有延安方面的新民主主义专政。抗战必然会胜利，胜利之后，摆在我们面前的是宪政。我们蒙旗王公制度钻了历史的空子，像一件古董那样被供了起来，想想，哪能不会被时代淘汰的！应该说你、我，以及他们的他们都是国家的寄生虫！必须学会本领，才能有资格在今天的社会中生存下去。"

奇忠义被这位宗兄的高谈阔论吓得瞠目咋舌，但是终究完成了这次谈话的任务。

奇忠义凭借他自身的地位和广阔的社会背景，凭借他那颗智睿机敏的大脑袋和矫健灵长的身段，在鄂尔多斯舞台上长袖善舞，得到如意回报，但当他正要实现目标时，一天却被祖父图王唤去了。

父亲也被一名白通达唤来了。奇忠义一看到图王面色如严霜，吓得双腿发软，不由自主地跌跪在地上。巴公患肺痨，已经病入膏肓，所以从未参加奇忠义的那些活动，只是有时指点或配合而已。而奇忠义则全然瞒着、背着祖父图王在活动，他知道祖父的志趣，自己不仅不会去活动，而且还反对家人为他活动，但没有想到今天现场竟如此凌厉。

"你们干的好事！陷我于不仁不义！"

"你们父子俩竟敢背着我，去拜叩、写信，为我求升官，市侩！我是这样的人吗？我有何颜面去见健在的、去世的同宗兄弟！"

图王正在气头上，巴公、奇忠义父子跪着不敢顶嘴。

"我是圣祖第三十二世传人，民国总统封我和硕亲王，民国中央政府又封我为伊盟副盟长、蒙政会常委，取国家俸禄，吃蒙旗饭，足矣！你还要搞什么名堂，还要我晋升？否，否！我只想多念念佛，安度晚年，看着你们也平安，孙儿将来承袭蒙旗王业，足矣！"

父子俩见图王脾气渐渐退下去，巴公就乘隙说："您孙儿做的事，儿子实在不知。但儿子有一句话，请父亲宽恕伊尔德尼博禄特。应该做的官，还是要去做。他人要谋官，说明此人心术不正。不正之人为官，必是坏官，危害国家，危害公众。所以还是让好人去做，有利国家与公众。父亲您就应该升官。您孙儿去活动，也亏他勇敢、机智，官场宦海波起潮涌、冰山暗礁，会致人死命的，好在他一一闯过来了……"说着干咳不止，冒出了一口鲜血。

图王见状，忙叫人扶下去。巴公的白通达跪下，代替他的主子受罚。

"父亲，伊尔德尼博禄特做的是对的，请您不要责罚他！"

游丝般的嗓音留在图王卧房里，奇忠义抽泣不已。

但是图王没有为巴公进言所动，继续教训奇忠义："沙克都尔扎布当盟主既没有活动，也没有花钱，就凭他的品行和威望，做了近三十年的盟长，在我伊盟历史上绝无仅有，为什么呢？"

图王讲完了，气也消了，跪着的奇忠义乘机接上去："祖父还记得吗？我家的额尔德尼格勒把盟长那颗大银印从达拉特旗小康王那里索来后，交给您；您又让他交给沙王，沙王乐而接受了。嗣后，他的盟务帮办嘎勒真如拉玛旺吉扎木素病故，他不思感恩，也不依照旗律例，违背了推荐您任这一职位的惯例，而破例让他儿子鄂齐尔呼雅克图接任。盟里有规定，帮办是副盟长的候补，所以是轮流接任的，这样好让各旗札萨克王爷有机会做副盟长或盟长，但沙王首先破坏了这一民主的管理，想把盟长这把金交椅永远放在他私家！"

图王似乎在认真听着，思索着。

"什么叫政治？这就是政治。"奇忠义说着站起来，继续发表他的宏论，"札萨克旗今日的行为，就是鄂尔多斯现实政治的图解。"

"祖父，"奇忠义理直气壮地说，"当年沙王出走流亡时，由省主席傅将军电请中央政府，简任您代理这三高职；一年多后，沙王回来了，您礼让三高职还沙王，再由中央任命您为副盟长。您付出了这么大的代价，所有人都清楚。在伊盟政治道路最崎岖、危机四伏的时候，您以莫大的勇气就任这三个高职，试问当时哪位旗王爷愿意做这样的傻事？等他回来了，坡路变坦途时，您又将这三职交了出来，试问若你们两人倒置一下，对方会肯轻易让贤吗？祖父，您真不愧是君子，但政治并不看好君子。"

图王静静地听着，面带默认之色，指指旁边的一张凳子，要孙儿坐着说。奇忠义坐了一会儿，又站起来，还是在走动中继续申述。

"爷爷，清朝以来，本族我们家这一支很光荣，出了四位盟长：先祖济农额璘臣郡王，六世祖扎木杨郡王，七世祖车凌多尔济郡王，十三世祖我的太爷，有名的中华民族英雄特古斯阿拉坦呼雅克图亲王。那么第五位呢？应该就是阿吾（蒙古语'爷爷'）您了。您现在是副盟长，但很快将是盟长了，当盟长先要做一些铺垫，我们不过是顺水推舟罢了。"

听到这里，图王感到已经没有理由可反对了，但他心中还是不愿意。

奇忠义看到祖父已经无话可说了，感到已是时候。于是掏出一份电报稿，是呈拍给行政院暨蒙藏委员会关于三个职位的申请稿，已经拟好，要让图王过目并签署。图王听了奇忠义的翻译后，火气又来了，推掉电报稿，大声反讥道："要我去讨来做？笑话！"

奇忠义急忙解释："这是行政上的一个手续，凡中央政府简派任命，必须要有申请手续。现在是民国啦！"

图王感到自己真是无计可施，只好吐出一句真言："你让我多活几年吧。当了盟长命就缩短了。佛的法力无边，要做官，就得短寿！"

"没有那回事。沙盟长不是活了七十多岁。"

"那是沙盟长命大，他是有福之人，若不是那场事变，退到沙漠里去折腾，他还有好几年好活呢。你看其他几位王爷，当了盟长后只不过三五年，就去见阎王爷了。咱们的特王爷也是这样的。"

"祖父您……"

"我不要当盟长，让我多活几年吧！"

故事演绎到这里，几乎没有戏了。而佳音一个接一个传来，都是奇忠义长袖善舞的成果。这下奇忠义可尴尬了，如何收拾？因为这是政治，不是儿戏。

这时他的政治老师阿迪亚来启发了他。"绝不去活动求官，这是图亲王的德政，一种风范。但是不求官并不是不要做官；做官，尤其高官，是光宗耀祖的大事。所谓'路不拾遗'都是假的。你可知道，图亲王是绝对臣服朝廷的官，现在局势是，国民政府，不要说中央，就是省里、盟里，只要命令一下来，他就唯唯诺诺了。你相信，一旦行政院的简任状下来，他一定会说，'作为臣民，理当遵命。叩谢中央的信任，国家的重托，在下万死不辞'。"听到这里，奇忠义不禁喷笑。但阿迪亚还是一脸认真。

那份申请电报，奇忠义代拟签署，发去了重庆。

1945年7月，抗战胜利曙光在望时，国民政府行政院的电令任命状发到了郡王旗衙门：简派图布升吉尔格勒和硕亲王为伊克昭盟盟长；越日，行政院又从重庆发来电令，加委图王为绥远境内蒙古地方自治政务委员会委员长；又一日，国防部任命图王为伊克昭盟保安长官公署中将保安长官。

绥境蒙政会源自德王（锡林郭勒盟西苏尼特旗札萨克）的百灵庙（在乌兰察布盟达茂旗）的"蒙古自治"运动，促使中央政府成立"蒙古地方自治政务委员会"。当年，沙王被任命为副委员长。伊盟"自治"事务属"蒙自会"的一部分。1935年德王投靠日本帝国主义，乌盟、伊盟与德王决裂，中央政府遂成立"绥远省境内蒙旗地方自治政务委员会"，简称"绥境蒙政会"，派任沙王为委员长，图王、荣祥等为委员，时为1936年1月7日。这个"蒙政会"，当时管乌盟各旗、伊盟各旗、归化土默特旗、绥东五县右翼四旗的蒙古族的自治事务，所辖地盘远超出了伊盟一隅。

此次中央政府派任图王三职同时，还任命了土默特总管（即札萨克）荣祥为蒙旗宣慰使，札萨克旗札萨克鄂齐尔呼雅克图为伊盟副盟长。

图王高升，郡王旗张灯结彩，一片闹腾。旗王府内城门外的两根东西相对称的玛尼宏木杆上，飘扬着骏马图腾的旗帜，在8月初的夏风中猎猎作响，十分威武中多带喜气。下面大香炉里，漫燃着各种香料与酥油拌和而成的"桑"，香味和烟气袅袅四散，直熏得人们喜洋洋。王府里外男男女女欢奔雀跃，除了给图王爷叩头恭贺外，最多的倒是对大阿哥的赞扬。

"大阿哥，您真有远见、有胆识，敢思敢为，是我们的领头人！"好几位参领说。

"大阿哥，您比总司令还厉害，您调动了您所需要的所有大人物！嗨，跟着您干，有目标，有前程，爽！"乌尔图团长说。

"奇忠义先生不愧是成吉思汗的传人，干事认真，胸怀宽广，不达目标誓不罢休。这是一种上乘的品行。"施宗森专员参谋长说。

"少爷虽然年纪小，智勇双全看得高。少爷虽然年纪轻，斗上斗下办法新……"一个叫郭二牛的乞儿在王府内墙角唱着他即兴创作的"莲花落"。

父亲巴公是最了解、最理解奇忠义的。在众多此起彼伏的颂扬声中，他力克病魔带来的痛楚，振作精神对奇忠义说："郡王旗的新时代即将开始了，一切希望寄托在你的身上了。当然，以后政局的变数还难测定，国民党如此不争气，有可能会垮台的。将来哪家政党来统治我们蒙旗，不知道。但你要记住，要像太爷特王、祖父图王那样紧随时代潮流。我们蒙古族虽然有光辉的过去，但千万不要像德王那样，背叛民族、背叛祖宗。"

第十章

记名
札萨克

谁做郡旗候补王爷

财经委员

　　正可谓人逢喜事精神爽，在"八一五"日本无条件投降，八年抗战终于获得胜利的喜悦氛围里，奇忠义跟随祖父图王盟长在新街蒙政会上班，协助驻会常委荣祥处理堆积的一件件会务，热情主动，勤快干练，充满时代青年的朝气，博得这位老辣的"塞北文豪"赞不绝口。

　　"委员长亲王，令长孙奇忠义先生不愧是黄金家族旗王府调教出来的，有礼貌，懂分寸，思想与行动充满睿智，无处不释放大家风度。我十分喜欢他。我想在委员长返郡王旗期间，让他继续留在会内做公务，也为委员长您分担一些工作，可以吗？"

　　取得图王同意后，荣祥又说："我们蒙政会内几位同事，诸如胡凤山、任秉钧、奇华甫先生多次向我推荐奇忠义先生，安排一个职位，好让他有职有权，做事到位。目下初观会内编制已满，后来我们研究好

荣祥（右二坐者）暨夫人、子女在归绥

久，终于发现前委员长隐藏着25个空额，荒唐！委员长亲王，我们就启用一个吧，任奇忠义为财经委员如何？可不能小觑这个职位，它管得着绥境十八蒙旗财政大事呀！"

荣祥眼力好厉害。1949年，他在董其武"九一九"绥远和平起义的通电上签字。新中国成立后，他曾是呼和浩特市副市长。

盟长图王很感谢这位新任的蒙旗宣慰使，默认他在秘书长巴文峻到任前，自己不在新街期间，代理行使委员长职权。奇忠义在会，他十分放心。

财经委员一职经中央蒙藏委员会批准备案后，奇忠义行使职权，发挥能量，在荣祥指示下，清理财务、庶务两科账目，核查前委员长的辅助人员名额及其薪水，甚至要调整财务、庶务两科科长，重新分配辅助人员名额，做得雷厉风行。他还将前盟长沙王的辅助人员名额全部收回，重新分配给现任盟长12名，数目上大大减少，名为节省一笔开支，实际上大大消除前盟长的势力。

为照顾委员长祖父不可能经常驻会，奇忠义在新街设置了委员长、盟长联合办公室，任命主任一人，编制有四个工作人员；并架设专用电台一部，任命兼职台长一人。

在前清，盟治所在地都随着就任盟长的札萨克王爷所在旗而游动，没有相对固定的地点。民国开始后，因为沙王的政治影响和札萨克旗的政治地理位置，盟治、蒙政会驻地就落定在新街镇，三十多年来，他们的配置已十分稳定。图王没有魄力再去移动，但在他旗的土地上行使职权，颇多不便，也不习惯。奇忠义发现，伊盟保安长官这个公职，实际是虚的，一切都由国民党军方派来的参谋长操作。强龙与地头蛇斗，并不容易，这个道理奇忠义懂得。国民党派来的伊盟保安长官公署少将参谋长连钟山来迟了，奇忠义就顺势，动员他将公署迁驻到郡王旗旗治阿拉腾席连镇去。连钟山与图王是老相识，郡王旗在经济、人力上做保安长官公署的后盾，因此连钟山欣然同意了。伊盟保安长官公署到了郡王旗，军统特工蔡志伟插手就方便了，在奇忠义的撮合下，当上了该署的上校督察长，与施宗森平分秋色了。另一名小特工蔡志敏也晋升到少校参谋，让他编制密码，搞电讯工作。奇忠义因为是蒙政会的"财神爷"，而郡王旗又可尽"地主之谊"，所以伊盟保安长官公署办事比较顺手。

奇忠义还遵照上峰和图王指示，参与绥境蒙政会回迁绥蒙十八旗中心地区、黄河北岸的公庙子的筹备工作。如果返公庙子，则可彻底摆脱札旗的控制。

奇忠义借助连钟山参谋长的背景，向国民党军参谋本部申请增加预算经费。

初出蒙旗的奇忠义继续长袖善舞，叫那些长辈、同年眼花缭乱、惊叹不止。图王细细瞧着，会心微笑。老师阿迪亚关注他的一举一动，频频点头，认为那都是为他做记名札萨克奠基的。但有一双眼睛几乎要出血了，那就是他儿时伴读，长他两岁的四叔奇宝玺。

三角逐鹿

就在奇忠义志得意满活跃在盟旗内外舞台时，一个晴天霹雳把他击倒了。他的父亲巴图吉雅辅国公患肺痨不治去世了（1945年11月22日），享年仅37岁。父亲比奇忠义只大19岁，可说是实际同代人，不仅年纪相近，而且思想情操共鸣的地方也很多，办起事来，心心相印。在争取图王晋升三高职时，他俩心照不宣，儿子打前站，老子做后勤，互为同志，那简直就是一部鄂尔多斯"长调"呀。特别在大功告成的喜悦下，父亲给他的那番鼓励和预言，都是长久回响心壁的警示，如今，这一切都成了灵魂的绝唱！

正在新街蒙政会办公的图王得悉这一噩耗，立刻赶回阿镇，哽咽长叹："苍天啊！我图布升吉尔格勒一生没有做过什么违心的事，为什么夺去我爱子？苍天不公！"他痛悔以前对长子不通父子情感的严厉。虽然他有五子六女，但他一直认为，在蒙旗王爷家庭中的长房长子，自然是承袭王业的第一合法人选，所以从巴图吉雅幼时就对他刻意培养训练。巴图吉雅果然出落得一表人才，顺理成章办成了记名札萨克辅国公的合法手续，但遗憾的是他只活了37岁，就先老王爷而去了。

巴公逝世，郡王旗旗王府上下沉浸在一片无言的哀痛中。因为这位公爷聪明豁达，待人宽厚，是他首先吹来了民主之风，乃至造成与父亲图王难解的隔阂，大半生郁郁寡欢。

巴公一走，带走了"记名札萨克"，使郡王旗的王爷承袭传统一时出现了空白。虽然已是20世纪40年代了，但塞外蒙旗里，如果一旗之王老札萨克突然逝世，造成军政大权独裁于一人的空白，这个局面谁来收拾呢？所以设计了一个叫"记名札萨克"，权重相当于王储的闲职，并在中央政府备了案，是合法的候补王爷。有了记名札萨克，现任札萨克无论是去世还是因故被黜，旗内所有人都不能僭位，记名札萨克可以立即接任王位，因为他得到中央政府的承认。现在郡王旗问题严重了，这位合法的"候补王爷"到哪里去找？千万不要酿出准格尔旗的血雨腥风来。

对无比严峻的现实，图王心中有数，血雨腥风一时半会儿不会来，但在本旗原已成型的"三角"阵线，此际必然分野更显，一场或明或暗，或策划于密室大烟炕席，或争斗于议事厅堂的权力之争，已是无可避免了。所谓"三角"，就是以东协理奇兆禄为首的"青壮派"成一角；奇全禧做了西协理之后，力量束聚越来越大，奇兆禄一方的人也跑去了不少，终于形成了"少壮派"一角；图王、巴公，以及以阿迪亚为首的老一代仕官，自然汇成一股维护蒙旗王权的保守传统势力，则被称作"正宗派"或"传统派"，这是第三角。这"三角"平时尚平静，但一旦有了事，特别是发生攸关王权的大事时，则波澜迭起，漩涡加剧了。

当时奇忠义在旗内尚是个微不足道的小人物，但人们都知晓他的背景和潜力。自从巴公归天后，推选记名札萨克的大事被推上日程，他就立刻被卷进三角逐鹿的漩涡中心。因为他是保守派的中心人物，而对立面的主角呢？"青壮""少壮"联合起来，推出他们的主角——奇忠义的四叔奇宝玺。因为只有奇宝玺才有资格来和奇忠义争夺记名札萨克这个位子。

关乎郡王旗王业前途的记名札萨克，立谁？图王早就意属奇忠义，这在奇忠义幼儿教育时，就已刻意培养了，甚至让他的四子做这位长孙的伴读，主、配角不是分明吗？但现在提上日程的记名札萨克问题，并非没有争议，因为他还有三个儿子：

——三子阿拉坦鄂齐尔是札萨召十世乌兰活佛的转世灵童（现在已传至十二世乌兰活佛），后来成了青海塔尔寺的堪布大喇嘛。喇嘛自然与世俗无涉。

——四子额尔德尼鄂齐尔（庶出），即奇宝玺，长奇忠义2岁。

——五子额尔德尼逊伯尔，尚年少，未及法定年龄。

排列下来，老四奇宝玺在法定年龄里，从蒙旗俗律上看是完全有理由与他的大侄奇忠义角逐一番的。倒是在奇宝玺自己还未意识到这一点时，东协理奇兆禄首先去怂恿他了，要他向图王进谏。老实忠厚的奇宝玺向父亲图王提出了这一要求，而且被图王探出他这要求的背后策划人。但老谋深算的图王回答儿子十分含糊，模棱两可。

奇兆禄等不到什么消息，就跑去西大营找奇全禧。奇全禧嘻嘻一笑："世兄是什么风吹来的？"奇兆禄直截了当说："若是把奇宝玺扶上记名札萨克的宝座，到图亲王归天后，有好多事可由咱俩来定夺了，他可不是图亲王那种有头脑又悭吝的人哩！"

"乌日图、张春和贪污军费的事，兆禄世兄调查得如何了？"奇全禧有意避开背后非议图王的敏感话题，改提巴公在世时那个旧案。当时风闻奇忠义为图王晋级而四处活动送礼，怀疑他动用了军费，势必涉及他的亲信乌日图、张春和。前者是三团团副，后者是军需主任。事情是奇兆禄向巴公提出的。大度的巴公叫奇全禧去调查。调查结果，乌、张二人是干净的。奇全禧如实向巴公汇报了，也告诉了奇兆禄。但如今奇全禧却反客为主，诘问奇兆禄起来。奇兆禄不知就里，拍了下大腿，说："对，这是法宝！"策马走了。

奇全禧嘲笑奇兆禄浅薄、糊涂，但这究竟是信号，必得跟上去开始行动。于是他纠合他的保安二团团副奇凤鸣等一干人，密室策划，择机直接向图王面荐奇宝玺为记名札萨克。

青壮、少壮两角联合涌动，种种迹象都落入管旗章京阿迪亚眼中。他也积极行动起来，联合乌日图团副、年老的东梅林、参领哈拉金及老一代仕官等保守派，大家对记名札萨克人选都有明确的目标，就是奇忠义。认为他在活动图王晋升三高职时，已充分展现了他的见识、干练和人脉，必然会继承蒙旗传统，维护固有利益；再看图王一如既往对这位长孙的培养，记名札萨克之位，必定是奇忠义的。他们也在等待时机，向图王面荐。

"在下是一介武夫，口无遮拦，有一件事说出来，诸位长辈看看是否有用？"乌日图说。

阿迪亚要他讲。乌日图于是缓缓道来。东协理诬陷他贪污军费，西协理为他洗刷清白（这是巴公告诉他的），因此他对奇全禧印象不错。一天，他应邀到西营盘去喝酒。酒过三巡后，谈吐慷慨起来了。

"老乌呀，你本是团长，因为奇忠义为安慰他的四叔，安排了上校团长职位，把你降了半级。"

"为了照顾他们家庭利益，我只好甘受委屈了。反正四公子也不管事，我这个团副和团长一样。"

"不能这么说，你还是要当团长的！我说呀，我们把四公子扶上记名札萨克，他兼了保安司令，三团团长名额不是空出来了吗？你就可以顶上了。或者干脆叫他让你当保安副司令！"

"行吗？这是您说的。"

"行！"奇全禧说，"四公子是很听话的。他想做记名札萨克，没有我们支持根本不可能。我们全力帮助他，他当然会听我们的话，传达我们的旨意。告诉你，此人无主见。不过你要答应一个条件，不可在大阿哥争做记名札萨克事上推波助澜！千万千万！"

乌日图回到阿镇，次日酒醒，回味西营盘那番话，吓出了一身冷汗。

东协理也"礼贤下士"地把乌日图请去喝酒了，动员他出头面谏图王，提议奇宝玺做记名札萨克。奇兆禄信誓旦旦地说，成功之后，他会给乌日图大片土地，放牧也好，开垦也好，由乌日图自己决定。"你要军费，尽量向我开口好了，因为奇全禧会叫奇宝玺让我做保安副司令的，我就可以直接拨付了。"

"啊呀，原来这两位协理同床异梦，而且各怀鬼胎呀！"乌日图叙述到这里，听着的阿迪亚和密谈参与者异口同声惊叹道。

乌日图的揭发，使正宗派惊觉到事态严重化了，也坚定了他们维护传统、推出奇忠义的决心，是逐鹿郡王旗、一争明白的时候了。

但是主角之一的大阿哥本人呢？奇宝玺欲做记名札萨克的态度已摊上了桌面，而奇忠义的态度呢？汉族官家父母丧事有丁忧之俗仪，蒙旗贵族也有一百天的守孝期。奇忠义在这个期限内闭门不出，一面苦忆父亲十八年来对自己的耳提面命，每一句话，每一件事，都细细反刍几遍，泪流满面；一方面和二弟（大弟是转世活佛，已出家）、二妹苦苦厮守，给予他们长兄的温暖和教育。当然记名札萨克的事他也在想，也知道东西协理的叵测之心。但是由于父亲早逝，触发他感想滚滚红尘，人生如梦，荣华富贵到头来还不是空欢喜一场，南柯一梦！及至守丧期满，出了自家小院，迎面碰见阿迪亚，第一句话就使他大吃一惊。

"啊呀，大阿哥！您的德行与孝道真令我们钦服，可您知道吗？四公子在与您争夺记名札萨克大位呢！"

四叔奇宝玺给他的印象是老实、忠厚，谦谦君子，但并不是一块从政主持旗政的料子。劝说祖父图王、父亲巴公，安排他做旗保安司令后，他也不大管事，实际事务还是由乌日图操作的。所以奇忠义不大相信。

"大阿哥，这是真的。四公子被两协理利用了。他若成了记名札萨克，无疑做傀偏！那么我们旗岂不变成准格尔，要血流成河了！"

阿迪亚加重语气再说："老奴于心不甘！大阿哥，准格尔旗惨剧不能再演！记名札萨克必定你去拿，义不容辞！迫不及待了！"

准旗前车

近邻准格尔旗的纳森达赖—奇寿山—奇文英—奇子祥争权杀戮演绎到抗战胜利后的年代，已成尾声，恰巧是奇忠义代盟长祖父审核处理（巴公去世前夕）该旗札萨克人选问题。

无能的准旗札萨克奇治国病逝后，其遗孀郝玉洁自己无权决策，只好向伊盟申报奇福海、巴音毕利、奇宝庆三人为继承旗王位的候选人。奇忠义和荣祥、巴文峻（秘书长）等商议，认为：巴音毕利虽是已故王爷的堂弟，但没有从政经历，且年近五十，不能入围；至于奇宝庆，年纪太小，应付不了准旗的变幻风云；唯有奇福海年龄适合且有思想，高中毕业，符合时代潮流。于是就策定奇福海为准格尔旗的札萨克，但尚须与老福晋郝玉洁、护理札萨克奇文英在大伊金霍洛成陵面商。这时，奇文英统治准旗已近十年，他还想操纵未来年轻的札萨克王爷，所以极力怂恿此行。螳螂捕蝉，黄雀在后！奇文英心急，先行赴伊金霍洛，不料在暖水至伊金霍洛途中一处要隘，迎面遭遇他的政敌西协理、抗战时变节分子奇子祥的保安总队副官王庆保、武耀宗，王左手持枪，右手敬礼，奇文英猝不及防，来不及拔枪，就被武耀宗一枪击中，落马。顷刻，12支枪的火焰射向奇文英，他的身躯都被击烂了。准旗又一次血腥的虐杀震惊了伊盟内外。省政府主席傅作义也做出相应的措施，命他的骑四师、骑十二旅武力解决准格尔保安总队，逮捕奇子祥，监禁到归绥狱中。奇忠义促使盟长图王下决心，摒除一切与血案有关的人选，从速决定了学生出身的奇福海为准格尔旗札萨克。图王召开盟务会议，通过了这一决定，然后公开宣布，并电报中央政府蒙藏委员会批准、备案。

1945年岁末的一个吉祥日子，老福晋郝玉洁带着新任札萨克王爷奇福海来到新街绥境蒙政会驻地，向委员长、盟长图亲王行三跪九叩首的大礼，履行王位接任手续。图王受礼时说："奇福海是伊克昭盟准格尔旗的合法札萨克，已经国民政府批准、备案，从现在开始，准旗旗政由他主持，任何人不得侵犯。从现在开始，准格尔旗全旗官吏和民众都要尊敬奇福海王爷，绝对服从王权！"奇忠义也在场，望着奇福海身着清朝官服和官帽上的那颗红宝石顶子，心想："都是什么年代了，这一领顶戴能保证永远的王位吗？"

八年抗战后人心思安。伊盟对准旗的决策，当地舆论反响颇好，认为奇福海被选定札萨克是准格尔旗上层权力斗争的结束，是纳森达赖及其后续奇寿山、奇文英以来协理、护理札萨克为掌权而暴力杀戮的政治局面的结束，重新梳理了蒙旗王爷承袭的传统，更重要的是使官民得以生息修养，过上安定的日子。扭转这一局面的是伊盟领导集团英明决策所致。

内部人士认为，年纪轻轻的奇忠义刚出山就参与办了这么件好事，那么他将来统治郡王旗一定会很出色的。奇忠义也听到了这样的议论，所以他把郡王旗的记名札萨克这一官位，视作囊中之物了。

"革命尚未成功，同志仍须努力！"情急之中，阿迪亚把"总理遗嘱"中的两句吐了出来，给奇忠义增添紧迫感。

怀着紧迫感的何止奇忠义，图王也一样。他虽然早就意属孙儿奇忠义，但四子奇宝玺究竟也是他的骨肉，加上东、西协理及一批青壮、少壮仕官直谏，于情于理也难以拒绝，他曾一度动摇过。他想过，长子巴图吉雅确实很优秀，但他却并不珍视记名札萨克这个独一无二的大位，实际施行中，不时与自己对着干，损伤自己的尊严，当时真想废了他，可他现在永远走了，才想起他的闪光点。拿老四来对比，也许他会不折不扣听自己的话，但他本人不会有主见。札萨克，一旗的主子怎能这样懦弱？岂不重蹈准格尔旗的覆辙！宁愿要巴图吉雅的倔强出格，也不要额尔德尼鄂齐尔的软弱无能。这两者间的折中，孙儿伊尔德尼博禄特，则兼具他们两人的长处：依顺、善解人意；更有极其宝贵的独立主见和百折不挠精神。好吧，就让奇忠义坐上"记名"大位吧，让他在操持传统蒙旗王业中把握分寸，追随时代潮流吧。

图王主意落定，在等待一个时机。

1946年丙戌年正月是个欢欣的春节，人们把庆祝抗战胜利的情愫融合在过大年的各项活动中。图王想少留后患，少留口舌，将最后众议记名札萨克的人选，放入开印仪式中。他把开印提前到上灯的正月十三日。隆重而烦琐的仪式一项一项过去了，在管旗章京分配羊背子的时候，端坐在大厅正中的图王威严地干咳一声，做了个果断的手势，品尝美味的声音暂停，他开口了："今天，千门万户曈曈日，总把新桃换旧符。"他诵了一段汉诗，说："我借宋朝——

郡王旗王府内院

旗王府精美砖雕

这个被我们世祖消灭掉的腐朽朝廷，但它的文化是顶级的——一位大诗人的'爆竹'诗开场，无非想告诉大家，旧符总要被新桃取代，我旗自先祖济农额璘臣承袭到我手里，已经传了12代15任札萨克的香火了，可谓春华秋实年复年。一任一任记名札萨克都是好样的！我当然也要一个好样的'记名'，所以借今天开印这个黄道吉日，请各位仕官议一议，巴公去世之后，哪位台吉能担当这个重要的官位？"

图王很巧妙地支开了四子奇宝玺和他的长孙奇忠义。

管旗章京阿迪亚首先提名："亲王您的长孙、故巴公的长子奇忠义。他刚刚守满丧期，出门不久，一位令人钦服的孝子。"王府仕官、保安三团军官及一大批属保守派的人群附议。

奇兆禄一看阵势大变，自己落后了，立刻趋前提出："奇宝玺四公子也是亲王您的哲嗣呀。"奇全禧也乱了阵脚，破例公开亮出支持奇宝玺的态度。旗王府外东、西两大营的青壮官佐都来附议。

"大阿哥恪守中华民族道德传统，依照蒙古族规定，为先巴公守丧一百天，其间不问一切世俗！道德高尚，人品高洁，这样的好青年到哪里去找？"阿迪亚抢着说。

"大阿哥露面才没几天，奴才路遇，问他记名札萨克的事，他说丝毫不知晓，只说祖父亲王有权决定一切。"

"四公子也是亲王您的骨肉，金枝玉叶，继承王爷大位是理所当然的。"

众说纷纭，莫衷一是，此际一个声音突起。

"亲王请允许奴才启禀！"乌日图挤到图王跟前，下跪叩头："这件事憋在奴才心中好久，可怕呀！"

图王颔首示意："讲。"

乌日图揭发了东协理奇兆禄诬陷自己挪用军费供大阿哥奇忠义活动，事后又胁迫拉拢自己反对奇忠义，支持奇宝玺做记名札萨克，云云。

阿迪亚的传统派已知悉一切，严阵以待，随时援助乌日图。青壮、少壮两派立刻骚动起来，不信乌日图，说是"恶犬告状"。奇兆禄自知理亏，趁人不注意时悄悄溜走了。

"亲王，巴公已经调查清楚，所谓挪用军费一事，子虚乌有。"乌日图再说。

"乌团长讲得轻松！"奇全禧立刻反击，"巴公已经归天，所谓证据，死无对证！"

乌日图心想明明是你去调查还我清白的，而今推在已死的巴公身上，岂有此理！被逼得无路可退的乌日图怒不可遏，当众举报了两个协理请客吃酒，拉拢自己推荐奇宝玺，许下宏愿的那件暗事，并把其中的两组关键词"此人无主见""动用你的团"也告发出来了。阿迪亚一听，不禁"哎哟"一声，毛骨悚然起来，心想这种暗室勾当的密语只能在密室揭发时出口，在大庭广众之下，叫图王的面子往哪里搁？果然，图王颜面由苍白转变成赭紫，只是缄口不言。阿迪亚见机，催促奇全禧赶紧撤走，自己主持开印仪式最后一项节目，将羊背子按尊卑规矩，分发给与会者，唱了一段颂歌，开印仪式就匆匆结束了。

城府深广的图王懊悔不已，不该在开印大会上提出举荐记名札萨克这样敏感又要害的大事。他早就知悉旗内三角两派的倾向，以及他们的暗斗，这兴许会蜕变成准格尔旗式的惨剧，那是灭门灭族的惨案，绝不允许在郡王旗复制，那还不如予公开现形，彼此亮相，让大家争论自己家"两个奇"的长短优劣，自然淘汰，再加上本王的权威调解，消除隔阂，和平谅解。没料到半途杀出个乌日图，差点让两个协理翻船了。残局如何收拾呢？倔强固执的图王从现在起绝不允许他人再来指手画脚，只能自我消化。他立即采取了四条措施：

——以公务支开奇全禧，让时间消弭他狡恶的形象；

——抚慰乌日图，将他擢升为团长，稳定人心，再不追究"军费"问题；

——向奇宝玺、奇忠义摊牌，细察他们的态度和决心；

——由他本人表态，并上报中央政府，决定奇忠义为记名札萨克辅国公，决定奇宝玺为旗保安司令镇国公，形成法律效力。

其实，后二条是留学生出身的西梅林奇林宝单独晋见时给图王出的主意。这是一个折中的办法，既突出了奇忠义，如了图王的愿，又照顾东、西协理的面子，熨平奇宝玺的失落心理。但从根本上来说，青壮、少壮两角逐鹿败北了。奇林宝曾做盟长沙王的随从秘书赴重庆，后来回到故乡郡王旗从政，在和平解放郡旗中发挥了作用。

奇全禧的力量是不能忽视的，虽然他自作聪明，反诬奇兆禄、乌日图而原形毕露，弄来了大伤颜面的结果，但图王不能让他走向极端，于是想一个办法，稳住他。恰巧来了个机会，军事委员会拍来电报，指令伊克昭盟盟长图王去接收该盟中两旗蒙奸的财产与武装。抗日战争期间，杭锦旗原札萨克阿王，跑到包头去做了伪伊盟"盟长"，是不折不扣的蒙奸。准格尔旗原协理奇子祥，投降日本后，倚靠日伪，收罗人马，组建了一支伪军"保安部队"，有三百多人，"八一五"日本投降后还撒野，枪杀赴公途中的奇文英，震惊鄂尔多斯草原。这支强悍的伪军必须缴械、收编。人尽皆知，接收是项肥缺，但要执行杭锦旗、准格尔旗此两家，可不容易。图王深知奇全禧的能耐，便派他去做接收大员，罚奖两字都在言中了。

奇全禧带了他的二团人马，衔盟长图王之命，浩浩荡荡去接收敌伪资产。这里，在阿镇，图王挑了个日子，在二进院议事厅里分别接见了奇宝玺、奇忠义。

图王开门见山地问奇宝玺："王旗大业应该由谁来继承？"并让对方不必拘于礼节。

奇宝玺回答很直接："父亲，我是您的老四，我是叫您爸爸的，是您最亲的人，既然大哥西去了，三哥是活佛，出家了，那么就应该我做记名札萨克。郡王旗可是我们家的王业，父亲亲王呀！"

事到今天，图王再听这种话，已十分反感，这岂是儿童玩家家？

"假如我反对，不同意呢？"图王故意反问，静观老四的反应。

奇宝玺根本没想到这一招，瞠目结舌，一时找不出话来。

"假如我们国家，我们蒙盟、蒙旗遭到了大灾难，这时你已是札萨克了，你应该怎么去应对？"

奇宝玺思索了好一阵，说出了图王最忌讳，也是最不愿听的话："父亲您在天之灵会保佑我们的！"

图王正要挥手让他出去时，奇宝玺又补充了一句："东协理、西协理也会来辅助我的。"

果然！乌日图当日在开印仪式所言不虚。图王此时犹如冷水浇背，自己若是走错了这一步，准格尔旗式的血雨腥风不是不可能在郡王旗复演的。他选择奇忠义的决心因此更加坚定了。

就职大典

所以，图王在自己卧室套间外间接见奇忠义时坦诚地开门见山了："孙儿，关于由谁承袭记名札萨克的事，旗里已经争论纷纭。阿迪亚他们提了你的名。你以为如何？"

"祖父，孙儿刚守满丧期，一切都没来得及思考。孙儿在那一百天里，闭门思过，跟随祖父学做人、学做事，知道自己做错了不少，但总的来讲还是符合祖父期望的。祖父期望我能更快地成熟起来，孙儿在向这个方向努力着哩！而且这也是父亲生前对我的期望。"奇忠义有意避而不答，却处处顺了图王的心意。

"关于记名札萨克的事，我至今还在考虑中，你就大胆说吧。我想听听你的要求。"

"这是水到渠成的事。"奇忠义还在有意地绕圈子，"这是我们郡王旗的大事。决定这一大事，只有札萨克亲王，祖父您才有权力。孙儿实在不愿看到这派那派来议论，隐伏着动荡不安的因素。"奇忠义讲到这里，立即将话锋一转，溜起图王胡须来："爷爷亲王日前支派西协理去接收日伪敌产，实在是英明之举，用意深长！"

图王听了，很高兴，因而接上说："要把蒙奸阿王和杭锦旗好人色登道尔吉区分开来，要把阿王的私产和杭锦旗的公产区分开来，要收编奇子祥的伪保安大队，制服那几个兵痞、歹徒等等，并不是件容易的事。我旗保安司令老四根本没有这个本事，奇兆禄也不行，而你还不够这份资历。"

"是的，祖父说得是，接收官员要求颇高，第一是资历，第二是才干，第三是靠山。"奇忠义顺着图王的思路接上去说。

"所以我才派奇全禧去。但要用此人，必须有理有节地驾驭。这点，你头脑要清醒。"

"是的。他很能干，在外面路数不少。活动祖父您三高职晋升时，孙儿也动用了他的力量，还许了个爵位的虚衔哩。"

"这个我有数。"

"做标准的札萨克，"谈治旗、用人，图王兴致渐浓，"要知晓手下仕官的才能与德性，扬长避短；要驾驭他，使用他，顺着我的轨道跑，像一匹蒙了眼的烈马。啊哈，因为我是札萨克！"

原来是探探奇忠义底的简单问询，如今竟变成祖孙俩"执政技巧"的长谈了。图王终于醒悟了——好一个乖巧厉害的孩子，竟捉弄起我来了，于是他大喝一声："奇忠义，你到底想不想做记名札萨克？"

闻声，奇忠义扑地跪倒在图王膝下，叩了个头，说："决定谁当记名札萨克，只有阿吾您，札萨克亲王才有这个权力。孙儿想永远追随您膝下办事。但是从黄金家族我们这一支脉的利益出发，郡王旗的记名札萨克应当由孙儿继承！叩请阿吾亲王同意。"

图王起身，满面笑容扶起了奇忠义，表示他已经接受了奇忠义的请求。

登时，奇忠义感到这间豪华的卧室，无处不洋溢着温暖的气息。

郡旗王府二进院议事厅席案

从十三上灯节到落灯节，只有5天时间，人们在狂欢中送去了抗战胜利后第一个春节的美好时光之后，才发现草原祥云下的郡王旗，已经完成了一届王业（筹备）的更替。1946年的农历正月十八日，图王召集五大经肯（西协理因公差而缺席）以及部分参领、保安团本兼客串校官，举行高级旗务会议。会上，图王郑重宣布："经过长期考察和周密思虑，本王现在决定，由长孙伊尔德尼博禄特承袭鄂尔多斯左翼中旗的记名札萨克并授辅国公爵衔，即日电报中央政府蒙藏委员会备案。

"同时，本王任命四子额尔德尼鄂齐尔为鄂尔多斯左翼中旗保安司令部少将司令，并授镇国公爵衔。

"本王任命东协理奇兆禄为旗保安司令部上校副司令。本王授西协理奇全禧镇国公爵衔。

"本王还要说，本旗一直以和平、安详、团结一致对付日伪而闻名于鄂尔多斯草原，乃至西蒙十八旗。现在八年抗战终于胜利，苦尽甘来，要团结一致建设中华民国。今天本王这个决定就是本着这一目标，按照我蒙旗传统律例，行使职权而做出的，希望你们和全体旗民遵守、执行。本王暨记名札萨克寄希望于全体仕官、军官、台吉、公众，能够同心同德，精诚团结，把鄂尔多斯左翼中旗建设好。"

图王同时宣布，正月十九日，就在这座议事大厅为奇忠义举行记名札萨克就职仪式大典。

时间到了。大厅正中壁上，挂了张成吉思汗画像。这画像是大伊金霍洛八白宫成陵灵寝双重帐内那张画像的复制，成陵虽然远迁甘肃兴隆山了，但伊金霍洛仍是各蒙旗及内蒙古草原上贵族、民众的圣地，他们盼望圣祖早日返乡。圣祖画像下面，是一张封印、

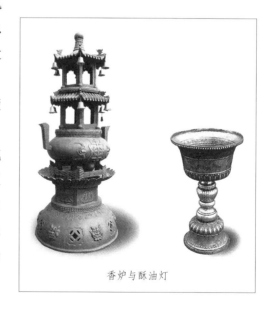

香炉与酥油灯

开印仪式时专用的紫檀木大八仙桌。八仙桌正中，供奉着郡王旗那颗五十两重的札萨克银印。大印下方，放着蒙藏委员会发来批准奇忠义任鄂尔多斯左翼中旗记名札萨克的复电电报稿。再下方有一个神秘的杏黄色锦缎包裹，端端正正放着，谁也不能去启动它。八仙桌两侧，八盏酥油灯已点亮，火焰闪烁；正中一只精致的铜质香炉香烟袅袅，增加了神

秘肃穆气氛。被邀请参加大典的客人络绎不绝登门而来，仪式主持人管旗章京阿迪亚笑容可掬引领他们到适当的位子坐下。乌日图是来客中最显眼的一位，因为他勇敢举报，当场击溃了"两角"，使奇忠义顺利当选，而他本人复职保安三团团长。他和众多来客都在等待吉辰，翘望大厅，轻声议论委员长、盟长、札萨克图亲王和记名札萨克将在何时以何貌出现。

穿前清朝服的蒙旗札萨克王爷
（老照片）

图王露脸了，身着前清官服，戴着几十年一成不变的王爷顶戴，在两位白通达和几名仆从的簇拥下，稳重地踱出来了。来到大厅，他点燃三柱捧香，合十作揖，插入香炉；然后在圣祖成吉思汗像前跪下叩头。之后，他向身边白通达耳语几句，再向阿迪亚招招手——此二人随即离开大厅，走回廊，穿过二进院子，来到奇忠义的卧室。

"大阿哥有请，亲王已在大厅等候了。"白通达还向奇忠义详尽地关照了大典的有关礼仪。

今天，奇忠义身穿深蓝色贡呢棉长袍，外套黑团花缎马褂，腰扎一条杏黄色缎带，足蹬牛皮硬底大靴，纯然一派壮年蒙古汉子的打扮，在管旗章京和白通达的带领下，来到前院大厅。大厅正中，图王已端坐在铺着龙凤绣图锦缎垫的太师椅里。奇忠义走到图王跟前，跪下叩头。他眼泪汪汪，往日，此时他还要向慈父叩头，接受祝福。图王知晓孙儿心境，就一反常态，微笑轻声说："孙儿，今天是你的好日子，阿吾祝福你！"说着，拿起一只桌上已备好盛了鲜奶的银碗，给已伸出双臂的奇忠义斟满手心。奇忠义将捧在手心中的鲜奶一口喝了下去，然后起立。

"更服！"

在图王口令下，两位白通达在八仙桌前三跪九叩首，捧起那个杏黄锦缎包裹，小心翼翼打开，取出一领现做的记名札萨克朝服，帮奇忠义穿上身。图王将红宝石蓝花翎顶戴给奇忠义戴上，并左右端详，认真鉴赏了一阵。

仪礼：交换鼻烟壶

从现在开始，奇忠义是郡王旗的记名札萨克了。他虔诚地向委员长、盟长、盟保安中将司令、札萨克图亲王行十分规范的三跪九叩首大礼。礼毕，奇忠义向图王敬鲜奶、献哈达，然后祖孙俩互换鼻烟壶。这些礼节完成后，奇忠义又向祖父叩了一个头，往后退三步，然后趋前，挺直腰背站立在祖父身边。

"快请记名札萨克坐呀！"

图王吩咐之后，一名白通达即来向奇忠义叩头，弯着腰请奇忠义就坐在图王侧畔一张团龙坐垫的椅子里。奇忠义落座后，白通达端着盛满鲜奶的银碗，向这位记名札萨克献奶，叩头。接着，在场的仕官、军官依次向未来的主子奇忠义献哈达，互换鼻烟壶，气氛极为热烈。奇忠义与阿迪亚互换鼻烟壶时，彼此意味深长地交换一个眼神，满绽笑颜。

应邀前来观礼的施宗森、蔡志伟两位上校，同奇忠义热烈握手，称赞图王"不愧政治老手，化险为夷，和平解决"，祝奇公爷"官运亨通"。

记名大典仪式结束，人们终于在如此古老的繁文缛节之后松了口气，引颈等待下午王府举办的庆祝宴会。

太阳刚开始西斜时，王府一进大厅及院子里高悬几盏"滋滋"喘息的"汽油灯"（烧煤油，打足气）照得内外通明，满桌琼浆佳肴似乎溢出了油香。宴会开始时，两位手擎银瓶的白通达，身后各带一名托着酒瓮的差役，巡行于每桌宾客前，客气斟酒。斟毕，盟长的白通达跪在图王面前，王府的白通达跪在奇忠义面前，同时做了一个手势，一名杭锦（专职司诵者）以高亢、雄浑的嗓音诵起了赞词：

幸福长安/万事如意/成吉思汗的子孙/向你敬献肥美油脂/向你敬酒甘美奶酒/幸运之神永顾/福运天长地久/吉祥福寿常在！

赞词声中，两位白通达分别将酒敬献给图王与奇忠义。奇忠义比图王慢一拍，用右手拇指与无名指蘸酒，敬天、敬地、敬左右祖宗。图王祝酒说："今天是个吉祥的日子，我的长孙奇忠义正式登记为记名札萨克了，这是我旗的头等大事。现在我请各位同仁，为吉祥如意，为万事兴旺，把你杯中的美酒一饮而尽！"

宾客干完杯中物后，白通达带着差役又来敬酒。这回是奇忠义敬酒："尊敬的委员长、盟长、中将保安长官、札萨克亲王，尊敬的各位长辈，尊敬的各位仕官、军官同仁，尊敬的各位世兄世弟，尊敬的各位来宾，忠义不才，荣任记名札萨克，唯有将本旗王业完好继承，顺应时代潮流，维护人民幸福，才不负各位的错爱！请，干杯！"

两道祝词、干杯后，羊背子上席，乐声响起，宾客挥动双臂，张开大口，边嚼边唱着《金杯歌》——

金杯里美酒呀清香漫溢（领唱）

赛鲁日拜咚赛（合唱）

献给尊敬的札萨克亲王呦纵情地欢聚吧（领唱）

赛鲁日拜咚赛（合唱）

嫩肥的羊背子呀摆上宴席（领唱）

赛鲁日拜咚赛（合唱）

献给尊敬的记名札萨克呦纵情地欢聚吧（领唱）

赛鲁日拜咚赛（合唱）

四弦弦的胡琴呀快快拉起来（领唱）

赛鲁日拜咚赛（合唱）

献给尊敬的四方来客纵情地欢聚吧（领唱）

赛鲁日拜咚赛（合唱）

叮咚咚的古筝呀快快弹起来（领唱）

赛鲁日拜咚赛（合唱）

献给亲爱的兄弟呦纵情地欢聚吧（领唱）

赛鲁日拜咚赛（合唱）

平日数米而餐的图王看大家狂饮狂嚼狂欢不顺眼，坐了会儿，就回内院自己的卧房去了。奇忠义一直殷勤劝酒，陪着大家畅饮。相对温文尔雅的笔帖式们今夜也放纵了，唱起"花腰的鸭子，哎哎嗨勒嗨，落在呀淖畔，一呀么一对对"的《淖畔》情歌，奇忠义听着，技痒难熬，不禁接着领唱。奇忠义唱"回家的路上"，大家合唱"一呀么一对对"。他瞥见四叔奇宝玺也吃得很快活，跟客人们一起唱《黑缎子坎肩》民歌。

曲终人散，满地狼藉，已是中夜冷月时辰了。看佣人们忙着收拾，奇忠义用大硬底皮靴踩踩院子里的青砖，心中响亮地说："啊，啊，我终于成为郡王旗的合法记名札萨克了！"

天作之合

鄂尔多斯婚礼多绮丽

择婚

"啊，我是郡王旗的记名札萨克啦……"微醉的奇忠义迈着"沙拉木林布克"（摔跤）的鹰舞步，轻声自语，返回自己的卧室，正想坐下来，唤仆役送杯茶，回味整个庆典情景的时候，盟长的白通达来了。

"小王爷，稍微休息下，老王爷有吩咐，要您去他的卧房一趟哩。"

这么晚了，肯定有要紧事。奇忠义不敢怠慢，调整心态，快步走去图王卧室套间的里间卧房。图王已吸完烟，很有精神地坐着等候。

"爷爷，您已念过经，可以就寝安眠啦。"

"我已经平心静气地向佛报告了，但佛启示我有一件事尚未办了，所以我又起床，把你叫来。孙儿呀，你看阿吾昨天办的事怎样？"

奇忠义知道，图王又要来考自己了，思路飞速回转到十八、十九两天发生的事件始末，以及容易忽略的细枝末节，他心中有底了。

"阿吾给了我未来札萨克的大权。"

"是呀。"

"只给我札萨克的权。"

"是呀，你还想什么呢？"

"我在想父亲做记名札萨克时的那份军权。否则什么叫军政大权集于一身的札萨克王爷？是不是佛给了阿吾启示，阿吾要付给孙儿——要不然阿吾何以深夜急唤孙儿来？"

"好个乖巧的孩子！"

图王直截了当说："如今的布局是权宜之计，要看时势变化再做调整，因为你究竟是记名札萨克，我还健在，有我这座靠山，你就放心好了。况且兵权是双刃刀，使用不好会伤害到自己的。但是为了保障你的安全，也为了你若有事好有人使唤，我决定为你组建一个特务营，既不归一团、二团，也不归三团或者保安司令部，而是直接隶属旗王府，我的名下，由你直接指挥。任务就是保卫旗王府的安全。

"营长是我的人，跟随我已经十多年了，拉格巴中校。至于下面的连长、排长及子弟兵，你自己去经营，我不过问了。"

1947年，奇忠义的特务营组建成功，比准军事组织的保安团更上了一个层次，他向傅作义将军要来的崭新的轻重武器，都拨给了自己的特务营。

1947年这一年里，奇忠义官运亨通，做了绥远省参议员，参加在归绥举行的省参议会会议，因为他与土默特旗参议员联名提出重视蒙古族群众利益的提案遭到冷遇，退出会场抗议，反倒提高了知名度，又多加了一项职位：省政府蒙古族福利工作委员会委员。过后，他又被安排为民国第一届"国民代表大会"代表候选人。

就在奇忠义活跃政坛，又欲长袖善舞的时候，祖父图王唤住了他："你今年几岁啦？你父亲17岁就结婚，18岁生了你。这个年纪在我们蒙古族男子中已经算是很大了。因为我们是台吉，王业为重，把立业放在前面，成家放在后面，自然结婚后拖了。但是你20岁啦！此事我不管又有谁来做主？"

按旧俗，鄂尔多斯男子多在十二三岁娶亲，女子十四五岁出嫁。严格实施一夫一妻制，即使王公贵族也这样。本族同宗不得通婚。

图王提醒奇忠义自己的切身事后，就责成他去将董嘉活佛请来占卜掣签。董嘉活佛是图王的密友，坐锡郡王旗的新庙镇道亥召。这是鄂尔多斯草原一家规模颇大、名声很响的藏传佛教召庙，建于清康熙年间。藏传佛教对于鄂尔多斯蒙古族群众来说，已渗入灵魂，佛的"旨意"已成为他们的行为准则。那个时代，蒙旗每户人家里有两个儿子的，其中必定有一人出家当喇嘛，所以鄂尔多斯喇嘛人数占当地蒙古族男子总数一半左右。蒙旗王公尤其信奉藏传佛教。图王笃信密宗教义中的"须弥山"轮回界说，生活中对佛的旨意唯命是从，已到了沉湎的境界，认为郡王旗王业发达、旗民平安，都是佛的赐予与保佑的结果。旗里、家里凡举大事，都要请活佛来祈祷做主。当时鄂尔多斯只有17位活佛和79位"呼毕勒罕"（已摆脱轮回之苦，可以随时直接转世的活佛）。董嘉活佛深明教义，能测真言，"神通广大"，大概属"班第达"（三级）活佛。他对图王的精神生活及其婚丧喜庆的安排至关重要。长孙的婚事无疑是件头等大事，这位未来的孙媳妇如何选择，必须请董嘉活佛来旗王府掣签决定。但此时活佛不在道亥召，而到察哈尔去了。奇忠义在去归绥参加省参议会会议前夕，派人去察省寻找，在故元上都多伦诺尔的一家召庙

十一世乌兰葛根活佛

活佛在祈祷

道亥召，郡王旗最大的藏汉合璧庙宇，有350多年历史

里发现了他，用重金把董嘉活佛请了回来。外面世界兵荒马乱，活佛能风尘仆仆来到郡王旗，凭的是他和图亲王天长地久的友谊。

　　草原5月的一天，阳光灿烂，图王十分开心地会见了他的老友董嘉活佛。两人弯下腰，伸出双手，各自的八根手指的指尖相互触抵一阵之后，图王献哈达，将一只五十两（十六两一斤制）重的银元宝顺势送了过去。然后他们俩并肩走到早已准备停当的蒙古包——这座蒙古包是专门供董嘉活佛使用的——门口，图王对活佛提出要求，请他往佛那里走一遭，卜问他的长孙奇忠义的媳妇在何方，是何人。因为奇忠义是未来的札萨克，一旗之王，婚姻大事应由佛来确定，不得丝毫怠慢的。董嘉活佛点头允诺，即从行囊中取出一个银质的"本巴瓶"（神签筒），置于案上，虔诚地用五色锦缎覆盖起来。

　　翌日，董嘉活佛由他的侍从喇嘛陪伴，在这座毡帐里念了三天《乌力吉呼图克奈曼根经》。整整三昼夜没有出来，别人也绝不能去打搅他。第四天，他出来了，目光闪过一丝狡黠，对图王说："令长孙奇忠义的配偶，应在冬至的日出方向，距贵王府七十里至一百里之内方圆。这家住舍坐东朝西。这户人家有一条花狗。姑娘芳龄当在十七、十八岁。"

　　图王即派出旗衙门的承启官、笔帖式、宝什浩（司法警）等一行人，按上述方向、里程，地毯式地把那里的荒漠沟壑搜索了一遍，将所有十七八岁姑娘们的姓名、住址、家庭情况制成表格，带回王府，再由图王转交给董嘉活佛。

　　董嘉活佛一览"表格"嘴唇轻轻蠕动，若有所思，一顿首，重返蒙古包，又闭门诵经三天。在第三天时，他从神秘的"本巴瓶"中抽出一张金线纸，亲笔在上面写了"伊尔德尼博禄特的天生配偶是林哈娃"一行字，招呼图王进毡帐。图王按例，行三跪九叩首大礼，活佛赶紧起身，扶起。董嘉活佛给图王诵了一通吉祥经，还摸了他的头顶。

　　"我的大活佛，我的班第达，有喜讯了？"

　　"都在这上面了。"董嘉活佛回答，并献了一条丈余的天蓝色哈达，哈达上放了花六天诵经和佛对话的成果——确定奇忠义配偶的一张金线纸。

"这是佛的主旨。他们会和谐一世、白头到老的，会给王府消却烦恼，带来祥云的。佛又说，那姑娘属羊，左脸蛋上有块密都格（花名）芯那么大的紫红胎痣。就按这个标志去找吧。佛指示，要在今年内把她娶来。"

图王查那块台地的参领是色林拉什，于是他把这位参领（区级行政官）找来，命他率领承启官巴音生、笔帖式、宝什浩等第二次去寻找有紫色胎痣的大姑娘林哈娃。色林拉什在自己的参领区里又拉了一户牧民一起寻找。很快，在阿利玛沟找到了活佛所指示的这户人家。一座坐东朝西的窑洞，外面人声响起，一条大花狗应声蹿出，汪汪大吠，接着一位穿着破旧的老妇人迎出门来。蒙古族人好客，只要陌生人来，不问是谁，都会开门迎客，供给食宿。老妇人认识牧人。牧人介绍来客是区长和旗王府的长官。老妇人赶紧拉着女儿跪拜，但是家里一贫如洗，竟拿不出什么来招待贵客。果然，眼前是一位年轻又俊俏的大姑娘，但因为窑洞光线太暗，色林拉什无法辨认姑娘脸上有否胎痣。就说："我们想把马儿放遛到草滩，请姑娘到外面去守一下花狗好吗？"到了窑洞外，色区长支开其他三人去遛马，自己留下，与姑娘交谈。荒漠旷野，蓝天白云，满地阳光。果然，这位姑娘左颊偏颈的地方有块小小的紫斑，反衬白玉般的脸庞更加鲜嫩，流星般的明眸更加活泼了。三人遛马回来，色区长又同老妇人交谈了一会儿，把这户人家的底细全部捞到手——

林哈娃，18岁，家贫穷，姓千，原住准格尔旗，在3岁时迁来我旗王府东南十八里的布尔台梁阿利玛沟住。其父是木匠，已故。其母能做接生婆，还有一弟。家中母女子三人相依为命。

其母苏布德之表侄为本旗东协理奇兆禄台吉。

图王看了这份材料，愣住了。草原宽广，但此地如此路狭！原来嘛，奇兆禄的父亲额尔德尼格勒台吉视王业为己业，为旗政立下过大功，两家交往甚善，可谓世交。奇兆禄没有继承父亲的奋斗精神，却与奇全禧结盟，反过来与奇忠义争权，形成掎角之势，于是老死不相往来。如今求亲竟逢冤家路窄！这门亲事还是中止了吧。一向自信的图王因此犹豫了起来。

他只好再去请教尚留在蒙古包里的董嘉活佛。难道他算错了？

翌日清晨，图王依例在佛祖前烧香叩头后，向活佛汇报两次调查走访的结果，并将"奇兆禄"难题摆了出来。

"我的大活佛，我的班第达，您是智慧的化身，您明察前世今生，您看这桩婚姻能否进行下去？"

董嘉活佛端坐不动，默诵良久，启齿道："这就是佛的旨意。这就是姻缘。林哈娃就是您的长孙媳。"

图王终于悟了——化干戈为玉帛嘛！政治加喜事，岂不美哉？天赐良缘！平时纠缠难事，如今迎刃而解了。况且女方家族不与本家族同族同宗。于是作为盟长、旗札萨克的图王竟亲自操劳起订婚、迎婚、婚宴的全过程来。

订婚

图王命他的参领色林拉什为媒人，去阿利玛沟说亲。说亲很直接，免却了传统的新郎跪在地上数个小时"求名问庚"，受女方四位大嫂拷问磨难的世俗流程，而且也不要奇忠义自己出场。因为这是贫穷的平民家姑娘跃上龙门，嫁入王府做福晋，哪有不允之理？但是在聘礼上，女家却来了厉害的一手，倒是图王始料未及的。鄂尔多斯婚礼中都以"九"为起点，象征吉利。兴许是奇兆禄在背后出了鬼主意，林哈娃的娘提出九乘九的归数，"九九八十一"，以示女儿彻底归你王爷家了，都要一个"归数"——她要求"九九八十一"头花牛，"九九八十一"匹白马，"九九八十一"只绵羊，"九九八十一"峰白驼，"九九八十一"匹锦缎丝绸，"九百九十"块银圆……

图王得悉，目瞪口呆，精明的脑子飞速运转起来，回应："给你们图个双吉利吧，二九十八头花牛，二九十八匹白马……银圆给一千块！"

如此，色林拉什这位参领往返于阿镇旗王府与布尔台梁东协理府数次，热络了关系，消除了不少偏见，最后还是区长折中说合，定下聘礼"四九"这一个逢双的福数。真亏图王难得慷慨地承揽了女家在婚礼中所有的花费，因为孙媳妇从此是自己家里人了。

7月下旬的一个吉祥日子，订婚仪式在郡王旗王府举行。奇兆禄终于以家长身份露面了，向图王恭敬跪拜，同阿迪亚真诚互换鼻烟壶，以记名札萨克郎舅身份欣赏琳琅满目的聘礼，赞不绝口。男家订婚礼品中最炫目的是一顶新娘首饰。头戴系纯银制成，碧绿的翡翠镶边，缀以绯红的珊瑚、深黄的玛瑙，间隔几只精致的小银铃。新娘若是戴上这顶头戴，款步移来，五光十色，银铃叮当，不啻仙子下凡啦。这顶头戴是图

蒙旗妇女盛装（老照片）

蒙古族女子文艺表演，献哈达

王昐咐专门置办的，制作得超级豪华、富丽，一反他往昔节俭乃至悭吝习气。

订婚时奇忠义并不在郡王旗。他在省城归绥，参加了省参议会会议后，又冒着内战的炮火跑到张家口，晋见张垣绥靖主任傅作义将军（仍兼绥远省政府主席）。他即将成为新郎的时候，又多了一重政治身份：加入国民党。他一直认为鄂尔多斯天地太小，绥境蒙地才是长袖善舞的大舞台。他并不关心自己的婚姻大事，因为祖父包办了一切，而他的记名札萨克的地位，迫使他全盘接受。郡王旗的环境，使他无法看到南面边区的民主曙光，乃至中华全国的局势。图王全力以赴，慷慨操办长孙的婚事，不仅糅合了两代长辈的关爱，而且期盼这是一场政治婚姻，能消融旗内三角中的一角，使郡王旗上空多一些祥云。

旗王府已把结婚诸事准备停当，只欠"东风"了。"东风"就是新郎奇忠义。1947年年底，奇忠义终于从省城回到阿镇。按董嘉活佛本巴瓶掣签预言，农历丁亥年十一月十八日应是奇忠义与林哈娃的缔结终身伴侣的大喜日子。

迎婚

农历年关本是够热闹的，郡王旗因为要为小王爷迎婚，更是忙得不可开交。按鄂尔多斯传统习俗，理应由新郎穿得十分体面，率迎亲队伍，去女方家迎接新娘，然后吃"闭门羹"，再接受各种各样刁钻古怪的问题的考验。但新郎是驰名草原的记名札萨克小王爷，是不能与平民一样亲自去迎婚的（就是婚后，也不能陪妻子"回门"）。于是便由王府的白通达（好在这位白通达也是长得年轻英俊）做替身，率口齿伶俐的杭锦、侍女等一行人，在媒人色参领的陪同下，冒着茫茫夜色、刮骨严寒，驰马布尔台梁荒漠，直抵阿利玛沟林哈娃家。

我们牵着金鞍宝马/驮着整匹的京城绸缎/带着整箱的江南名茶/还有珍珠玛瑙和翡翠碧簪/从那遥远的地方/来到亲人身边/是整箱整匹收下/还是铺开七条大毯/将这些物件一一清点？

旗王府杭锦不同凡响的唱诵征服了女家，聘礼这一关闯过了。

双方喝了奶茶，考验了"掰羊脖骨"后，男方开始娶归新娘了。但且慢，林哈娃家的陪亲姑娘也来了不少，她们将自己的绸腰带解下来，一条一条地接成一长条，将一端从新娘的一只袖口穿过，绕过肩背，从另一只袖口拉出，这一端就由陪亲姑娘把握，一双双手紧紧拉住，于是新娘就被羁住在原地了。新郎的侍女一看这情景，就冲上去，撒泼似的将一双双手掰开，甚至双方拉扯，终于将绸带从新娘身上抽走了。新娘基本上属于新郎家了，但还有两关：梳发，上马。

"乌黑闪亮的发辫啊，"母亲苏布德在给女儿解开姑娘的发辫，分发梳头时，眼泪汪汪地唱起来，"好似蛟龙卧在肩！秋波粼粼的双眼啊，像是明澈见底的清泉。我的可爱的闺女啊，你的命运在遥远的天边……"

女大终须出嫁，现在是跪在地上的女儿唱了，她强忍别哀，高傲地唱："腾跃在金色沙漠上的，是故乡的白额骏马。"

陪亲姑娘们欢快齐唱："用绫罗绸缎装扮起来的，是要去远方的美丽姑娘。"

新娘仍然气意昂扬，但歌声中带着低泣声调了："奔驰在银色冰凌上的，是家乡的斑斓宝马。"

陪亲姑娘们尽量营造欢乐的气氛，齐唱："用珍珠玛瑙装饰起来的，是要去远方的聪明姑娘！"

鄂尔多斯婚礼：迎新娘

唱着，唱着，女家亲人将一块红色纱巾蒙在新娘头上，缓缓地拉了她起立。"新娘上马"的时辰到，人们期盼已久的姨表兄奇兆禄夫妇不知从哪里冒了出来，表兄搀扶着林哈娃跨上男方的枣红骏马，表嫂子牵着马缰，绕着"故屋"——那座又小又旧的窑洞走了一会儿，然后放开缰绳，马上的新娘在男家、女家亲友簇拥下，向阿拉腾席连镇方向疾驰而去。

"霍来——霍来——"

母亲的招福呼唤声在后方响起来了，一阵又一阵。新娘立即驻马，侧首回望，故乡的草、木、石、水……都一一在目，眼泪夺眶而出，顺着面颊，流了下来，耳中尽是——

大雁的雏儿/命运把它系在河边湖畔/赛鲁日拜咚赛。

养大的姑娘/命运把她抛向海北天南/赛鲁日拜咚赛。

骏马的驹儿/命运把它送去遥远路上/赛鲁日拜咚赛。

那么回肠荡气、<u>丝丝入扣</u>的歌声。

迎婚人、送亲人一行策马奔驰，万籁俱寂，一切都在酣睡中的鄂尔多斯荒原，时间顺耳际飞退去，终于东方一线快吐鱼肚白了。迎婚队主动邀送亲队停下来休息，选择一块平坦的沙地，取出食物和羊奶，席地而坐，野餐充饥。喝足吃饱瞬间，突然迎婚队不辞而别，上马奔驰而去；送亲队呼啸而上，策马赶去。代新郎白通达是位勇敢的骑手，他一马领先，连头也不敢回望，疾驰着，唯恐被送亲队追上，逮住，夺下他帽子戏弄。"呼——哈！"的笑闹声划破荒原黎明前的沉寂。伴娘们紧紧保护

鄂尔多斯婚礼节目：文艺表演

新娘与伴娘（老照片）

着蒙着红纱巾的新娘，千万不能把她给摔了，追逐中，她们的笑声一波又一波。其实这也是迎婚仪式的一项。

太阳出来了，隆冬的晨曦淡嫩嫩的、甜滋滋的，照得郡王旗王府内城墙熠熠生辉，给城门外两柱玛尼宏高杆上的三叉铁矛和招福幡染上了

色彩。虽然王府还在睡眠中，但门口事先准备的两堆篝火已经燃起，等待新娘来穿越。新娘在搀扶中于篝火另一头下马，"新郎"于篝火这一头下马，立刻将马鞭递伸过来，让新娘牵住。两位伴娘保护着蒙喜头巾的新娘，在"新郎"马鞭牵引下，小心翼翼地，隔着两堆火，一步一步地顺利走进王府大门。

结婚

迎婚礼仪结束，娶亲婚礼接踵而来。

此时的新娘一宿未睡，打起精神应付迎送的一个一个节目，已经十分辛苦了。男家颇为体贴，就让她由伴娘陪同，先进新郎奇忠义的书房，喝碗奶茶，吃些点心，换下娘家穿来不够体面的衣服，穿上婆家准备的新装，戴上使人羡慕的光彩夺目的头戴。

送亲的人被邀到王府客厅，和代表主婚的管旗章京阿迪亚等人互换鼻烟壶、互献哈达后，接受午餐招待。

择定的吉祥时辰已到，婚礼在一座专门搭制的豪华的大蒙古包里举行。新娘在欢乐的礼乐声中，由伴娘搀扶，款步而来，那位一路伴来王府出色的杭锦高亢之声又起——

寥廓的苍天云儿连在一起，
奔腾的江河水儿连在一起，
深广的大地草儿连在一起，
新郎与新娘姻缘连在一起。
恪守家规的贤惠妻子，
请你向圣祖成吉思汗下跪，
请你向灶神下跪，
拜罢圣祖，拜罢灶神，
再拜图亲王、福晋祖公祖婆。

新娘随声起落，先后向圣祖、灶神行跪拜大礼。鄂尔多斯传说，灶台是成吉思汗点燃、由他母后吹旺的。然后向已端坐在帐篷正中上方的祖公婆图王暨福晋行跪拜大礼。在杭锦的唱导下,奇忠义与林哈娃互行大礼,完成结婚礼节。结婚后,新娘再由男家的伴娘带引着,与坐成圈圈的王室家眷、王府成员、衙门仕官、保安司令部军官、各方来客一一见面。所谓见面,不过只闻其声而已,因为新娘一直被蒙着红纱面巾,直到福晋额尔敦琪琪格(图王第三任夫人)高声问道:"你是明媳妇,还是暗媳妇?"

"明媳妇!"伴娘响亮回答(按规定)。

于是福晋用羚羊角挑起了新娘的面纱。新娘明眸子,圆脸庞,洁白的皮肤,端正的五官,包括图王在内所有主宾客们都由衷惊叹一声:"美人儿,小王爷好福气呀!"然后,由奇忠义的使女陪同,新娘再一次向图王、福晋、叔婶、妯娌及王府仕官跪拜行礼。当然还要向夫君奇忠义跪拜叩头。

"快过来,可怜的孩子,我来代替你婆婆了。"不过大她二十来岁的祖婆额尔敦琪琪格(汉名袁宝华)招呼林哈娃到自己跟前,交给她一只珐琅面银盘,盘里有圣饼、糖果、红枣,还有一只银光闪闪的大元宝(五十两重)。林哈娃迅速下跪,双手捧接,再次叩头,交由伴娘,端去新房。紧接着,男方尊长、师父及各位宾客在欢乐的乐声中向新娘赠送各色各样或精致或贵重的礼品,新娘一一跪拜致谢。新娘也有回礼。由女方伴娘取带自娘家的一件件小礼品,诸如鼻烟壶、鼻烟壶荷包、三色腰带、裆裤等等精致物件,回赠众人。

婚礼结束,高潮之所在的婚宴开始。

图王今天真难得,亲自为爱孙操办了这场豪华婚宴。今天他启动了只有王公台吉才能享用的"朱勒马"宴(亦称"五叉宴")。此宴平时用于成陵祭典和敖包祭典,也是札萨克王爷家婚宴专用的。当

难得一逢"朱勒马"宴

然，这场婚宴以"首思"宴为主。

所谓"首思"，就是"羊背子"。羊背子制作方法颇为奇特，逮住绵羊后，腹部切一小口，将手伸进去，扯断其主动脉，然后剥皮（"朱勒马"不剥羊皮），洗净，卸开头、颈、胸椎、四肢、荐骨部、胸脯等诸大件（"朱勒马"不卸，全羊煮熟），入水锅，加少许盐煮烧。煮熟后，将带肋条的前两腿和后两腿，分别按羊卧的姿势装入大盘中，再将荐骨部放在最上面，将羊头搁置荐骨部上面，形成一头全羊模样，推入宴席。

劝酒开始了，奇忠义、林哈娃伉俪各率自己的侍女托银盘，上置两个酒杯，分别交叉向女方送亲人、男方主婚人，以及双方宾客一席席、一位位地敬酒。旗王府杭锦高亢的劝酒歌声再次响起，在大蒙古包的穹隆下，回荡着无比动听的祝福美声——

札，
祝愿吉祥如意！
在湛蓝的天空，
日月乃其主神。
在斑斓的大地，
山水乃其光彩。
传宗接代之源，
来自男婚女嫁。
……

新郎新娘殷勤劝酒，这美酒是一定要喝下去的，不问你是海量大汉，还是涓滴不沾的文弱，这杯喜酒，你一定要往喉咙里倒，一仰首"咕"的一声吞下去。"啊，你是我的好兄弟！""不看僧面看佛面，你看这么漂亮的新娘来劝酒，不醉也自醉啦，哈哈！"如此轮番劝酒后，新郎新娘一起退出大蒙古包，回到新房卿卿我我去了。

这里，金色穹隆下更有一番热闹。献"朱勒马"后，"首思"（羊

第十一章·天作之合·鄂尔多斯婚礼多绮丽

背子）推上来了。"首思"席操刀人捋起袖子，熟练地卸下羊背子各个部位，然后从羊额头上切下一块月牙形的肉，再从羊头、胸椎、荐骨部、四肢上各切下一小块肉，置于杯中，撒上些许酒，一边说"奉献德吉"，一边大步走到蒙古包外，向天空洒去。

"繁荣吉庆！繁荣吉庆！"蒙古包里主客宾众齐声同欢呼。

第二次切割"德吉"，是为奉献火灶。蒙古人认为，成吉思汗点燃火灶后，熟食使蒙古人智慧发达，社会进步。完成例行祭祀后，接下去才是"分享首思"：从胸椎割下一块肉，放在羊额上，主客们轮流去品尝（图王则由他的白通达去代尝）。之后，操刀人迅速将全羊卸开，将羊尾上切下三五片肉给主人，以备日后供奉之用，然后按规矩，将羊背子各个部位放好，盘中添了一把刀，柄朝里、刃向外，操刀人托着盘子，向在场的每一位主宾客下跪，呼道："札，请用首思！"

音乐声又起，可爱的杭锦用亢音劝嚼——

大家欢聚一堂/众人兴奋不已/吉庆祥和之日/谨将这——/在莫尼山前/吃河套水草/饮黄河甘水/一色万群中/精心育成的/肥如脂球/毛如蛋白/背脊丰满/胸脯平整/尾巴沉甸/犄角紧结/耳朵机灵/眼睛碧蓝/如珍如宝的白绵羊/一件件把它卸开/作为最高贵的首思……

主客们终于可以动手切割大块大块的羊背子啃嚼了。好香好糯好鲜美呀！但他们只是用手抓着吃，用刀子割着吃，他们都知道切忌用牙咬一头，用手扯一头的那种吃法；也绝不能捧着带筋带肉的骨头，啃、吮个干净；更不能折断骨节啃，不能啃嚼羊头。这些都不是蒙古人的吃法，宴席上会被笑话的。

用银鞘蒙古刀/从肥尾的前边/从胫骨的后边/一一把它切开/献给首席上宾/献给全体贵宾/献给陪客父老/和那儿女亲家/还有诸位兄长/围坐在一旁的小客人/以及全家男女老少/共尝这肥美的全羊宴！

在杭锦高亢、响亮、甜美之声感染下，主宾们都情不自禁地弹起三弦，拉起马头琴，唱唱跳跳起来了。在美酒的作用下，郎舅姻兄奇兆禄不住地向图亲王叩头，换鼻烟壶，表示要同姻弟奇忠义同心同德建设郡王旗。图王今天一反严肃常态，不时劝道："尽情地唱吧，今天喝多少也不过分。尽情地唱吧，今天唱一千支歌才过瘾。尽情地跳吧，今天跳一整夜也不累。"这位小气出了名的图王，今天空前地使用了18只羊背子来夸耀孙儿奇忠义的婚宴。

新婚

婚礼结束，但家礼才刚刚开始。夫妻俩圆房后第一天大清早，林哈娃就赶去祖婆额尔敦琪琪格住的蒙古包，拉天窗幔子，掏土拉格里灰，然后抱来一捆沙蒿，在土拉格里点燃，供暖。还要朝水缸里挑水，额尔敦琪琪格则往挑水空桶里抛进一颗红枣。做完这些之后，新娘再给祖婆泡茶，续水。祖婆表示满意，家礼完成，孙媳叩过头后回新房去了。这位35岁的祖婆（小图王26岁），按年龄，做林哈娃的婆婆正恰当。

家礼尚需延续。林哈娃每天早晨要去向祖公、祖婆请安，换鼻烟壶。这一礼节持续了一年。一天早上，图王对来请安的孙媳说："你这个林哈娃的名字是小名吧？在我家王府不适宜，我给你取个名字，陶格斯，好吗？"孙媳叩头致谢。从此奇忠义的夫人——末代王爷的福晋就叫陶格斯了。

陶格斯既端庄又贤惠，从1950年到1958年九年间，为奇忠义生育四个儿子。他们先后是：长子沙若飞，1950年出生；次子昌汉飞，1952年出生；三子包乐飞，1956年出生；四子布和飞，1958年出生。

蒙古族妇女特别能吃苦，特别耐劳，特别爱自己的丈夫，是特别伟大的妈妈。陶格斯就是这样的女人。因为奇忠义起义后参加革命工作，对新中国负有特殊使命感，无法常陪在妻子身边，她依旧任劳任怨，养育儿女。奇忠义说，老大出生不久，他去东胜接受任务赴省城归绥，等到回家时，孩子已满月了。老二1952年出生，奇忠义正赴北京参加华北县长会议，并且受到毛主席接见。回到旗里，立即下乡投身减租反霸工作。陶格斯坐月子时，奇忠义也无法陪伴她。老三出生在1956年，当时内蒙古也和全国一样，掀起了农业生产合作化和私营工商业社会主义改造高潮。老三出生的第二天，奇忠义接受伊盟盟委的任务，下乡参加互助组和牧业生产合作社的组织工作。"这个时代的中心工作，是考验每个干部思想立场的，不得有半点私心哩。"奇忠义先生对笔者回忆说。老三现在在东胜粮食局工作。奇忠义说到老四出生时，他也没有在家，而在北京参加全国水土保持工作会议。当时1958年，到处都在"大跃进"，都在"一天等于二十年"，都在热火朝天炼钢铁。也是在1958年，郡王旗与札萨克旗合并，成立了伊金霍洛旗。从此这两个封建色彩非常浓厚的旗名成了历史。"那年月的思想标准是越'左'越革命，念念不忘自己的家庭是资产阶级的

青年奇忠义夫妇

中年奇忠义夫妇

观念，要受到严厉批判的。"奇忠义回忆往事说。妻子陶格斯在家坐月子，奇忠义照顾不了，全靠岳母苏布德。

现在，这个家庭又衍生出了四个小家庭，再生支家庭，已是四世同堂了。而且，这个大家庭可谓是民族大融合，其中大儿媳是汉族，江苏人；二儿媳、三儿媳都是鄂尔多斯人，也是汉族；四儿媳可是少数民族，鄂温克人。而今儿辈们都已经繁衍后代，有了五个孙子女（二男三女），一个重孙子。

附：采访"福晋"

老年陶格斯（蒙古装）

2009年7月，距第一次采访16年之后，笔者再次踏上鄂尔多斯这块热土，故奇忠义先生的长公子、中共鄂尔多斯市委统战部副部长、市海外联谊会会长沙若飞先生陪同我去拜访他母亲、奇忠义先生的遗孀陶格斯老太太。陶老太太住在鄂市东胜区林荫街道一个新建的居住小区一套公寓楼房里，客厅中摆满了奇忠义先生的照片、书籍、奖状及其他遗物，好像和往日一样，他俩依然在促膝谈天，静静地深深地对视着，延续那婚后心心相印的爱情。陶老太太精神矍铄，端庄的容貌和得体的谈吐举止，不失当年的福晋风韵。她告诉笔者，老家阿利玛沟的窑洞自然没有了，那里紧邻准格尔旗，可是产煤的富饶之乡啊，乡亲们生活有了翻天覆地的变化，将近一半家庭有了私家汽车。

"您的生活呢？"笔者问。

"都在您眼中了。"陶格斯老太太的北方官话"蒙"音颇浓，她说，"我一生跟着老头子，不问他是王爷还是百姓，他是一个好人，追求进步，紧跟时代。1949年祖公和他被遣送到银川，我跟过去了，像笼中鸟，看着'宁夏王'马家人眼色过日子，结果祖公客逝异乡了。回到阿镇后，奇忠义起义，我赞成，后来奇全禧反水，奇忠义坚决不从，夜里逃出王府，把我们全家带往苏泊尔汗滩，我也跟着他，死也要死在一起。新中国成立后，他做旗里、盟里的领导，自治区领导的位子也坐上了。我也没有享受到什么，没有出过国，没有到什么地方去玩。他就是忙，有时忙得连家也顾不上。"

老太太使用汉语词汇不太熟练，但心地坦荡，笔者归纳她的全部生活与感情就是八个字：同心同德，相依为命。

笔者还在陶老太太家里见到了她的长孙女、沙若飞先生的女公子奇雅小姐，她修完硕士研究生学业后，毅然到成吉思汗陵园管理处工作，是位公务员，面庞酷似太爷爷巴

奇忠义在伊盟办公

笔者在东胜区一居住小区会见奇忠义遗孀陶格斯

公，在充满当代青年朝气的言谈中，隐隐透发着这个不凡家族高傲大方的"黄金"遗风。

奇忠义夫妇（中坐者）四世同堂合家欢

第十二章

1947、1948

感受南北官场夕阳风光

包头，受党部殷勤款待

省参议员奇忠义

1947年是奇忠义多姿多彩、十分风光、无比喜庆的一年，然而他的兴趣并不在订婚、迎婚、娶亲等个人身家世俗事务上，他已是小王爷，这根本用不着他操心、分心，任王府安排便是了，此际他的视线早已越出鄂尔多斯草原，延伸到阴山那头省城的政治舞台上去了。

"旗三角"因为他的婚姻，戏剧性地融化了一角，但西协理那一角仍锋芒毕露，而且越发犀利了。1946年冬，绥远省政府副主席董其武提名奇全禧为"制宪国大"代表，奇全禧飞赴南京，参加"国民代表大会"（1946年11月），又一次在中央政坛露面，对尚未出茅庐的奇忠义是何等刺激。奇全禧虽然在反对奇忠义承袭记名札萨克一局中输得狼狈，但老谋深算的图王立刻将盘中子儿平衡了，放他出去做伊盟敌伪产的接收大员，而善于经营的奇全禧懂得"反衬"艺术，把"落后蒙旗的时代青年"的光环弄得更加光彩夺目了，包头、省城的军政界人物很是看重他，"国大代表"的冠冕已非他莫属了。

好在董其武考虑周到，同时以省政府委员会的名义，指定奇忠义为绥远省参议员。省参议会会议召开在即，发公函来催奇忠义赴归绥与会了。

图王对董其武这样的安排十分满意，因为又一次自上而下摆平了"两奇"的矛盾，当然他对自己孙子的行程加倍关心。1947年春，图王

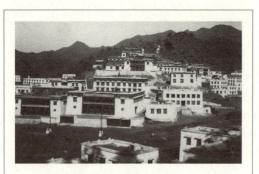

民国时的包头市（老照片）

原绥远省议会大楼（老照片）

指派郡王旗东协理奇兆禄、伊盟保安长官公署督察长蔡志伟陪同省参议员奇忠义赴归绥参加绥远省参议会会议。

图王自从被中央政府简任三高职后，其地位、知名度在伊盟内外大大提高。水涨船高，奇忠义的知名度也陡然上升。像归绥看好奇全禧那样，包头国民党更看重这位正宗的蒙旗贵族青年。所以，奇忠义一到包头，就被国民党绥蒙党部主任特派员赵诚璧接去，安排在他们的招待所。这位在"伊盟事变"中被刀下留命的幸存者很感谢图王给了他面子，在沙王出走流亡期间，他衔傅作义省政府主席之命，劝说图王代理三高职，图王允诺了；后来沙王回来，图王又爽快地将盟长等三高职归还。他感到同郡王旗的蒙古族人好打交道。如今图王的接班人来了，他当然不能怠慢，设宴为之洗尘；又举行茶话会，邀请党部书记长刘锡骥来参加。与会的蔡志伟觉得很光彩，因为能与上级长官平坐交谈。奇兆禄觉得灰头土脸，有些自惭形秽。第二天，赵诚璧摆阔，以党部名义，设盛宴招待省参议员奇忠义。汉式宴席，少不了烦琐礼节，主宾频频碰杯，席间各自畅谈时局及蒙旗情势。没有祖父图王在场，奇忠义一身轻松，他很坦率地说蒙旗制度是前清统治者对蒙古族人怀柔、羁縻政策的产物，也是一种封建统治的形式，民国成立至今，已三十多年了，大大不符时代潮流了，总有一天会被其他形式所代替的，但无论怎样个前途，蒙古族的台吉与平民，都是中华民族的一分子，是中国公民，维护中华民国的整体利益，决不走外蒙古独立的路。赵诚璧听着，不住地点头，终于发问："小王爷，您的这一番话令我很感动，您是一位难得的蒙旗贵族进步青年。请问，您是哪一年加入我们国民党的？"

奇忠义一愣，随即脸红了，坦率地回答："我才是三青团员，还没有参加国民党呢。"

"啊，"赵诚璧紧接着说，"您，应该是国民党员。我们希望您能提出申请，这关系到您的前途哩。"

"党国需要您这样的青年。我党内贵族身份的同志多着呢。您完全可以加入国民党。"刘锡骥说。

"这里有一个秘密消息。"赵诚璧说，"好在都是自家人，我就直说了。不久前董主席告诉我，他准备提名您，奇忠义先生您为第一届'国民代表大会'代表的候选人，问我意见如何。我极力赞同，举双手赞成！啊，现在是个绝好机会，您加入国民党后，我们党内也可以发动，支持您当选。不可小视喽！小王爷，您意下如何？"

"只要小王爷表示愿意，我们绥蒙党部可以直接吸收您。"刘锡骥接上去说。

"刘书记长还可以做您的入党介绍人。"赵诚璧说，"好，现在趁奇忠义同志在我们这里，刘书记长给您一张申请表，填好签字就可以了。"

散席后，奇忠义回到房间不久，申请表就送来了。奇忠义让蔡志伟帮着填了表格，因为去参加省参议会会议，身边带有照片，就将照片贴上，再按了指印。刘锡骥派人来取去申请表。如是，奇忠义申请加入国民党的程序就完成了。

1947年冬，适逢结婚前夜，奇忠义在郡王旗收到了由绥蒙党部发给的党证。奇忠义成了中国国民党党员。过了一年，奇忠义又被任命为国民党绥蒙党部特派员。

"我这个国民党员得来不费吹灰之力。"奇忠义接受笔者采访，说到此处，哈哈一笑，"参加你们国民党革命委员会，条件可高着呢！"

董其武，时任国军一〇一师中将师长

归绥，奇忠义递交提案

1947年3月18日，奇忠义一行甫达省城归绥，就被省政府交际处接去，安排在席力图召内的沙贝子府食宿。接着在该处王处长的陪同下，拜访了省政府秘书长李维中；再由李秘书长引见，礼节性地拜访了省政府副主席董其武暨民政、财政、建设、教育诸厅厅长。省里人士告诉奇忠义，参议员是荣誉性的民意代表，没有立法实权，不过可以向省里包括省政府主席在内的各位长官说话。但是，奇忠义却是真的带着他的蒙旗民意来省城与会的，因此在参议会会议开幕之前，他偕蔡志伟又一次拜见董其武，在呈递祖父图盟长的一封亲笔信和所赠礼物清单后，就陈述发展草原蒙古民族经济，实行自治自决的意见。这一套政治主张是上年末，奇忠义得知自己将任省参议员之后，花了近半年时间思考，并向他的几位老师、资深仕官请教，在赴归绥途中逐渐补充而成熟起来的。董其武认真听了，关心地询问图王的健康及生活近况，问得很详细，犹若老友至交那般，但对民族自治自决问题却回避不谈。

奇忠义又把他的那套民意设想制作成一份提案，准备向省参议会递交，内容都是实事求是，符合民族、民主、民生的要求，可以说是合情合理的最低要求，其要旨有：

——给绥蒙十八旗以实质性的自治权。现今抗战已结束，应该及时取消伊克昭盟内有异于蒙旗的两个旗（县）级行政机构，即桃力民办事处、达拉特旗民众组训处[①]，彻底解决旗县并存的局面，并尊重蒙旗固有的旗建制，以实现蒙汉人民之间的团结。

——应该承认伊盟人民在抗日战争时期，响应"有钱出钱，有力出力，有人出人"的号召，为抗战胜利做出了巨大贡献的历史事实。

——正因为伊盟人民在抗战中付出了沉重的代价，目前伊盟已处在民穷财竭的地步，我们请求省里和中央拨巨款恢复和改善伊盟人民的生活。

——拨款应用于五个方面：赈济、修建校舍、学生生活补贴、道路建设、植树造林。

按参议会会议规定，参议员递交提案须得到五位议员签署才能受理立案，但当时参议员中蒙古族的只有四人。就是这四个人，也是经过奇忠义游说后才同意签署的，但还是缺一人。后来一位报人热情地响应了这些观点，署了名，才使这份提案得以立案。此际，正逢陕甘宁边区中共中央战略撤退，国民党军胡宗南部占领延安，国民党舆论一片喧嚣"胜利"之时，谁也不在意奇忠义这个小小的提案。在省参议会讨论时，省府对蒙旗自治自决问题态度暧昧，甚至个别人发生政治误解。

"嘿，这不是德王'蒙古自治运动'的翻版吗？"

奇忠义听了，怒不可遏，就与土默特旗参议员殷石麟一起退场，以示抗议。奇忠义说："思孙总理中山先生遗训，扶植弱小民族，使之自决自治，乃是金科玉律，为经世不易之楷模！""作为缅怀成吉思汗伟业之蒙古盟旗，面对蒙古民族之衰微，不能不谋教育、经济、军事、交

---

① 国民政府为实现蒙汉分治、旗县并置方针，以图用省、县、区、乡、保、甲等行政建制逐步分割或取代原来的盟旗，在伊克昭盟原七旗一县（东胜县）外，借抗战需要，1938年在鄂托克旗东北部、杭锦旗东南部两旗交界处设立"桃力民办事处"为县级行政机构，辖三个区。中共相应在桃力民建立了抗日根据地。"组训处"全名为"敌后抗日民众组织训练处"，开设于1939年，设立在达拉特旗南部耳字壕地方，紧邻东胜，也是县一级的行政机构，由国民党控制。

通、就业种种事业之快速发展！"话语铮铮，落地有声，会场内外引起了反响。此举，奇忠义自发地树起了一个胸怀鄂尔多斯蒙旗，敢于争取蒙古族正当权益的青年王公的形象。参会的一位省副参议长亲自来向他解释、圆

老归绥（今呼和浩特市）街景一瞥（老照片）

场。从此，归绥当局对这位来自没落蒙旗的小王爷刮目相看了。省参议会会议结束后，省政府给奇忠义加了一个没有薪俸的官衔"绥远省蒙旗福利工作委员会委员"。奇忠义则不以为意，他自有注释："这恐怕旨在约束我的言行罢了。"

张垣，傅作义拨赠武器

张家口大境门城垣（老照片）

就在绥远省参议会会议结束不久，4月中旬，绥远省政府主席傅作义将军调任张垣绥靖公署主任。图王得悉，要奇忠义不必立即返旗，往去张家口行辕，代表自己向傅将军恭贺晋升，并献上他的礼物：两匹骏马，两领狐皮大衣。为此，图王特地派出特务营的一个班，将礼物武装押运到归绥奇忠义下榻处。奇忠义接命后，再去晋见董其武主席。董认为此际傅部正与中共聂荣臻部开战，东去路途凶险，还是不去为好，至于礼品暂存归绥，礼单托人送去。奇忠义说祖父之命难违，还是冒死去一趟。董其武很看重这种勇敢的精神，再三告诫，从（绥远）丰镇到（察哈尔）柴沟堡一段铁路，因为共产党的游击队活动，车辆运行经常中断，穿行此间，要转好几个防区，非常危险，于是决定派出一连装甲兵护送。果然，一路上到处都是战争残迹，用"路有冻死骨"来形容毫不过分。护送的李营长极力渲染共产党杀人残忍，奇忠义说两军交战，百姓遭殃，是非难究。殊不知，自1946年6月以来，国民党撕毁停战协定，向解放区发动全面进攻，北线国民党军傅作义部在晋北大同、绥东集宁一线向晋察冀边区进攻，迫使聂荣臻部自卫反击，战斗激烈。两军交战，平绥铁路被截成一段一段的。奇忠义一行走走停停，就是铁甲车也无济于事，一千多公里，走了五天五夜，才到达张家口，但傅作义并不在绥靖公署衙门，奇忠义被当作贵宾，安排在张家口饭店，耐心等待。

自去年10月11日国民党军占领张家口，今年4月被升任为张垣绥靖公署主任后，傅作义志得意满，闻老友图王专派他已升任记名札萨克的长孙，冒着炮火前来祝贺，很是高兴，就从前线返回张家口，派副官将奇忠义接去他的行辕，在一间简陋的房间里接见这位已有省参议员身份的后

张垣战争景象（老照片）

生。傅将军一见面就说："民国三十年（1941），我们曾在陕坝一晤，六年来长公子个子长高了，思想也丰满了，在省城里为蒙古族勇敢说话，可贺可嘉！"奇忠义欲行蒙式跪拜大礼，但一看这里是军营，四周都是戎装军官，立刻感觉不合时宜，改用深度鞠躬，献哈达，同时献上祖父图王的亲笔信、亲笔礼单，说："祖父图亲王盟长，要小孙再三拜贺上将军高升，并表薄意。"奇忠义回头一看，见桌上已摆满了菜肴、酒杯，只见傅作义一伸臂，说："请，吃饭吧！实在不好意思，今天这桌饭菜既是给小王爷洗尘，也是饯别。我是听到兄长图亲王派长公子千里迢迢冒死前来道贺，也顾不了那么多，抽身赶回来了。但战争形势瞬息万变，吃完这顿饭，我要立刻返回前线。现在在这饭桌上我们不是可以畅谈吗？只要我傅作义还在世上，我是愿为蒙古族兄弟做点事的。"奇忠义很是感动，刚才献哈达时说了此行两个目的（道贺、献礼品），其实还有第三个目的——讨武器弹药，当时不好意思开口，如今傅将军这么一说，立刻觉得没有时间了，那么乘机直言吧。

"晚辈随先父在陕坝拜见上将军那回，记得上将军说过，以后有事可以找您？"

"记得记得，于公于私，我只要能帮得上，都会帮忙。"

"叩谢上将军！大家都知道，我们蒙军装备像叫花子部队，可怜呀可怜。"奇忠义看到，因为他说得生动，令同桌几位将领喷饭，于是他

更有信心说下去了："祖父现在已是绥境蒙政会委员长、伊盟盟长，还是伊盟保安长官公署中将长官，可是连支保卫部队才刚刚开始组建，子弟兵倒有，个个都是忠勇之士，但武器贫乏到赤贫程度……"

傅作义一听就有数，当席就吩咐作陪的袁参谋长从绥靖区拨出重机枪两挺、最好的步枪三十支、子弹一百箱，直接交给奇忠义。"小王爷，我们不是蒋主席的嫡系部队，拿不到美式武器，这些在我们这里算是最先进的了。"临别时，傅作义又加送了两匹锦缎、八支小手枪给图亲王。

"小王爷，你已经长成了，愿你好好学习，增长知识，当好图亲王的助手，把伊盟的事办好，同时还要把眼光放远些，越过长城，顺着黄河看中国。"讲完这几句话，傅作义的吉普车向着荒漠，绝尘而去。

随行的奇兆禄把这一切都看在眼里，心里深深懊悔当年反对图王选择奇忠义做记名札萨克。现在事实证明这位将要成为自己的内弟的青年是名副其实可以承袭蒙旗大业的小王爷。他的妒忌之意渐渐消散了。

返途的交通工具，是袁参谋长提供的张垣军车，又派兵保护，所以辗转几个防区，没有耽搁，颇为顺利。5月月初，到达归绥后，董其武部又派兵保护了一程，西行到了土默特旗萨拉齐后，董兵也返转了，只剩奇忠义特务营的那个护卫班。既然已到自己盟境，就不去包头，走捷径南下，纵贯达拉特旗径往大伊金霍洛返旗。不料汽车快到东胜时，经过耳字壕组训处，被当地的保安大队扣住了。关卡一查，汽车里竟有重机枪这样的宝贝，立刻眼明手快抢去了。双方顿时争吵了起来，正要动武时，奇忠义跃上车头，大吼一声："不要动！我是伊盟长官！我是图盟长的长孙奇忠义！叫你们的慕主任出来！"组训处慕幼声闻讯赶来了，当然认得大名如雷贯耳的奇忠义，一谈才知道这些武器是傅作义送给图盟长的，急忙赔不是，如数退还，并说明了缘由。

这个慕幼声（安徽人），原是国军晋陕边区总司令部蒙古游击教导大队大队长，内战开始后，先后任组训处处长、东胜县县长、保安少将司令，后来参加"九一九"绥远起义。

"小王爷，你知道吗？日前共产党云泽成立了内蒙古自治政府，在鄂托克旗、乌审旗的共产党也成立蒙汉支队，王悦丰做了司令，草原局势一下子变了。手下兄弟不知你们这个车队是哪家的，以为是王悦丰的侦察兵哩。"

解释清楚后，慕幼声再派组训处几个兵，由一名连长率领，一直护送他们到郡王旗的阿镇。

图王从奇忠义口中得知5月1日共产党员云泽（乌兰夫）的内蒙古自治区人民政府——中国第一个省级民族自治区政权机构——成立的消息，踱步好久，一言不发。

东胜，送"国大代表"官帽

南京"国民大会堂"

国民党继1946年年末举行"制宪国大"（11月15日至12月25日），不顾共产党领导的人民解放战争已转入进攻，将要"打到南京去，活捉蒋介石"的形势，处心积虑"行宪"，以使蒋介石最终能登上"总统"宝座。接着再花了一年多时间，决定在1948年春召开"行宪国大"，即"第一届中国国民代表大会"。

在这一阵回光返照般绯红的夕阳中，其中一缕映照到了鄂尔多斯荒漠。1947年6月，伊克昭盟警备总司令陈玉甲将军衔省政府主席董其武将军之命，专程从东胜来到阿镇旗王府，拜会他的金兰兄弟图亲王盟长。当然担任汉语翻译的是刚从张家口回来的记名札萨克奇忠义。

"啊呀，奇忠义世兄出落得一表人才，如今已是省参议员、省府蒙族福利委员啦，以后还要高升哩！"

陈玉甲带着省府特别使命来与图盟长商议，乐得先露点口锋。

"全靠爷爷教导与提携，孙儿只是给祖父委员长、盟长做些辅助工作，做得不好，请别见笑。"奇忠义称陈玉甲"爷爷"已有先例，现在仍然十分谦恭。

图王已知陈玉甲的来意，受惠应该付出，特地举办"朱勒马"宴招待这位已经习惯鄂尔多斯餐饮的老军人、把兄弟。被邀作陪的仕官一个一个上来向陈司令叩头、献哈达、换鼻烟壶、敬酒。这位吃喝行家也被折腾得呼呼喘气，不亦乐乎。奇忠义很不耐烦，心想，这个老儿无事不登三宝殿，他所说的"高升"是指我的什么？难道升我做什么司令、副司令？但他又不得不耐着性子，做蒙古语翻译，赔着笑说奉承美话。席散，奇忠义正要转身去休息，陈玉甲叫住了他，说："小王爷，今天您很辛苦了，下午请您把你们的参领色林拉什叫来，他的翻译功夫也很不错。我要与令尊祖谈几件事，小王爷您暂时回避下。这是关系到您前途的事，当然是好事。"奇忠义想不透这个老儿葫芦里卖的是什么药，当然不会是做媒什么的，因为董嘉活佛那座蒙古包早已撤去了。

陈玉甲第二天上午又与图王交谈了一阵，才带着卫兵策马回去了。过不久，图王将奇忠义叫进客厅，屏退左右，说："陈司令是奉董主席之命，专门来征求我的意见的，然后回去复命。"

"他给了我两顶帽子，"图王抽着旱烟，不紧不慢地说，"一顶是给奇全禧的，一顶是给你的。"

奇忠义大吃一惊，因为国民党军政界有以偏代概的流言蜚语，说伊克昭盟一是"同情德王自治"，一是"放任赤色分子活动"。如今"帽子"真的飞来了，惹到自己头上来了！但是图王却不动声色，敲脱一斗烟灰，又装进第二斗金丝旱烟。奇忠义见状，赶紧趋前，擦亮自来火柴，躬着腰，替祖父点燃。

"什么帽子？我们做人一向光明磊落干干净净的。"

"你别误会了。"图王说，"不是投日联共的帽子，而是两顶官帽，官升一级的官帽。唉，由此看来，我们偏安黄河套内这块土地，是非也不少呀。现在中央终于给我们一个机会，可以扬眉吐气了。"

图王告诉说，这"两顶帽子"，一顶是伊盟第三区警备司令，一顶是明年南京召开"行宪国大"的"国大代表"。前者，内战已经局部打得很激烈了，我们这里离陕甘宁很近，受共产党赤色影响自然深，乌审旗、鄂托克旗已经完全赤化了。为了防止共产党势力继续东渐，归绥当局决定划出一个防范区，以郡王旗为中心，其范围南及札萨克旗、西至杭锦旗库布其沙漠，组建伊盟第三区警备司令部。"这位少将司令将在我旗仕官中产生。"

"祖父，让我当警备司令吧。"奇忠义抢着说。

"第二件大事就是'国大代表'的候选人。这是文职。你适宜做'国大代表'。"

"那第三警备司令呢？"

"奇全禧。"图王加强语气说，"这是董主席的意思。你做'国大代表'，也是董主席的意思。你在省参议会上的能耐，董主席已经看到了，他说你很适宜做'国大代表'，给我们郡王旗增添一份光彩。陈司令就是来转达董主席旨意的，我哪能有什么异议呢？"

"再说，"图王继续开导他的长孙，"军权是把两面刃，你拥有它，有实权，逼迫他人服从你，但把握不好，会酿成杀生大祸的。你父亲生前几次同你讲了准格尔旗的故事，不是吗？他们几位姓奇的兄弟，用枪杆子，用暴力去夺权，虽然风光一时，但一个个都死于非命，惨不忍睹！到头来还不是人财两空吗？再说乌审旗，同样一个西乌奇金山，一个东乌奇玉山。两奇都是带兵的团长、司令，流血火拼，自相残杀。我们蒙旗要和平、祥和、安定，还得靠文治，施仁政，官民同心同德，还要靠佛保佑。所以我遵照省里决定，也感谢董主席抬举我旗，让你当'国大代表'，相当荣耀了。当然现今世界不是前清民初了，民主嘛，你只是候选人，还要让大家选举你哩。不过你放心好了，我自会作安排的。"

过了些日子，东胜也传来消息，包头国民党绥蒙党部推举奇忠义为"国大代表"候选人。

"你看，国民党也推荐你做'国大代表'，正谓众望所归嘛！"图王开心地对奇忠义说。

被当局推荐的伊克昭盟的"国大代表"候选人有四人，他们是：奇忠义（郡王旗）、汪振东（杭锦旗）、贾文华（准格尔旗）、奇文卿（札萨克旗）。事实上他们当然都会去南京赴会，但形式上总要"选举"过场。

图王盟长是伊盟选举监督人。他在组织大选办公室、安排工作人员、划分选区等方面，倒是煞费苦心，终于使得绥蒙党部提名的奇忠义等四人都顺利地中选。这年年尾，奇忠义领到正式颁发的"国大代表"证书。

"去年奇全禧不声不响地当上（制宪）'国大代表'，北平、南京、西安的飞来飞去，用的都是郡王旗民脂民膏，结识党国军政要人的是他，风光的也是他，但是他到底为我们蒙旗做了哪些事呢？"当上"国大代表"后，奇忠义带着调侃口气，感慨地说。

图王也颇有感触地说："此人是台吉，受了很好的教育，聪明练达，但是要当心，他是魏延！不可再重用下去了。比不得奇兆禄，一样揽权独享，但此人老实平庸，如今又成了我们的亲家。"图王有一部蒙古文版的《三国演义》，闲时总去翻阅，学些古人之间的算计，爱不释手。

1947年，伊盟大旱，鄂尔多斯赤地千里，路有冻死骨。就在朔风扫荡衰草，荒漠找不到春意的季节里，1948年2月，已经做了新郎的奇忠义，在施宗森专员、蔡志伟督察长及一位郡旗参领的陪护下，从阿镇启程，经东胜、包头，汇合本盟另三位代表，由赵诚璧率队（此人也是"国大代表"），到归绥。在归绥会同绥远省其他"国大代表"，乘军用飞机到北平。听说这架专机是北平行辕主任李宗仁派来的。果然代表们一到北平，就受到李宗仁亲自出面的热情招待，吃住全包了下来，都是高档次的。而且出行时都给每位"国大代表"在胸前戴上了大红花，那些蒙古族代表真有些受宠若惊。这位国民党华北最高军政长官接见他们的时候，不厌其烦地宣传自己的纲领，特别提到蒙古族、回族，要给予民族自治自决权利。此时初出蒙境的奇忠义省悟，李主任长官肯定要"行宪"中竞选"皇帝"了。

这批"国大代表"离北平南下，乘飞机到上海，又坐上火车特等车厢，驰奔南京。这些高级享受也都是李氏买单的。

南京，晋孙科行跪拜礼

1948年春，国民经济濒临崩溃，法币贬值到一塌糊涂的田地。100元，抗战前能买两头牛，去年尚能买半盒火柴和一只煤球，此刻连一粒米也买不上了！但国都南京却病态地热火朝天、五光十色。

3月29日，"行宪国大"在南京开幕。奇忠义事先准备的一套蒙古族自治自决提纲，翘首以待在"全国国民代表大会"上发表，但还没来得及整理成文，就立刻被淹没在白花花的大洋送选副总统的巨澜狂波中了。所谓"行宪"，无非是"选举"已是国民政府主席的蒋介石（1947年4月17日由国民党中常委及国防最高委员会联席会推选）为中华民国"总统"，再从四名"副总统候"选人中选出一位"副总统"，如此游戏而已。南京没有奇忠义所寄望的美国式议会论坛，言论自由连纸上谈兵还到不了。"投李宗仁先生一票！"暗地里五千元光洋送过来了。此时奇忠义终于恍然大悟，一路而来李氏是在为他竞选副总统而堆满笑脸、下问民情的。尚在"行宪国大"召开前，他已利用他行辕辖区（辖十一、十二两战区含冀、鲁、察、绥四省及平、津、青岛三市）的优势，把助选工作搞得热火朝天了。到了南京，一切都明白了。"总统"，当然是蒋介石，确凿无疑的。一位"副总统"，有六位候选人，他们是孙科、李宗仁、程潜、于右任、莫惠德、徐傅霖。

"副总统"候选人的拉票声势迅猛异常，大街小巷、楼堂馆所，白天夜间，无处不是助选委员会人员的声浪，如影随形，不绝于耳。奇忠义在会议所在地国民大会堂大门两侧，远远看到挂了两幅人物巨像：孙科、于右任。孙科面貌酷似"国父"孙中山，于右任不愧是位美髯公。"哦，原来这就是中华民国的首都！"霓虹灯五彩缤纷中的奇忠义产生了如此感觉。

"副总统"候选人于右任（左），程潜（右）

"国大代表"拥堵在大会堂门口

大会时南京之乱象

"副总统"第一轮选举下来，淘汰了于、莫、徐三人，继由孙、李、程三人进入第二轮。这时孙科一马当先，在首都华侨招待所举宴，招待边疆各少数民族两百多位"国大代表"。希望瞻仰"国父"哲嗣的风采，奇忠义也去了。个子不高的孙科，口才很好，以起草、制定宪法主持人与国民政府副主席的身份，高唱一通三民主义民族主义的高调，表示"背水决战"——辞去立法院院长一职，竞选中华民国"副总统"。奇忠义对孙科的讲话没有留下什么印象，因为他已决定投李宗仁的票了。孙科的招待会后，国民党中央党部召集"国大代表"中的国民党党员举行座谈，已当选为"总统"的蒋介石到会讲话，为孙科助选，因为三位候选人中唯有他是文职，因为哲生先生是"国父"孙总理的唯一哲嗣……但大选政海，风谲云诡，第四轮下来，孙科以143票之差，落后于李宗仁。

在最后一次投票选举"副总统"中，奇忠义这位国民党员并没有听中央党部的话，而是投了李宗仁的票。蒙古族人很执着，因为听了这位华北最高长官在中南海信誓旦旦让蒙古族自治自决的诺言，到了南京，又在他召开的蒙古族、维吾尔族"国大代表"联欢会上加码，一旦当选"副总统"，"允许蒙古民族进行高度自治"的明确承诺，奇忠义的信念更加坚定了。竞选中变数很大，准格尔旗的贾文华原先也是认定李宗仁的，孰料后来改道了，投了程潜的票，而且到处为程潜拉票。但奇忠

"行宪国大"选"副总统"开票实况

李宗仁当选了"副总统"

新疆维吾尔族代表

西藏藏族代表

四川彝族代表

蒙古族代表

各少数民族"国大代表"

义坚持"蒙古民族选我当代表，我就应该考虑自己民族的生存和前途"的观点，所以对李、孙二人都怀有好感，但最终选择了前者。

奇忠义对孙科产生好感，更深层次原因是，祖父图王经常向他灌输孙中山那句名言："世界潮流，浩浩荡荡，顺之则昌，逆之则亡。"先祖额璘臣济农以来，他这个家族就按这一法则而生存、发展，繁华、荣耀的。他以为孙中山先生是伟人，完人，时代先锋。如今，在南京招待宴上见到中山先生的哲嗣，只是远距离仰望，能否得到接见，乃至面晤交谈的机会呢？奇忠义是只要想到了，就会争取去实现的人。他决定努力。

"行宪国大"结束后，他没有随团返回归绥，而是执意留在南京开始"长袖善舞"。他通过他的顶头上司蒙藏委员会蒙事处处长纪贞甫，拜见了蒙藏委员会委员长许世英、副委员长白云梯，借祖父图王之名敬献哈达，汇报蒙事，并提出晋见孙科的要求。两位委员长答应了这个要求。奇忠义还通过赵诚璧的途径，敲开了国民党中央党部蒙事处处长李永新的门。恰好李与孙科好友乌永鹏熟识，乌乐意带奇忠义到孙科官邸去拜见。

孙科因为"副总统"竞选败北和二夫人"蓝妮事件"被《救国时报》炒了一遍，焦头烂额，并不介意专门来晋见的奇忠义。"噢，白委员长同我讲起过了，一位'国大代表'的蒙古王爷。"虽可随口搪塞一句，转身却发现奇忠义已在跟前，

许世英（1873—1964）这位蒙藏委员会委员长曾任北洋政府的国务总理兼财政总长

白云梯（1894—1980）蒙古族，喀喇沁中旗人，这位蒙藏委员会副委员长、委员长曾任内蒙古人民革命军总司令

"喔，你就是王爷？好年轻啊！你几岁啦？"

"晚辈21周岁。拜见孙院长哲生大人！"奇忠义生平第一次见到这等等级的高官，情不自禁行起蒙古传统的跪拜大礼来。尽管事先乌、李已告诉他不用跪拜，只要鞠躬和握手便可以了，但孙科并没有伸出手来呀。

"啊啊，不用不用！你才21岁。哈，我20岁时就参加革命，推翻清王朝，革掉跪拜、叩头这套封建礼数啦！"

这一番数落，奇忠义颇为狼狈。乌永鹏乘机告诉奇忠义孙科的革命资历，以冲淡尴尬气氛。"哲生先生是'国父'孙总理唯一的公子。1910年'国父'在火奴鲁鲁（檀香山）召开同盟会加盟大会时，哲生先生才20岁，正在圣路易斯学院求学，参加了加盟大会，加入了同盟会。我们这位立法院院长，当时还是学生，就编辑了两份革命报刊《自由新报》《大声周刊》，后来又到旧金山编辑《少年中国晨报》，倡导反清，鼓吹革命。"孙科听到"立法院院长"这个词儿，十分反感，插嘴说："什么立法院院长，'总统'要我去竞选，我只好把实实在在的立法院院长辞掉，去争那个空虚的'副总统'，结果两头都落空。"

不过孙科究竟是受过孙中山教导的"天生的国民党员"，当得知奇忠义是同志时（国民党内党员间互称同志），立刻收敛了刚才放任的坏脾气，客气地询问奇忠义有关蒙旗的情况。奇忠义如实——禀报。

"喔喔，令曾祖、令祖父都是拥护民国，维护中华民族统一的开明蒙古王公，发起苏泊尔汗滩会盟、西蒙会议，还有《十三条质疑》《西蒙会议通电》，这些历史事件我都知道。我们民国五族共和，也靠了这些人物，誉之为英雄也不过分！"孙科十分投入地说。

奇忠义听了，十分激动，再一次行跪拜大礼。孙科赶紧把他扶住了，说："我们是同胞，我们也是同志，以后我若有什么发展，会同你打招呼的，把你请到我这里，发挥你这位蒙古族同志的作用。"当即孙科把奇忠义聘为自己发起组织的"全国战时戡平动乱委员会"委员。

同年5月，孙科再次当选为立法院院长，旋即调任行政院院长（同年年底）。翌年2月，"钟山风雨起苍黄"之际，行政院搬到广州，孙科曾捎信给奇忠义，招呼他去广州。不过仅一个月，他就辞去了行政院院长职，迁居香港，并把生母卢慕贞从澳门接来团聚。

实际上，奇忠义晋见孙科是虚，务他思想倾向得到满足之虚，之后

"行宪国大"时的孙科

孙科和蓝妮

才是实，才是千里迢迢奔首都目的之所在。他又一次通过白云梯，送礼叩开国防部办公厅主任姚琮之铁门，开门见山地提出了讨武器弹药的要求。这位姚琮自重庆时，已衔军事委员会之命，同鄂尔多斯打交道，与陈玉甲、图王等都是老熟人了，如今收了好处，只好硬着头皮陪奇忠义晋见国防部部长。因为奇忠义是铁杆支持李宗仁的选民，所以白崇禧破例接见这位"国大代表"。奇忠义要武器的理由是，郡王旗毗邻"匪区"，共产党游击队活动"猖獗"，军政情势严峻，蒙军没有现代的武器，无法抵挡，战败了岂不扩大"匪区"……云云尔尔。白氏说："地方要枪支弹药，一般都由战区或省里拨给。现在你既然代表图亲王伊盟保安长官公署中将长官跑到我这里来了，就批给一些吧。"白氏批拨了200支步枪、10门榴弹炮、100箱子弹，让姚琮带他的手令到联勤总部去调拨。奇忠义到了联勤总部，开出了调拨单，要到华北军械库去提取。在郡王旗的图王闻讯，高兴得直夸这个孙子能干。这批武器，再加上傅作义将军赠送的那批，一起武装特务营，实力就可以与奇全禧的第三警备司令部匹配了。由于华北已处于战争状态，京包铁路已不通，这批军械一直存在北平，不到半年时间，北平和平解放，这些武器就被解放军军管会接收了。

尚在"行宪国大"举行之际，奇忠义为一位准格尔旗台吉奇丕彰"感抱不平"。他联合奇文卿、汪振东、贾文华等三位伊盟"国大代表"，联名上书国防部，"言辞激烈，但态度恳切"，要求对奇丕彰事件做充分调查，"以免冤抑，而正视听"。奇丕彰曾留学日本，与日本共产党有过接触。1938年回家乡，给人印象是思想趋于进步。1939年，他穿越大半个中国沦陷区，来到重庆，原想谋一个官方职位，但落入军统之手。戴笠欲用此人，但他拒绝，于是被羁押在狱，暗无天日。奇忠义等四位"国大代表"质询此事时，军统局已解体，化解为国防部保密局、国防部二厅，交通部警察总局，内政部警察署。原来叠床架屋的军统局已一分为四，没了这个名称了。国防部就对此一推，说"奇丕彰下落不明"了事。奇忠义等自知不能涉水太深，只好失望而返。

北平，探德王遭灌毒素

蒙奸德王得意春风时

奇忠义离京北返途中还有一个插曲，他在北平逗留了几日。他下榻于东城鄂尔多斯康王府邸。这位康王，就是达拉特旗札萨克王爷逊布尔巴图的有名的骄奢淫逸的长子康达多尔济。1924年，他承袭达旗札萨克多罗贝勒爵位，嗣后在北京购置了这套府邸。奇忠义上门，受到康王继母的热情接待，劝他去故宫、天坛等处玩玩就够了，别去太远的颐和园或者八达岭，现在是乱世，郊野很不安宁，就是向来很活跃的德王，也老老实实待在家里，不敢出门一步啦。老福晋带了一句有关德王的信息，却勾起了奇忠义的好奇，这位臭名昭著的蒙奸德穆楚克栋鲁普如今怎样了？奇忠义顿时产生一探究竟的意念。他从老福晋那里打听到了德王的住址后，第二天一早悄悄地去了。德王是被软禁起来的，因为奇忠义是"国大代表"，宪兵放他进去了。

"我是知道您的，小王爷。"德王反应很敏捷，一见如故地说，"令尊祖图亲王是值得尊敬的老前辈，但也守旧得不合时宜了。令尊巴公十分聪明，思想也跟时代合拍，可惜去世得太早了。您来得太迟了，若早五年多好！您可以十分骄傲地实践我们蒙古民族的自治自决。"

奇忠义从心底鄙视这个蒙奸。德王说的所谓实践，就是出卖蒙古，做日本侵略军傀儡政权"蒙古联盟自治政府"（1937年）、"蒙古自治邦"（1941）的儿皇帝，奇忠义觉得和此人没有什么可谈的，想走了，但德王要他坐下，献茶了。

"小王爷是'国大代表'，伊克昭盟的骄傲。"这个四十多岁的蒙古汉子很健壮，也很健谈，"伊盟四位'国大代表'中您是最杰出的一位。您很有思想，也很勇敢，要在国民党竞选'总统''副总统'的'国民大会'上提出您的绥蒙自治自决问题，要有非凡的勇气呀！但是没有什么结果吧？我都知道了。这是很自然的。国民党的大汉族主义不会允许我们绥蒙成立一个统一的自治机关。事实告诉我们，蒙古民族乞求于国民党去实现民族自治是不可能的。只有依靠自己的努力，靠自我充实，靠自我强大，才可能有点希望。"

奇忠义听听倒有点像人话的样子，于是挑战性地提醒他："去年云泽不是成立了自治区政府？"

"是的，去年5月1日在贝子庙，"德王又滔滔不绝地评说，"云泽（乌兰夫）成立了内蒙古自治区人民政府。朱毛发电去祝贺。他们的共产党工作委员会也紧接着建立起来了，说实在的，共产党的斗争方法要比国民党的高明多了。也许是一种希望，但是要当心，我们蒙古族的一些仁人志士被共产党利用。您想想，共产党一旦在中国全面建立政权，还会继续支持我们绥蒙的民族自治吗？

"举一个最近的例子吧。外蒙古独立，苏赫巴特尔利用了上层人士的激进民族主义情绪，推翻了哲布尊丹巴，建立了蒙古人民共和国。我由衷地钦佩。但是那是共产党的政权，没有多久，蒙古国成了苏俄的附庸！"

说着，德王的神情黯淡下来。奇忠义起身，准备告辞。德王说："几十年来，我一直在寻找我们蒙古族的出路，但是，咳，我的判断错了，致使我成了罪大恶极的蒙奸。其实我是身在曹营心在汉，这蒋委员长是知道的。我曾经一度想逃往重庆，但戴笠手下的人坏了事，被日本人发现了，泡了汤。现在，您已经看到了，我连人身自由也没有了！您

第十一章 · 1947' 1948' 感受南北官场夕阳风光

_261

来看我，我十分高兴。请您代表我向令尊祖父致崇高的问候。我不能去拜望他，实在惭愧。"

　　奇忠义6月初回到省城归绥，省政府主席董其武在他的官邸设宴招待。翌日，他取道包头直抵绥境蒙政会驻地公庙子。图王委员长此际正好在蒙政会办公，他主持的委员会全会刚结束不久。祖孙俩促膝聊别，十分亲密。接着秘书长巴文峻举行欢迎茶话会，并宣读南京行政院（当时，孙科已复任院长）的任命令，简任奇忠义为"绥远省境内各蒙旗地方自治政务委员会委员"。这个绥境蒙政会委员的职位是奇忠义这些年奔波南北所获得的最切实际的官衔。现在，他理应随祖父图王衣锦还乡，返到旗王府，荣耀一下，休息一阵，在小家庭里温暖温暖，再去特务营看看子弟兵和新拨的武器使用情况……奇忠义想着、盼着，但山雨欲来风满楼，省里董其武主席拍来加急电报，催图王、奇忠义速赴归绥。

第十三章

大厦将圮

图王一家离乡背井苦旅

准格尔旗，换了天地

奇忠义在南京感受官场夕阳风光的时候，他老家郡王旗的近邻准格尔旗发生了天崩地坼的事端，波及西北、西南的达拉特、郡王两旗，图王一家处在惶恐不安中。

准格尔旗本来有两个司令部，一个是奇文英的保安司令部，一个是奇涌泉的警备司令部。1946年农历三月，准旗护理札萨克奇文英应图盟长之召，由神山出发，在赴大伊金霍洛途中被该队保安大队队长奇子祥的部下枪击身亡，嗣后奇致中接任旗保安司令。1948年年初，奇致中自不量力，进犯共产党晋西北解放区，遭到毁灭性还击，逃亡到黄河北岸土默特旗境内的党三窑子。这股700多人的地方保安武装基本就垮了。准格尔旗的军事地理位置十分重要，地处陕、晋之北，为归绥、集宁、张家口之间交通要冲，西北军政副长官董其武授令伊克昭盟警备总司令陈玉甲组建伊盟第一区警备司令部，任准旗年轻的西协理奇涌泉为少将司令。奇涌泉是奇文英的孙子，曾随祖父抗击日军，后赴重庆，接受国民党中央训练团党政班培训（6期），返准旗后筹建该旗三青团支团部。这位20多岁的师级司令意气轩昂地率领2000余名蒙军驻扎在紧靠郡王旗刀老堡梁的神山要塞。此地层峦叠嶂，沟壑纵横，大自然造就了这易守难攻的堡垒。国民党军方对该警备师也倍加重视，派去军统特务陈政波任副司令、黄埔生陈自明任参谋长，把大批政工人员充塞到连排中去。该师辖有3个团，每团3个连，每连配有机枪一挺。司令部还有直属炮兵队，应该说具有较强的战斗力。奇全禧看看自己第三警备师一副穷相，十分眼红。

1948年春，中共中央东渡黄河。4月22日西北人民解放军收复延安。西北战场的中国人民解放军已从根本上扭转局势，转入进攻。为配合西北野战军回师北上，中共伊盟工委领导下的蒙汉支队寻找战机，在伊东开辟游击战场，他们看中了神山要塞。这个要塞西可控制札萨克旗、郡王旗和东胜县，北可以直通达拉特旗，这是一处战略要冲，于是一场解放神山的战斗开始策划。

中国人民解放军张志达将军

神山要塞山神庙残余

首先是这支强悍的蒙汉支队（司令员王悦丰）扫除准旗内奇致中部残余，逐个解放神山外围如沙梁、哈拉寨、麻树沟、马栅、长滩等地方。4月初，支队一、二大队（即伊东支队）到达陕西神木，与原八路军贺龙部一二〇师大青山骑兵支队司令、时任陕甘宁晋绥五省游击司令的张达志部会合，兵移神山周围，向奇涌泉提出和平解放通牒。奇涌泉拒不接受，调他的3个团，集中在神山要塞，又调达拉特旗自卫军2个团助战，气焰嚣张宣称要和共产党决一死战。伊东工委（时伊盟工委已划分为伊东工委、伊西工委）决定武力解放神山，由张达志司令员指挥。张将军命他的四、六两团担任主攻任务，伊东支队一、二大队堵截溃逃之敌。15日，部署完毕。张部及蒙汉支队进入阵地。16日清晨，在蒙蒙细雨中，张司令的进攻命令一下，四、六团如猛虎扑向神山要塞各据点。奇部军队不堪一击，仅1个小时，各路溃败，纷纷向南坡、前坡至神山大沟逃去，正好落入伊东支队一、二大队的埋伏圈中，顷刻间受到张部、王部前后夹击，被歼5000人以上。张达志挥麾回师，再攻神山主峰奇涌泉司令部。奇见大势已去，无心恋战，反身进入神山山神庙，打算换穿牧民蒙古装，混入散民中逃逸，但被黄埔出身的参谋长陈有明堵住，只好再指挥特务连，边打边退，退到松树疙瘩地方，又拼死战了两个多小时，结果与陈有明一起被解放军活捉。副师长陈政波临阵逃脱，不知所终。打扫战场，被击毙的蒙军并不多，大多被俘，连同奇涌泉、陈有明、白凤歧（副官长，蒙古族人）及官兵、家属等有1500多人。

神山一战，大获全胜，使得中共伊东工委在准旗站稳了脚跟，随即建立起了党工委组织和临时性人民政府机构——准格尔旗自治政务委员会。该委员会主任一职虚位以待，等待在陕西神木养病的奇涌泉来担任。奇涌泉在神山一役中被俘，十分羞愧，但中共伊东工委做了他的工作，把他送去神木保护起来，不料他患了伤寒症，竟一病不起而亡故，终年才27岁。奇涌泉逝世后，在自治政务委员会任秘书长的白凤歧升任副主任。

神山一战，终使准格尔旗彻底换了天地，基本上成了解放区，共产党领导的新民主主义革命的各项政策，尤其是民族政策，得以广泛宣传，特别是伊盟支队司令部《第一号通告》《对伊盟蒋管区蒙汉人的口号》，一条条向郡王旗、札萨克旗、达拉特旗，向鄂尔多斯腹地传播散开去：

——蒙汉人民团结起来，不分阶层，不分旗界，建立反蒋（介石）傅（作义）统一战线。

——在伊盟地区不进行土改。

——反对蒋、傅大汉族主义。

——驱逐特务专员，摧毁保甲制度。

——反对帮助蒋傅作恶，出卖蒙古族人民利益的蒙奸分子。

——实现民族平等和民族自治制度。

——建立伊盟人民蒙汉平等的各阶层联合自治政府。

——禁止开荒，保护牧场，不向蒙地移民。

——信教自由，尊重蒙古族人民的风俗习惯。保护召庙，严禁破坏。

为了蒙旗王权而相互残杀、杀红了眼的近半个世纪的"准格尔杀戮"，随着共产党领导的人民政权的建立，终于结束了。但是准格尔封建蒙旗制度的告终，这一触目惊心的事实极大地刺激了一盟之长图王。神山战役在他胸中翻滚着，五味杂陈，不知是什么滋味！共产党的通告、口号像黄河之浪一样，一波一波的，要将他的这个家族三百多年来的蒙旗统治权从根本上掀翻，但奇怪的是，共产党又欢迎王公贵族也来反蒋反傅，那成了什么样的天下呢？现在，战争之后，形成如此局势，历史上未有先例，在国外也无先例，这位20世纪40年代末期的图王真是五脏六腑全被反倒过来，讲不出滋味呀。

流亡归绥，谈佛寄怀

在如此这般的境况中，图王意会董其武的急召。于是他偕奇忠义匆匆离开公庙子，急返阿镇旗王府，去大伊金霍洛拜辞圣祖八白宫，留下东西协理和东西梅林章京，带了老小妇孺家眷和管旗章京阿迪亚、参领色林拉什，以及特务营，在鄂尔多斯草原最佳时光——7月，分乘省府派来的车队，直驰归绥。行前，他郑重考虑，终于将

绥远省国民政府主席董其武

前清颁给的"鄂尔多斯左翼中旗"的大印，交付内亲、东协理奇兆禄掌管，一般旗务要他便宜行事。岂知，这是他与都凌嘎山、双诺古吉山，与红海子、西海子，与"金桌子"及其九条游龙溪水的诀别！从此图王开始了流亡之旅，一直到客逝他乡后，遗体才回到美丽的家乡，升火回归须弥山。

董其武在迎接图王来到时表示很开心，说："并无大要紧事，因为准旗赤化了，只是从安全方面考虑，恭请图委员长来归绥住一阵子。如果图亲王的安全得到保障，那么蒙古族人民，尤其是绥境蒙古族同胞就会同心同德，局面维持稳定。"图王一听，心里就不是滋味，他揣测董主席最后一句没有说的话应是"只要你图布升吉尔格勒没有异动，你没有举旗反对中央，整个伊克昭盟不会大乱，最坏也不过是国共平分秋色"。图王是个十分自尊、十分自信的人，因此他一到归绥就满肚子不高兴，认为自己的人格被曲解了。

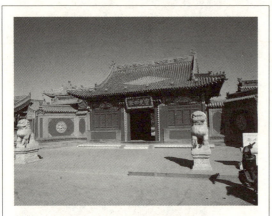

位于归绥旧城区的席力图召山门

藏式大雄宝殿及院内两座康熙帝征伐噶尔丹纪功碑亭

喇嘛做佛事

董其武却十分专注，将图王一家及其随行安排在旧城席力图召大院中的榆树院，便于笃信黄教的图王天天上香拜佛，而那里拥有高级喇嘛，"他们可以天天给图王诵经消灾"。而且这家格鲁派藏式大召，日伪时期曾用作菜市场，于购物买零碎很方便，是鄂尔多斯荒漠中的蒙旗无法比拟的。作为西北军政副长官、绥远省政府主席的董其武，每隔两天都要去席力图召看望图王；有时因公务分不开身，就派省府秘书长李维中代表自己前去探望。有一天，董其武又去了，没有谈什么国事、战事，只是聊聊家常，了解了解鄂尔多斯风情。

"听说贵乡鄂尔多斯男子中，喇嘛比牧民还多！那么岂不成了喇嘛的天下。喇嘛是单身男子，没有家室，没有后人，自由自在，如何管好他们、约束他们呢？"董其武不解地问。

图王告诉董其武，喇嘛是很守规矩、很能忍耐、非常慎行的男子。因为喇嘛教有253条戒律约束喇嘛的行止，包括穿着、说话、举动、饮食、行路，乃至性欲等等，揽括了我们做人准则的全部内容。最要紧的是"不说谎，不杀生，不偷盗，不奸淫"，再由这基本4条派生出253条。比如：

——男女授受时不生淫心；

——没有其他人在场时，不能和妇人讲五句以上的经；

——向和尚、尼姑传经时，如果没有大喇嘛的派遣，则不能进行；

——不能和尼姑在一条船上过河；

——不能和妇女并肩同行，等等。

在253条戒律中更制定了25条，是限制、约束喇嘛接触异性及性欲的。

吃的方面戒律更多了，比如："吃热饭，不能去吹"；"吃冷饭，不能缩脖子"；"吃饭时，不能用舌头去舔饭碗"；"吃饭不能狼吞虎咽"；"吃饭时不能说话"；"不能在家属之外的人家里吃一整天的饭"；"不能和尼姑同一张桌上吃饭"；"不能站着吃饭，不能躺着吃饭"等等。还有稀奇古怪的，我们也很难理解，比如："念经的时候不能用高桌子挡住自

藏传佛教召庙吉祥福慧寺

该寺白塔

己的脸""打水要用左手""生长鱼的水不能喝""生了气之后不能去洗澡"……

董其武听着"扑哧"笑了出来。图王告诉他，其实喇嘛是讲究德性，富有自我牺牲精神的。

"这就是黄教所说的'奉'与'施'。"图王说，"应该说它具有极高的精神境界。这里有一个故事。释迦佛祖前世是位皇太子，叫克苏色玛。他富有钱财，乐施舍。这名声传到一位叫马里安国王那里，国王便派了一位使臣前去乞施。使臣说，吾王陛下得了重病，求太子殿下救他一命。太子答，只要我有，我都肯舍予。使臣叩头称谢。太子接着问，要我什么药？使臣答，是太子的脑浆。克苏色玛听了后，就毫不犹豫地抽剑，将自己的头颅割了下来，交给使臣。这位太子转世后，就成了释迦佛爷。

"还有一个故事。一群猴子在山间玩耍，碰上皇帝带了一支猎队来狩猎。猴子们逃窜，猎手们追赶。逃呀逃呀，前面是悬崖，挡住了逃命生路。眼看命运将绝，为首的一只猴子找来了一根藤索，将它扔去对面山头，套住了一棵大树，自己拉紧藤索，让猴子们一只一只攀索过去，到达对岸。攀爬到最后轮到它自己，它则紧拉住藤索，尽力荡去。这时猎手们都赶到了，万箭齐发，射折了那棵树，这只悬在半空中的猴子就随树、藤索向万丈深渊坠去，摔得粉身碎骨。这只做出大功大德的猴子转生后，便是佛祖释迦牟尼。"

图王讲得很投入，讲完双颊尚有泪痕。奇忠义听得很深沉，感觉祖父图王在自喻，影射他留寓归绥的自我牺牲精神。董其武听得也很认真，听完起立，抱拳告辞。"高哉，伟哉！佛祖这种奉施舍我精神，在当今图亲王身上可以看到。"说完就匆匆走了。

这天傍晚，图王若有所思，就招来奇忠义、阿迪亚、色林拉什等亲信，正要开口讲话，见他的福晋袁宝华走了进来，就正色道："我们有正事要谈，请你出去，走吧。"

"你们看不出来吗？"女人被支开后，图王满脸霜色说，"现在，在这里，我们已经被软禁了，我们已经被圈在笼子里。他们不许我回去，因为他们掂出了我的分量。今后我们郡王旗会怎么样？会有怎样的变化？唉，我呀，我已经无能为力了……"

图王不愿再说下去，长叹一声。

奇忠义紧靠图王身侧，发觉他的双手微微颤抖。习惯揣度祖父心理状态的奇忠义朦胧觉得这位握有三大权力的图亲王有一种倾向，一种意念，但那是绝不能在此际表白的。因此众人散开时，奇忠义站出来发话："刚才大家晋见图王委员长、盟长、札萨克王爷，聆听了他的一个不可外传的指示，希望大家不要胡乱猜测，并且不许外传。"

在如此惶恐不安中，塞北最美好的夏季不知不觉过去了。1948年秋叶尚未纷落，归绥却混乱起来：10月，解放军华北军区发动晋绥战役，解放了绥东大部分地区后，挥师向西，围归绥，指包头，引得绥远省各界人心惶惶。其实这不过是次战略军事行动，目的是堵住困守在张家口、北平、天津、唐山500公里铁路一线上傅作义部队的东西退路。过不久，形势果然悄悄松动了。这时董其武又来席力图召，安慰图王说："东北战场虽然锦州陷落，长春郑洞国投共，但国军五大主力的新六军、新一军还在黑山、大虎山和共军决战，林彪部队不可能入关。我们华北有傅作义将军坐镇北平，而绥远是他的大后方，稳得很，图亲王委员长，您放心在这里住好了。"

在旁的奇忠义问起前不久，在达拉特旗马场壕、大树湾发生的两场战斗，结局如何，董其武回答："那不过是鄂尔多斯草原上那支蒙汉游击队的小闹闹而已，无关绥远大局，而且在王爱召、大树湾一带，我邬青云师长打得很好，共产党游击队死伤惨重。"

图王自己无法行动，只好听凭董其武说，有似蛙井观天一般，诚如他日前讲的两个故事那样，把自己的身家都交付给这位绥远最高军政长官。

心境不佳，年龄已高，图王抽烟愈发凶狠，导致便秘，颇是痛苦。后来，他把昂贵的沉香末混入烟土中来吸，缓解了排泄。但他收藏的沉香即将告罄，此物在包头、归绥均无有售，情急之下只好求助孙儿奇忠义。正巧，奇忠义日前收到北平德王来信，要求他赴北平面晤一次（当然不敢将此事告诉图王，图王极端蔑视此人），于是奇忠义不假思索说："祖父宽心便是了，这事别人去不妥，还是孙儿去次北平，那里定会有售。"

再晤德王，不上他当

此时的北平，形势紧张，出入城关，都得凭证件。好在奇忠义是"国大代表"，行动方便。进城后，他依然耽搁在东城康王府。他去同仁堂购足了祖父所需沉香木末后，就径去见德王。北平眼下的形势似乎激活了这个蒙奸的亢奋感，一见面他就迫不及待地说："时机来了，如此动荡之秋请您来，非同寻常呀！小王爷，您是有思想的人，您是我们蒙旗社会有正式官衔的贵族，您的言行举止是有一定影响力的。今天请您来，我有一件事想劝告，另一件事请您思考。"

蒙奸德王

奇忠义没有正面作回答，于是德王便滔滔不绝讲开了。

"劝告这件事是对令尊祖图亲王而言的。现在中国形势，国民党在长城以北的统治肯定是保不住了。林彪在东北一打完，就要入关，会和聂荣臻一起，把傅作义围困在长城内一千里平津张的狭长地带。这个傅老总挡得住吗？回绥远已是没有后路了，要么逃到南京去吃白眼，要么投共自认战犯。这些远的都不讲。你想想，一旦共产党得了北中国，那么我们的蒙旗制度还能够存在吗？当然要彻底完结了。我就是这么设想，在这大限来到之前，我想请图亲王带个头，联合绥蒙所有王公，同时尽可能联系上察、热、宁，还有东三省蒙旗王公，向全国宣布自动退

德王府，坐落在苏尼特右旗朱日和镇，昔日的札萨克王府，今已成为内蒙古自治区重点文物保护单位

位，在蒙旗实行宪政，拥护民主，以适应新形势……"

"是不是造成第三种势力？"奇忠义不耐烦地问。

"我是这样的意思。"德王承认，继续说，"国内第三党已经有了。但我们这里是蒙区，有自己的独特性。自治、独立自决，北面的哲布尊丹巴叫到现在，半个多世纪过去了。现在时机来了……"

"再说，"德王看奇忠义要讲话，知道不是"好话"，抢在前面把他阻断，继续说，"我知道您要问，谁是领头羊？当然，毫无疑问是令尊祖图亲王。别说是我，我连想都不敢想，我是没有任何前途可言了，任何人上台，都会来算我的账。但我现在是为我们蒙古民族自治自决的前途，寝食难安呀！小王爷，图亲王官位多，阶级高，为人耿介而传统，有号召力，只要他牵头发表声明，必定会得到较大范围反响和拥护。但是，主要的还是靠您来牵头。小王爷，主动放弃王位，以平民的身份执政，只有这样才能抵制云泽乌兰夫的所谓自治。"

奇忠义本来想当场揭穿德王叫他祖父做木偶，他在后面提线坐庄的谎言，但德王一提到"共产党"这个共同话题，他便不禁说："云泽的自治是共产党式的自治，不知是否是权宜之计？我们那里的伊盟共产党宣传要联合王公反蒋反傅。"

德王又说："你若宣布退位，不是统治阶级了，共产党掌了权，可能会对你客气一些。这是实在话。您想想，图亲王那么大的年纪了，那么固执，又那么多习惯与信仰，能跑到哪里去呢？大厦将倾，每个人都要留一条后路。特别小王爷您，您还那么年轻！"

德王眯着眼亲切地看奇忠义。奇忠义瞠目无以对答。他是国民党员，总以党报舆论的思路去展开自己的思维，因此还没有想得这么远。

德王十分神秘地悄悄向奇忠义耳语："南京打算要我去西康——他们决定放弃北平了——我正在考虑中。康藏是我们宗教的老家，但我不信黄教。而且到了那里，我一样会被软禁的。老蒋要把西南建成反共反攻基地，统治会更严厉。我要为我的自治理想再奋斗下去，趁这次机会再奋斗下去，趁这次机会再谋出路。到时我若有行动，我会同您打招呼的。"

奇忠义感到这个人既是败类又有魔力，还有种说不清的引力，但又十分可怕。在这样的境况下，他不敢作答。

"这就是我请您来的第二个目的。这件事，请您思考。"德王最后补充说。

奇忠义没有表示什么就返程了。

从北平返归绥的火车，平时一天一夜就走完了。但这次走到大同后不通了。传言聂荣臻的华北野战军正在进攻长城根的丰镇和绥远境内的集宁。找不到傅作义的指挥部，更不敢坐来路不明的交通工具，奇忠义只好到杀虎口老驿站去，忍饥熬渴地待着。令他感到惊奇的是解放军占领丰镇、集宁后，铁路保存完好，立刻就通车了，对来往旅客丝毫不侵犯，自由放行。奇忠义壮着胆，乘上火车，飞驰穿越还在燃烧着的军事地带，终于回到归绥。

他一进席力图召榆树院，发现省府卫队正忙着搬他的家什，便直奔图王的卧室问缘由。图王一见奇忠义，差点落泪，忙说："好了，好了！人回来了，比什么都好！"奇忠义告诉祖父，火车刚到丰镇，就发现打仗了。若返回北平，一者音讯不通，反叫家里挂念，二来张家口也被围，没了退路。正好这时八路军（解放军）的政工人员来了，告诉旅客，一到战斗结束，火车立刻通行，绝不伤害老百姓，但希望大家待在原地，不要乱走动，不许资敌。果然枪声停歇，他们就冒着枪炮烟火平安回来了。奇忠义告诉祖父，那些"八路"并非传言中的杀人恶魔，穿着虽然比不上国军，但军纪很好，对人威严却又和气，从未看到扇耳光，也不遇搜身的；就是押着成批被俘获的傅将军部下官兵，也没见用绳子捆绑起来，也不见打骂，还给他们吃喝。

"阿吾，你看看，我就是好好的，完完整整地回来了。沉香也买回来了，花了一张五百两银子的银票。"

图王不住地点头，神色豁然开朗。

奇忠义问："怎么搬家了？"

图王回答："就是因为你途中碰上的那场丰镇集宁战斗，风声鹤唳，这里传言共产党要进攻归绥了。怕流弹飞击，董主席要我们搬到新城阿王府去住，说那里是钢筋水泥房子，建筑牢固，即使弹片飞来，一时也垮不了，只要待在屋里便安全了。"

说着，卫队来请图王一家上车，驰去杭锦旗札萨克阿拉坦鄂其尔在归绥新城购置的府邸。这位阿王好不容易爬上副盟长台阶，却一心想做盟长，跑到黄河北岸日军占领下的包头，做了伪伊克昭盟"盟长"，成了被人唾骂的蒙奸。抗战胜利那年，他犯心脏病死掉了。这幢体面的府邸，由奇全禧接收，作了伊盟在省城的公馆式的招待所。

图王住进阿王府后，日子依然平淡无奇，但却心事重重，缘由起自奇忠义汇报的与德王谈话的事情。奇忠义隐瞒了第一次，但这次事关重大，只好向图王直说了。

"德王是罪人。"图王首先一锤定音，说，"他是蒙古族的叛徒，也是中华民族的叛徒，是国家的罪人，是战犯！他无权谈论国事。"

"但是他主张蒙旗王爷退位一说，倒也是钻了国共两党之争的缝隙。今日中国大势之趋，蒙旗难以生存了，这个机会，我们不是不可考虑的。"奇忠义说。

"你相信他讲真话吗？此人居心叵测，诡计多端，善于踩他人之肩，往上爬去，然后过河拆桥。他的自治、自决，同你倡议的根本不同，他想搞'蒙独'。这是我们黄金家族子孙坚决反对的。我家先祖额璘臣宁愿臣服清朝，也不愿脱离中国。你的曾祖特王，领衔'十三条质疑'，在西蒙会议通电上签字，也是维护中华民国的完整。德王搞什么自治自决，事实不是明摆着，和汪精卫一样，做日本的儿皇帝！

"可恶的竟是，他想假借我和你之名，搞什么退位之举，来实现你我都想不到的政治目的。我们不要上当！"

图王看奇忠义还没有什么明确反应，就进一步说："共产党尚未来革我们的命，我们干什么这样性急、慌张？叫他人瞧了，反倒认为我们包藏什么祸心。况且，共产党的那些标语口号，是他们的政策，我们应该仔细想一想，比较比较。千万不要做出什么出格的行动。"

"让蒙旗王公退位？"图王进一步说，"说来真轻松！你知道内蒙古有四十几个蒙旗，面积加起来超过沿海几个省的总面积，人家各有自己的背景和现实，国民党以国家之力都治理不了，我一声号召能顶事吗？我若宣布退位，岂不乱了蒙旗，到时谁来管我们？国民党节节败退，自顾不暇；共产党打国民党，占领全国要紧，哪有闲趣来研究我们蒙古族历史与政体格局？于是鄂尔多斯云翻雨泻，政治局面混乱一团，这时候德王冒出来了，什么自治呀，什么独立呀，魑魅魍魉什么都泛出来了！到时候背黑锅的是谁？做历史罪人的是谁？"

图王最后两句警策反诘，使奇忠义猛然醒悟，连声说："对！对！阿吾不愧是政治的行家里手！"

"我们只能静观时局变化，再看看前后左右情况，千万不要轻举妄动。再说中共也绝不会像苏俄那样把我们驱逐出国的。"

图王说完，烟瘾上来了。奇忠义赶紧叫佣人来上烟。他的烟土里已拌和了从北平买来的沉香。图王吐出几口烟气后，叹了口气说："这种享受还能维持多久？"

流亡包头，审时度势

民国时包头北城门（老照片）

半个月之后，尽管"解放军要攻打归绥"的流言没有变成现实，但董其武还是来劝图王离开归绥，西行去包头暂居，那里的水土更适宜图亲王。"中央蒙藏委员会和华北'剿总'总司令傅将军都很关心您的安全，要我负全责任。您放心好了，我已经指示包头警备总司令陈玉甲将军（伊盟警备总司令部已从新街迁到包头），加倍负责保护您。您和陈将军是金兰兄弟，您可以完全相信他。我们这里可能会有一场鏖战。亲王盟长，此去道途颇长，珍重，珍重！"

因为战云密布而运行极不正常的平绥铁路西线此刻正巧通车了，绥远省府赶紧调拨了一个专列，于10月下旬，将郡王旗这一群人马直送包头。

到了包头，图王很开心，一来可以呼吸久违的鄂尔多斯空气了，二来陈玉甲既然是把兄弟，可以直言不讳提出返乡这一要求："总司令老弟，我明天要到阿拉腾席连镇去一趟，不会待得太久的，主要看看我的家庙，看看那几个喇嘛是否勤勉。总之，很快就会回来的。我不会忘记邻旗沙圪堵已是共产党的中心，我会小心，不会当上他们的俘虏。"

"啊，啊，不行！"陈玉甲很直截了当地回答："盟长老兄不知道吗？前不久10月份，共军在达拉特旗马场壕、大树湾打了一仗，打得邬青云（当地人恨此人，蔑称他为"乌四儿"）部也溃不成军，丢了粮食，丢了人，乌四儿的脸面也丢光了！那里离您老家太近了，太危险了，您的安全比我这条老命还宝贵！我们军人，已和党国签订了生死契约，最终无非马革裹尸罢了；而您，是和硕亲王，是盟长，是委员长，还是中将保安长官，您的安全董主席全权授予我了，我哪能有半点怠慢啊！"

话讲得很客气，但斩钉截铁：此路不通！图王的回乡梦醒了。

从此以后，图王隔黄河南望大伊金霍洛、阿拉腾席连和他的"金桌子"，至于圣祖成陵的日祭、月祭、季祭，那些三月二十一的查干苏鲁克祭祀、五月十五的淖尔祭、八月十五的乌日格祭……都一一无奈地推置脑后。倒是在严寒来临之时，在郡王旗的西协理、伊盟第三警备司令奇全禧（民团改保安司令部后，又升格为第三警备司令部）的建议下，图王以盟长、盟保安长官的身份召集在包头的伊盟各旗王公，举行了一次"伊克昭盟冬季防务工作座谈会"。

此际，各旗都有自己特殊境遇，旁旗讲话犹如隔靴搔痒。准旗的奇致中流寓在黄河北岸，还蠢蠢欲动；达旗共产党势力很大；鄂旗已是共产党的根据地；乌审旗已分西乌、东乌……伊盟中只有一个旗、一个特殊部落尚保持着传统，那就是郡王旗和空守成陵的达尔扈特群体。因此王公们的眼光都集中在图王身上。在大动荡、大转换的前夜，鄂尔多斯需要有根主心骨，经历沧桑的札萨克们需要有个权威。好比两军厮杀，已杀得分不清彼此，此刻有人站到高处，大喊一声："跟我来！"敌我都会拥过去，跟着这位长官走。鉴于特殊高位，图王此际，正成了此种人物，王公们希望听听他的发言。图王答应了大家的要求，因为前一晚，他和奇忠义促膝长谈，形成了讲稿。图王申明，他的说话纯属个人思考，因此辞谢了伊盟王公、仕官之外的所有人与会，包括他的老友陈玉甲。会议厅大门则由他的特务营营长拉格巴等人站岗警戒，气氛森严。

各位同仁！

我们都是黄金家族的后裔，因为我们高傲，所以局限了我们的视野。我们都是鄂尔多斯的台吉，所以我们只能以蒙古族贵族的立场来理解今天的局势。我们都蜗居在河套一隅，所以我们以蛙井观天来看抗战胜利后中国的走向。我也一样，孤陋寡闻，我讲的一些东西，各位不要见笑，也不足为凭。

眼下，国共逐鹿中原，谁胜谁负，尚难定论。大家看到国军装备精良，训练正规，而且又有美国做后盾，但却在各个战场节节溃败。共军装备虽差，却有不挡之勇，所向无敌。这支军队取信于民，得到大众的拥护，恐怕是打胜仗的原因，因此我们不能小看他们。

再看看我们自己，我们伊盟地处边陲，人烟稀少，现状是贫穷落后。中央没有从全局上重视我们，只不过用点小恩小惠拉拢我们蒙旗的王公与上层人士，而在座各位竟陶醉于这种拉拢，自鸣得意起来。

可悲！

我要提醒大家，今天我们依靠国军维护蒙旗现状，已仅仅是种愿望了。因为中央重点防御的地区不是我们这里，而是东北、华东、华南、华中和西南。各位不是已身历其境了吗？抗战时，我们这里作为沦陷区——虽然有几个旗例外，但都吃足了东洋鬼子蹂躏之苦，现在多成为共产党的根据地，国军鞭长莫及、力不从心。唉唉，北平已成孤城，我的老友傅将军作义总司令会做何种选择？玉石俱焚呢，还是柳暗花明又一村？佛祖保佑他平安！

各位同仁！

我们蒙旗究竟怎么办？国军靠不上了。中央远水难解近渴。我们自己力量又很微弱，现今蒙军不像圣祖成吉思汗时代，已不堪一击。神山一役，大树湾一役，就算邬青云师厉害，也被共军支队打得溃不成军。共产党确实神奇，但我们又不能去投靠他们。否则，当局就会视我们叛逆，取消蒙旗传统权利，造成内蒙古与中华民族分裂。这是不行的。

怎么办？

最后，我提出我个人的看法，四个汉字：审时度势。是什么意思呢？各位同仁！为了我们蒙古民族的生存，为了蒙旗百姓大众的利益，到必要时，暂时搁一搁台吉贵族的利益，我看我们应该采取中立的态度。中立的态度，对，中立，既不反背南京中央，也不对抗延安中共。

审时度势，随机应变，灵活地应付多变的时局。

各位同仁！这是我抗战胜利后，瞻前顾后，视我比他，搜索枯肠，心会佛爷指示，也接受朋友开导而得出的一点心得。一己之见，供各位同仁参考，愿大家珍重，珍重！

图布升吉尔格勒和硕亲王这份精彩的讲话并没有载入郡王旗的《王事记》，因为过了10个月，奇忠义就在他生前的意旨下，率郡王旗仕官、官兵起义，投入人民怀抱了。郡王旗从此结束了三百年的封建蒙旗历史，《王事记》失去了现实意义，被遗弃了。不过图王这段话因为是奇忠义起草的，口头流传了下来。

那天，奇忠义刚从绥蒙党部回来。党部通知他，要他参加一个会议，实际上只有主任特派员经荣陈和书记长刘锡骥两人在，一幅日薄西山的图景，他俩无精打采地将中央党部一纸委任状交给奇忠义，任命他为绥蒙党部特派员。当时他心灰得很，国民党快完了，你们一走，难道要我力量微弱的蒙古族来承担河套的党务？这不是抬举，这简直是嫁祸于人！奇忠义心里是讲不出滋味。

回到蒙政会驻包办事处，奇忠义就将这景况，以及南京、北平的诸多印象串联起来，向祖父倾诉自己的感想，一个结论是：国民党不行了，不能依靠他们了，我们不能为他们殉葬。祖父警惕地看看四周，叫他去把门关紧，然后对他讲了一段话："当年我赴重庆述职返途中，邓宝珊将军用他的汽车安排我去延安一转，住了两天，毛泽东先生请我吃了饭。奇兆禄也参加了，但我要求他以脑袋担保，绝对保密。毛先生在席上说：'我们抗日，反对德王降日，但团结

图王密告奇忠义过延安时接受毛泽东宴请和谈话。图为当年的毛泽东与朱德

抗日王公，现在是朋友，将来抗战胜利了也是朋友，以后建设新中国，我们同样团结他们。在蒙旗，只要是我们的政权，我们不搞土改。'"

那天晚上，爷孙俩谈得很深，很久，奇忠义就以他俩谈话的精神，起草了图王委员长明天将在座谈会上谈话的讲演稿。当然，第二天祖父图王发挥了不少，他究竟是位历经三个朝代的老辣的札萨克。

图王讲话后，奇忠义建议伊盟组织一个代表团，赴北平晋见傅作义将军，汇报伊盟当前局势，并坐观华北"剿总"对目前形势的态度，提出援助装备的要求。自李宗仁在4月南下竞选"副总统"并获成功后，"北平行辕"主任一职即挂空。不久蒋介石调张垣绥靖公署主任、十二战区司令长官傅作义到北平，任华北上将"剿总"总司令。因为傅作义任绥远省政府主席时，联合蒙旗军民，坚持抗战，并与蒙旗上层人士颇有交往，留下了良好口碑，所以他们欲从这位华北最高军政长官口中探知当今局势一二，再讨些武器装备。岂知此时傅作义已焦头烂额，他的包括中央军在内的55万军队已被解放军华北野战军和已经入关的东北野战军紧紧围困在东起唐山、西至张家口的500公里铁路线上，他的最有战斗力的几支部队龟缩在张家口、新保安、北平、天津这几个城市里。傅作义能对他的大后方蒙旗来客说些什么话呢？傅作义言辞稳重而温和，肯定了伊克昭盟在抗战时期所做出的积极贡献，勉励大家发扬抗日精神，共同担负起国家危难，同心同德，为"戡乱"做出贡献。傅作义说到"戡乱"时，还特地朝奇忠义看了一眼。作为"全国战时戡平动乱委员会"委员的奇忠义，不知傅将军眼光背后还有什么话，也不敢单独趋前同这位仍旧穿着棉布军服的最高军政长官讲上几句话。代表团团长、伊盟副盟长鄂齐尔呼雅图克（札萨克旗札萨克）提出要求"剿总"支援枪支弹药，但这回傅作义不像在张家口时那么爽快，只答应将责成绥远省政府主席董其武"尽力予以解决"。席良（伊盟保安长官司令部参谋长）正开口要求"剿总"指示包头警备司令部什么，只见傅作义已站起来作送客状了。代表团的随团顾问奇忠义走在最后，还向傅将军深深鞠了一躬，对方也不过礼貌性地颔首一下而已。代表团乘军用飞机返回，团员奇文卿大声说："都是一派官腔。傅总司令恐怕自己也'泥菩萨过河’了吧？"

飞机刚着陆包头，奇忠义一行就得到消息，聂荣臻（晋察冀军区）、贺龙（晋绥军区）野战军不攻归绥，返师包头了！

火急火燎，奇忠义一脚踏进包头住处，董其武的急电同时送到：命陈玉甲派军车武装护送图王一家到公庙子暂住。车队刚出发时，后面枪已响起，传言共军骑兵旅部队已到包头郊外二里半了。

马达隆隆，尘土滚滚，夜雾重重中车队抵达公庙子绥境蒙政会办公院子。蒙政会人去楼空，只有秘书长巴文峻一人守着。巴告诉图王委员长，董主席刚刚打来长途电话，要他陪着图亲王继续西行到陕坝去暂住。已近半夜了，图王一家胡乱吃了些，将就宿下了，等翌日天亮再启程。

第二天一早，包头警备司令部的汽车要返程了，幸亏同时征用了鄂托克旗天然碱公司的两辆卡车，扔了笨重用具，只带细软，把图王一家载了上去。又是车声轰隆，尘土加寒气刺面扑怀，朝着库布其大沙漠腹地驰去。好不容易挨过一段无生命迹象的艰苦之旅，图王被折磨得神志迷糊了，汽车北拐入黄河后套，吹来一股带盐涩味的新鲜空气，终于到达陕坝了。

但是，陕坝旧省府公署留守人员告诉挣扎而来的图王一行：董主席刚打来长途电话，陕坝不安全，车队不能留停，立即驰往银川。不由分说，不顾你死活。沙漠草原之子生命力是顽强的，再走吧，奔吧，流亡吧！车头向南，沿黄河，濒贺兰山，驰在当年成吉思汗远征西夏的古道上，直奔银川。

银川之行成了图布升吉尔格勒的终极之旅；也因缘际会，成为奇忠义命运的转折点。

第十四章

客逝银川

绝笔指示参加沙圪堵谈判

马家大院遭软禁

　　把图王交给宁夏马鸿逵，董其武自此可以向中央有个彻底的交代了，因为这位老马一直自诩为"不造反的回回"，而且反共坚决彻底。马鸿逵的叔父马福禄在抵抗八国联军的战斗中殉国，使马家牌子闪闪发光。马鸿逵在中原大战时（1930）站在蒋介石一边，有功，被封为讨逆军第十五路军总指挥兼徐州警备司令。在"围剿"堵击北上抗日的红军时，他两次向蒋介石呈交《剿共意见书》（1935、1936），并在宁夏与陕甘宁交界地构筑"防共碉堡线"，筑碉堡220余座，可谓尽心；不过在盐池一战中，马家军一触红军即溃，连定边、安定、豫旺都给红军拿去了，大失颜面。蒋介石看中这位"不造反的回回"，念他忠心，授他上将军衔，封他为宁夏省政府主席，至1948年已16年了。到了"戡乱时期"，蒋介石加封他一个"西北军政副长官"的头衔。

　　图王、奇忠义一行抵达银川，算是到流亡旅程终端了。"宁夏王"

过了黄河更念家乡

马鸿逵夫妇在南京"行宪国大"

马鸿逵为表示十二分热情，亲率省府党政军官员欢迎。因为董其武事先密电告之，这是南京方面的意思，绝对不许图王再去他地，尤其要防他返旗，甚于沙王那样叛逆，后果可能乱了傅作义北平"剿匪"后方的阵脚，倘若形成如此这般局面，则罪责大矣！所以马鸿逵做足表面功夫，让图王住得舒心，不生异心。

图王初抵银川十多天时间里，忙于应酬省府各级官员和社会人士，来不及自省处境。马鸿逵用各种名堂，频频举行宴会，热情欢迎图王。

"啊呀，亲王殿下，绥境蒙政会委员长！我们本是抗日的战友呀！当年我参加绥西抗战，就在您那块后套宝地和日本鬼子拼死战斗的呀！"穿着上将军服，马鸿逵移动肥硕体躯，引臂举杯说。

"马将军当年是第八战区副司令长官兼第十五路军总司令，为给部队增员，他施行了有名的'三丁抽一''五丁抽二'的征兵政策呢。"巴文峻凑趣溜须说。

"是呀，我们宁夏子弟兵为抗战做出了贡献，是应载入史册的。"马鸿逵应声说。其实他是甘肃人，后来1949年解放军兵临银川时，他跑到甘肃去做省政府主席，与青海马步芳组成联合兵团，企图负隅顽抗。

图王当时不明就里，客来客往地，侧耳细听，不住点头称是。

"这样吧，图委员长，我把我的四公馆全部交给您用！不仅住得下您全家这多口子，而且你们蒙政会也可以在这里面办公了。"

马鸿逵表现得十分豪爽与慷慨。他除了自己用一号公馆即"宁夏省

马鸿逵（1892—1970）

银川，马鸿逵第一公馆

省政府""国民革命军第十五路军总司令部"外，还有在省城南郊杨和堡的两座公馆：西公馆和东公馆。前者供他嫡母马载德、庶母马书城居住，外人称"老太太公馆"；后者为他的四姨太刘慕侠使用，称为"四太太公馆"。为了表达对图王尽心服务，他还专派省府交际处一名官员做图王的联络员，天天到四公馆向图王请安，征询有什么新要求否："马主席吩咐过，只要亲王殿下需要什么，我们都会尽量做到！"

回族人素来讲究卫生，四公馆里被打扫得窗明几净。生活用品应有尽有，家具什物都很讲究，很高档，饮食方面则尽量照顾蒙古人的习惯。开始时，图王十分感谢，有些不好意思了。后来久思自己与马家素无来往，马氏为何如此殷勤？渐渐疑惑重重，终于在老友邓宝珊来访时的一次交谈中，得以彻底明白了缘由，知道自己付出了沉重的代价：被软禁了。

1948年11月的某天，省交际处那位联络官兴致勃勃来接图王，说：

邓宝珊将军

"邓宝珊副总司令来啦,马主席请亲王殿下和小王爷去大公馆会晤。"他们就一起乘车来到马府。浓眉大眼的邓宝珊已在座,见图王到来,赶紧站起来,伸出大手,握住图王瘦骨嶙峋的老手,好不协调。今天邓宝珊穿了件中式棉长袍,使得他魁梧的身躯有些瘦削,对比图王那身过于宽大的蒙式大袍,显得有些滑稽。

"亲王到马府大院,是董其武主席无奈之举。"邓宝珊不无诙谐地说。

"我也是无奈将图亲王看管起来的,这是傅作义总司令长官的意思。"马鸿逵在老乡邓宝珊面前一放松,说漏了嘴,等他发觉后,立刻缄口了。

一直处在敏感状态中的图王听到这里,脸色大变,顿时跌坐到椅子里,手足不自然地颤抖起来。奇忠义发觉了,为遮掩窘状,接上去说:"祖父图委员长自离开包头后,身体一直不太好,加上旅途劳顿,精神状态也欠佳。他在想老家鄂尔多斯草原和他的帐篷和臣民呀!"

这时图王终于开口了:"对不起,大城市的生活很高级,但我确实消受不起,不习惯。我从小生活在辽阔的草原,饮食起居与城市生活方式完全不同,我实在适应不了。所以目下我的健康一直处于不良状况。二位长官知道,我已是年过花甲的风中残烛,生命随时有可能被沙漠风暴卷走。我也是一个虔诚的佛教徒,我希望自己这把骨灰能洒落在家乡的草原,自己的灵魂能在鄂尔多斯升入须弥山之最上层的极乐世界,免于轮回之苦。"

"亲王殿下不要说这样灰心的话,到时您会好好地回去,我会派汽车护送您回去的。鄂尔多斯嘛,又不远,渡过黄河,一直向东,穿过毛乌素沙漠就到了。"马鸿逵安慰说。

"那好,马主席,现在就请您派车吧。傅总司令是我的老友,让我孙儿奇忠义去北平求情,他会放行的。"图王精神亢奋,站了起来,十分认真地说。

"那，那，"马鸿逵脸色骤变，只好摊牌了，"这是蒋总统下的手令。我马某人能违背吗？"

邓宝珊一直在坐观这场活剧，看看再也演不下去了，终于开口："蒋总统不是命令傅作义将军率部南下，放弃北平吗？但宜生有没有遵命？不是违背了吗？早几个月，8月份，我应宜生将军之请，坐他派来飞机，以'剿总'副总司令的身份在北平待了一个月，所见所闻，我心里都明白了。宜生要我在此时此刻帮他一个大忙。"

邓宝珊固有身份还是驻榆林的晋陕绥边区总司令，他那有限的"新半军"老本是不能随便放弃的。都是几十年的老交道了，他快人快语地向马鸿逵进言，再也不要给老蒋卖命了，观大局，识时务，协同傅作义，做和平起义的准备。邓宝珊老实交代，自己是带着这个目的来银川的，"你老马若相信我老邓的，协同宜生一起行动，那么我老邓救图亲王成功啦，就不用老马您挑担子了"。其实邓宝珊来银川之前，已通过郡王旗奇兆禄的渠道，把自己的意图及做北平和平工作消息些许透露给图王。奇兆禄是当年图王赴渝述职时，邓将军做中介途中访问延安，接受毛泽东主席宴请这些往事的见证人，又是小王爷的内亲，所以邓宝珊让他做信使，带去口信："亲王被软禁在银川，我也很着急，必须从根本上营救他。"图王得知后，既感激，又盼望着北平和谈早日成功，他感慨地自语："这一下我可要出牢笼了，要回家了！傅将军那么大的官能投共产党，我这么一个小小的蒙政会官儿，又不能操纵乾坤，南京有什么不可放心的。"但图王在马鸿逵面前碰了一个大钉子。马对邓的劝说不以为然，坚持他的反共、"死守宁夏"方略，进而刻薄地说："我老马没有你老邓在共产党那里有面子。你到延安，毛泽东请你吃饭；你到西安，周恩来登门拜访。你两面都走得通，你还有新半军！"

"新半军"的隐事，触了邓宝珊的痛处。该典出自卢沟桥事变前，1936年，辛亥元老邵力子简任甘肃省政府主席，同样有着辛亥革命资历——参加过伊犁起义（1912）、"华山聚义"（1914）、护法战争（1917）的邓宝珊却只能做西安绥靖公署甘肃行署主任，次了一个等级的军事长官。后来邵力子调任陕西省政府主席，邓宝珊也只能做甘肃省政府代主席。为使蒋介石放心，邓宝珊将自己的新一军缩编两个旅（新十旅、新十一旅），结果被军界取笑为"新半军"。邓宝珊真是有苦难言。

现在，马鸿逵把话说到这个份上，已经是回绝了。邓宝珊于是说："'国父'孙总理说过，世界潮流，浩浩荡荡，顺之则昌，逆之则亡。以后的道途，马将军好自为之。"

说完，起身。但邓宝珊又返转身，十分歉意地对图王凝视片刻，深深作揖道："亲王，我代宜生将军向您致歉。他的初衷是为您的安全。我相信，北平和平之日，就将是您自由返乡之时。这里马将军是不会亏待您的。图王长兄，请您保重身体，坚持，再坚持！"

第四公馆定起义

邓宝珊走了，图王景况依旧。马鸿逵虽然"庐山真貌"暴露无遗，但表面上对图王礼待依旧。不过宁夏省府对图王跟前一大帮子人——既有郡王旗王府的，又有绥境蒙政会的——行政的、生活的开支再也不拨款了。绥远省府推说战争期间，财税枯竭，连本府公职人员也发不出工资了。怎么办？连饭也没得吃了。图王召来秘书长巴文峻，商量说："我们蒙政会的事，只有等我回去以后才有办法，要不就搬到阿拉腾席连镇去，吃用都由我郡王旗来管！但看眼下局势，连这个起码的要求也可能是水中捞月了。倘若局势继续恶化下去，恐怕连我这把老骨头也不知给他们扔到什么地方去。巴秘书长，你是中央派来的，如今中央的旨意到底若何呢？"

巴文峻一副哭脸回答说："我与中央蒙藏委员会联系了好多次，电报也拍去了好几个，都杳无回音。打电话算是最直接的了，却无人接听。中央不问不管，不拨经费，巧妇难下无米之炊啊。委员长慷慨，用郡王旗的银子来养蒙政会，当然感激不尽，但目下只是画饼充饥。"

图王听了恼怒地说："他们把我绥蒙当成晚娘生的儿子，只生不养不管，心不在肝上，神不在庙上！"

图王气得抛了句鄂尔多斯谚语以讽，奇忠义听了，用蒙古谚语接上去："好鸟选树落，好女选人嫁。南京国都的机关快搬空了。我收到了信，最近孙科院长想把行政院搬去广州，这种乱世之秋，谁会跟他去流亡？祖父亲王您放心，我一定追随您，在您身边。鄂尔多斯是我们叶落归根地。"

"国将不国，我们只好自找出路了。"图王说的"我们"指的是绥境蒙政会，"一幅衰败景象，我这里已是无法展开办公事宜，不要人了。巴文峻秘书长，包括您在内，遣散蒙政会所有工作人员，让他们回包头，回公庙子，回家，自谋出路，一旦形势好转，我再请他们来继续工作，会里支薪。"

"山羊走梁，绵羊走滩，穿衣吃饭看家当。"巴文峻讲了句汉式的鄂尔多斯谚语，向图王长鞠一躬，去处理流亡蒙政会事务，遣散人员。但后来，他应德王之召，赶去定远营（阿拉善旗），去干逆潮流的"蒙古自治"事情了。

遣散蒙政会人员后，图王自身"减肥"，将跟出来的郡王旗仕官、随从、杂役遣返了一大批。此际，听说辽沈战役以国民党军大败而结束，林彪的东北野战军已悄悄入关，与聂荣臻的华北军区部队会师，合成百万大军，将傅作义部50余万军队合围在张家口、北平、天津、唐山铁路线上的狭长地带，几乎天天都有惊魂丧魄的消息传来。图王前所未有地关心起时事来，要佣人去买报纸，让奇忠义读报，译成蒙古语给他听。他又设法弄了台落地收音机，可以收听陕北电台新闻广播，由奇忠义口译给他听。1948年戊子岁末，给他带来的不是彩花四溅的鞭炮声，而是震动心弦的枪炮声。

都是共产党解放军的频频捷报，国民党军傅作义部穷途末路了。

——11月月末，入关的解放军东北野战军攻占遵化、蓟县，向北平、天津、塘沽、唐山进军。

——华北军区徐向前部一兵团突然撤围归绥，向困守在北平城内的傅作义做出姿态。

——华北杨成武部三兵团、东北野战军胡奇才部四纵队合围张家口，斩断了傅部向北平西撤的陆路交通。傅作义只好乘他的"追云号"专机往返平张间，给他的部下打气。

——12月22日，华北杨得志部二兵团向平张线上的战略要地新保安发起猛烈进攻，10个小时结束战斗，全歼傅作义部嫡系三十五军军部及两个师。三十五军可是傅作义的命根呀。

——1948年12月24日，解放军华北二兵团与东北野战军四纵队围堵从张垣向西突围的傅军，歼其十一兵团一〇七军军部及7个师共5.4万人，攻占张家口。从此傅作义预想绥远后方撤退之路，完全被切断。

——12月2日，图王收听到陕北电台播发中共权威人士宣布的42名战犯名单，傅作义、马鸿逵在列。

"有没有邓宝珊将军的名字？"图王已卧病在床，但精神尚能集中，挂念着曾来营救他的邓宝珊，反复地向奇忠义追问。奇忠义收听了好几遍，确证战犯名单上没有"邓宝珊"的名字，于是图王自言自语道："邓将军走对了，傅将军必须走出和平道路……他走和平，不仅自己有生路，我们的自由就有希望……北平，已经兵临城下……"说着，他就昏厥过去。

第四公馆乱成一团。经抢救，图王虽苏醒了，但从此卧床不起。马鸿逵闻讯，前来探视，建议图王到兰州去就医，说可以调来专机，专程载送图王就医。

"你还要把我往西送，那我魂归老家的路更远啦！"图王无气有力说，表示坚决要留在银川。

马鸿逵发觉图王精神不大正常，不觉黯然，不敢多做动员了，临走时说："亲王殿下一定要留在银川就医，我只好将你的情况电告有关方面了。"

奇忠义听了，在旁暗想，"有关方面"指哪方？蒙藏委员会已不知去向，行政院要搬家广州，至于傅长官……殊不知此时傅作义已在邓宝珊将军帮助下，正同林彪、聂荣臻诸解放军要人在和平谈判。是你老马见死不救！你若趁天下大乱之际，放这家与你生死无涉的蒙旗人士回草原，若何？奇忠义漫想。

此后，再也见不到马鸿逵的身影了。人们议论，这老马回老家甘肃养病去了。有人说他与青海马步芳"享堂会晤"，联合抗共。有人说他把大批财物往飞机上搬，运去香港了……好心人向奇忠义建议，让图王集笔大款子，趁老马自顾不暇之际，"走为上策"。虽然图王恋乡根深蒂固，死也要叶落归根，但是病势日渐沉重，已经无法行动了。

1949年1月15日，陕北电台播发天津解放的战报。北平已成孤城。坊间传言，解放军（东北野战军）三十八军是支极其厉害的部队，首先突破天津城，攻占金汤桥，冲进了警备司令部，活捉了总司令陈长捷……在银川的鄂尔多斯人都舒了口气："恶有恶报！"图王为此兴奋了一阵，但过不了多久，又沉寂下去了。

囿于银川，图王在第四公馆他的卧室内长卧不起，精神委顿，经常几日几夜不讲一句话。比这景象更为可怕的是，有时他异常亢奋，一个劲地自言自语不休，乃至笑出声来。奇忠义见了很担心，召来袁宝华询问。这位年轻的福晋说，王爷夜间经常通宵不眠，辗转反侧，反复这么几句话："我的王业，我的爵位！""顺之则昌，逆之则亡！"有一次他竟坐了起来，若有所思，大叫一声："伊尔德尼博禄特，我要写手令，谈判，和平！"袁宝华说她担心亲王得了夜游症……奇忠义立刻纠正她说："祖母，这不是呓语，更不会夜游。祖父是在做一生最大的决断，为了郡王旗业，他在痛苦中彷徨，挣扎，决断。"

暂时平静了一两天，果然一天午后，图王把奇忠义召到床前，嘱咐他帮助自己完成生平最重要的一件事。

"你亲自去，发电报给护理札萨克奇兆禄，叫他送一万块银圆来。最好他自己来，不然让他派最可靠的人来银川，我有要事嘱咐，不得有误！"

过了10天，郡王旗的承启官蒙根乌巴，参领哈立正、乌立吉德力格尔等10人来了，送来了6000块银圆和200两烟土。

"亲王兄弟，奇兆禄已经尽力了。旗王府因为周围局势动荡不已，共产党四处活动而人心惶惶。更因为您不在家，奇兆禄什么都拿不定主意。"蒙根乌巴说。蒙根是特王某房胞兄弟的儿子，与图王是嫡堂兄弟，辈分上相等，是图王的亲信，因此做了札萨克的承启官。

图王也很要听他的话，让他讲下去。

"西乌共产党和沙圪堵共产党（1948年4月神山战役后，准格尔旗全境解放。沙圪堵镇为准旗旗治）的《第三号通告》出来了。大意说，国民党军起义者，给予改造自己和为人民服务的机会。有功者，携枪械来归者，奖；愿意工作者，量才录用；愿意回家者，负责遣送、安置；放下武器者，一律不杀、不辱、不搜腰包。"

"嗯，嗯，讲。"

"我见过共产党的军队，叫解放军，穿着穷酸，装备破旧，但极会打仗，战斗力极强，把厉害的乌四儿正规军打得鼠窜狼奔。只要一打仗，他们总是战无不胜。解放军纪律很严，不占民物，不调戏妇女。"

"傅总司令方面有何消息？"图王吃力地问。

"天津陈长捷被解放军活捉了，真大快人心！他吹牛说，工事固若金汤，有3个月可坚持，但不到30个小时就被解放军一举摧毁掉了。"

"这个，我已听说了。陈玉甲呢？"

"陈将军原是邓宝珊将军的高参，陈将军说，邓将军正式做了傅总司令的和谈代表，来往北平通县间，估计这几天可见分晓了。"

陈玉甲紧跟邓宝珊，后来参加绥远包头起义。新中国成立后，任绥远省人民政府参事。

"准旗、札旗有消息吗？"图王喘息问。

"准格尔旗现在已完全是共产党的天下了，一仗打下来，解放军捉住了奇涌泉，奇诚服了。本来要扶他做旗长，可惜他没有这份福气，生病死在神木。达拉特旗的康王已在包头反正了。听说杭锦旗的护理札萨克色登道尔吉也有这倾向。"

"鄂王呢？札旗的鄂王副盟长呢？"图王沙哑地问。

"听贾文华说，鄂王表示：解放军哪一天来，我们就哪一天欢迎、接待。贾先生在包头反正后，就做了共产党的说客。"

"好吧，今天就谈到这里。你们一路来很辛苦了，去休息两天，然后再来晋见我。"

蒙根乌巴一行人正要跪拜告辞，但被图王阻止了。

"不用这一套了。以后解放了，都平等了。"

"孙儿，"图王对奇忠义说，"你送他们到客栈，要上好的房间，安排他们吃好、住好。我这里还要考虑两天。"

到了客栈后，蒙根乌巴单独对奇忠义说："我看图亲王日子过得并不好，他是在思考生死抉择大事。我们在旗里日子也是提心吊胆的。我们已经察觉到，国民党众叛亲离，已经到了山穷水尽的地步了。在这样的情势下，如若伊盟共产党有大动作，我们伊东这几个旗的蒙汉大众定会站到共产党一边去的。我今天对亲王讲的，全部都是实话。小王爷，你见多识广，要把握这张舵，催促亲王早下决断，争取主动，否则解放军大军开进来，革你命一下，我们王族必然会彻底毁啦！"奇忠义回答说："阿吾，我会努力的。祖父常说，顺之则昌，逆之则亡。在这紧要时刻，我相信祖父会顺应潮流。"

第三天上午，图王与奇忠义不约而同出现在客厅里。图王今天精神状态不错，能起坐、走动几步。按预先约定，图王让奇忠义先去请蒙根乌巴及两位参领，前所未有地显示了民主作风。图王还让管旗章京阿迪亚等未遣返的老仕官也来与会。众人来到客厅，见到图王，齐刷刷地行起跪拜大礼来。图王赶紧从椅子上起身，制止他们，并说："从现在起，就废止这套封建礼节。我正是为此件事，约你们来商议决策的。大家都请坐吧。奇忠义，你不要走开，你是记名札萨克，而且今天的事与你有关，还要做事。你且去把拉格巴营长也请来，要他布置岗哨，大门内外都有卫兵执勤站岗，不许杂人进入。至少，这幢房子，是我的领地，我还有权做主。"

一切安排停当后，图王正襟危坐在客厅上方，十分严肃地说："官场讲究阳历，现在已是民国三十八年元月下旬，应该是肃杀之气消退、和平祥云渐来的时分了。北平的傅先生、邓先生与解放军的林将军、聂将军的高级谈判也该见分晓了，和平曙光快要照到鄂尔多斯了。我经过两三天的思考，今天落锤定音了。"

图王说着，精神亢奋，伴来了激烈的咳嗽，后间的袁宝华、陶格斯赶紧出来，给他换热毛巾、倒茶、喂药伺候。按平时，这么严肃的场合，图王一定会挥手赶女人们下去，今天不然，他说："你们不要走，听听我的讲话吧。"

图王打起精神继续说下去："'国父'孙总理说过，'世界潮流，浩浩荡荡，顺之则昌，逆之则亡'。这是真理，我图布升吉尔格勒一生奉行。若是违背，逆流而行，必遭自我毁亡，并殃及旗民与家人。今天我的主要家眷、仕官、军官都来了，我的孙儿记名札萨克奇忠义也在场，特务营的拉格巴营长也在场。很好，现在我要讲两件事，讲讲我毅然做出决定的两件事。

"第一件事。北平和谈成功后，傅先生必然会放弃北平，摒弃他的'剿总'官职，接受共产党的改编和调遣。有人说这是投降，但我说这是弃暗投明。我认为他不仅获得生存之权，而且还可以继续效劳国家，自食其力，光明磊落地做人。陈长捷就是另一种人生，他为恶地方，一而贯之，结果进了俘虏营。和平，解放，反正，我认为这是今天中国的大势，时代的潮流。

"由此看来，中国大势是共产主义了。我判断，明年（指农历乙丑年）内，我们偏远的塞北蒙旗，也将被红色潮流淹没。但是我们会被杀绝吗？或者被驱逐？并不全然，要看我们的自身态度。伊盟共产党出了好几次通告，说只要反蒋反傅，他们还是团结蒙古族王公贵族的，就是说我们不会被革命。我现在公开告诉大家，民国三十年（1941）我赴重庆述职，由邓宝珊先生安排，途中到延安去一转，有幸受到共产党主席毛泽东先生接见并宴请。毛先生在筵席上亲口对我说：现在一致抗日，我们团结内蒙古各位爱国爱中华民族的王公；以后胜利了，还要建设新中国，也同样要团结你们。毛先生还说，不在蒙旗搞土地改革，宗教信仰自由。不知你们有否收听延安电台公布的四十二名战犯名单，有否留意到名单中没有邓宝珊将军的名字，说明共产党是知道好歹的，不会忘记朋友。"

"有他的名字。"奇忠义轻声说，用嘴角呶呶上方，指马鸿逵。

"因为邓将军不和红军打仗，还帮助他们，做了不少好事，做和平代表，解决北平战事，拯救古都文明，成了把金钥匙。看来共产党是非分明、黑白清楚。

"所以，趁我们从未与共产党发生过武装冲突的有利背景，趁我本人与毛泽东先生有一面之缘——宴我一饭的良契，也趁伊盟解放军尚未来得及收拾我们的时机，我主张，我们主动向共产党投降，获取生存权利。"

"祖父，这不叫投降，是反正，起义。国民党有好几位将军都起义了，他们受到礼遇。但是我是国民党员，又是国民党绥蒙党部特派员，共产党会饶恕我这个国民党吗？"

"啊呀，小王爷您多虑了。邓将军、傅将军的头衔总比您大得多高得多了，邓将军还是老国民党员、同盟会员呢！他们都不怕，您还担心什么呢！"色林拉什对奇忠义说。因为是媒人，他们特别要好。奇忠义听了，觉得自己真是幼稚，不禁发笑。

"孙儿不要插科打诨。你须知，反正后你要是再立一功，原任职位越高，越受重用，历朝如此。

"我说正题。现在我决定，命护理札萨克奇兆禄，协同西协理奇全禧，代表郡王旗前去准格尔旗的沙圪堵，向驻在那里的共产党党部……"

"亲王，"蒙根乌巴接上去说，"我已打听过名称了，叫共产党伊盟工委，书记长是个汉人，叫高增培；部队叫伊盟蒙汉支队，司令叫王悦丰，是一位极有胆略、英武的蒙古族人。"

"我决定让奇兆禄偕奇全禧持我手令、衔奇忠义名义前去，同高、王两位长官谈判，争取以和平方式解决郡王旗的问题，保护百姓财产，避免召庙遭破坏。"

"为什么要衔奇忠义的名义？"图王进一步说，"这就是我今天请你们来商量的第二件大事。你们都已目睹，我垂垂老矣，而且病重，来日无多了。作为伊盟盟长，我今天决定，将郡王旗的札萨克之位、祭祀成吉思汗陵园的济农之权都辞去，按照我们鄂尔多斯的传统，移交给我的长孙、记名札萨克伊尔德尼博禄特，他的汉名是奇忠义。这项决定，我作为盟长，是有权确立的，但觉得要报呈中央政府备案为妥。"

"你们总没有什么意见吧？"

众人呼出一片"嘛"声，那拖着长音的尾声令人遐思中国大地上逝去已久，而在当地也即将消失的那个时代。

"嘛"声之后，出乎图王意料，众人——包括两个女人——都跪了下来，叩起头来，发出呜咽声。

"都起来吧，都起来，这是喜事，'总把新桃换旧符'嘛！现在，奇忠义过来，给奇兆禄的手令分蒙古文、汉文两个文本，由你来起草，我修改后，再由你誊清，我来签章。"

图王接着对色林拉什说："给中央政府的报告你来草拟，修改后我签章，当然是用汉文书写的。"

当下，阿迪亚送来了毛笔与麻纸，帮他们折了标准天头、地脚、缝痕。奇忠义与色林拉什分别蹲在地上，用右腿当桌，在图王口述中写了起来。写成，交给图王审阅。图王作了修改。再写，再改。

三改后定稿，誊清，成为正式文件。图王在第一份文件的蒙汉两种文本上分别签字，盖私章；又在第二份文件上签字，盖了"伊克昭盟盟长之印"和私章。

"蒙根乌巴兄弟，"图王将这两份三页纸的文件交给他，站起身来说，"第一份文件你必须亲手交给奇兆禄，按我指示，即时责成'两奇'到沙圪堵去找共产党工委谈判，千万不要错过时机。第二份文件按公文惯例，发去归绥，董其武省政府主席照收。现在中央乱成团，还是找省政府合适。好了，回去吧，再见了！"

图王归山客异乡

郡王旗来人都回去后，马氏第四公馆又沉寂下来，图王便沉入巨大痛苦之中，病情日渐严重，有时竟处于昏迷状态，只是清醒时连呼"董嘉活佛，我的班第达"。奇忠义知道祖父的心思。

图王的生活与生命观是紧紧与藏传佛教连接在一起，凡到紧要关头，总需要获得佛的启发明示，而能沟通他灵魂与佛交流的，唯有董嘉活佛一人。现在察哈尔正遍地战火，到何处去找这位高级喇嘛呢？经过多方打听后，没想到董嘉活佛好好在郡王旗的道亥召待着，于是奇忠义立刻派人把他请到了银川。农历乙丑年正月还没有过完（阳历1949年3月出头），这位老友如阵春风来到图王的病床前，神志迷糊的图王突然清醒了，眼睛一亮："啊，我的大活佛，我的班第达！外间有什么消息？"

董嘉活佛头贴近图王耳朵，轻轻地一字一句说："北平和平协议签订了，傅总司令反正了，二十五万国军要接受新政府的改编了。"

在旁的奇忠义也听到了。

图王眼睛模糊，嘴唇颤抖。董嘉活佛将耳朵凑近，听到图王在说："政权移交了。我就要离开人世了，恳求佛爷，收留我的灵魂，把我送上须弥山的'天上道'……"

"亲王，您安心去吧。"董嘉活佛大声说，"须弥山有六道轮回界。我为您诵经，送您上'天上道'之'四大禅天'；我还要送您上'四大禅天'之'六层天'，那里住着许多佛爷，佛爷身上发光，把普天下照得透体通明，是一个极乐世界，好吗？我送您去。"

图王颔首。

董嘉活佛继续说："亲王您一世行善，荡荡胸怀。我还要为您念经，送您升到'喜乐天'，那里是无色界，须弥山之最高、最远的太空，灵魂就无须轮回啦！"

图王开口："谢谢，我的，大活佛……"

董嘉活佛在床头安慰图王后，就吩咐图王家人赶紧布置经堂，沉重地说："他的日子不多了，就在这几天里。他本来就是活佛，因为没有了却尘缘，做了一番王业。现在我要为他念经赎罪，为他送行，不枉我们一世朋友。"

接着董嘉活佛开始做法事了。

须弥山

宁夏固原须弥山石窟

——第一天，念《扎布西经》。经云：病起金、木、水、火、土五行相克，本经可使五行相化相合，可除四百零四种恶疾。

——第二天，念《新吉其布卢经》。念到傍晚将尽时，董嘉活佛命小喇嘛捎来一个草扎人，叫奇忠义取来一套图王的衣服，给草扎人穿上，命佣人将这草扎人抬到公馆屋外，举火焚烧。据他说，《新吉其布卢经》就指使这个草扎人代替图王，向阎罗王报到，顶罪。图王这条命因此被换了回来。

——第三天，董嘉活佛加大法力，再加念《桑吉德其布经》，然后让小喇嘛们用面捏成马、牛、羊、鹿、鱼等，披上图王的衣服，送到野外十字路口，焚烧，再一次为图王灵魂赎罪。

——第四天，董嘉活佛一面念《查格西木经》，一面命人做好二十一个三棱塔、二十一个草扎人（都穿有图王的衣服）。《查》经念

召庙喇嘛做佛事

完，即命人将这些附有不干净灵魂的东西，驱逐到野外，烧掉。

经堂在图王卧室不远处，董嘉活佛雄浑厚重的佛号和法器鸣响声可以传去。初时，图王回光返照时，还能口吐"和平解决""还政于民""须弥山""喜乐天"这些字眼，但到第四天，正月二十六日，深夜接近第二天的时辰，图王已没有声息了。奇忠义大声喊叫："阿吾！亲王！爷爷！"袁宝华、陶格斯号啕大哭起来。

董嘉活佛听到哭喊声，立即返身入图王卧室，大声说："亲王本来就是活佛，必须按教内规矩送他上喜乐天！"人们在活佛指挥下，将躺着的图王扶起，趁他肢体尚未僵硬的片刻，把他的姿势摆成双腿盘坐，双臂弯曲在胸前，双手垂在膝上，然后用白布裹住全身。紧急取来早先准备好的白驼绒毛，兜在他颔下鼻孔四周，等待接住他最后吐出的一口大气。图王与内蒙古大草原上其他蒙旗的王爷不同，他是成吉思汗黄金家族的嫡系传人，又是绥境蒙政会的委员长、伊克昭盟盟长，他的最后一口活气必须保存于世，像圣祖成吉思汗一样。

"快把门窗关紧！快用毛毡蒙住玻璃，勿使阳光进来！"

"快把杯里、盆里的水都倒掉！"

"卫兵、卫兵，把住门，勿使猫狗老鼠四只脚的东西窜进来！"

图王卧床前的一张红木桌上，一盏酥油灯已经点燃，豆火影影绰绰，映照灵魂已经出窍的图王面庞，双眼（已被董嘉活佛抹上）紧闭，十分平静，丝毫没有痛苦的表情，似乎显示他的心海已风平浪静，此叶扁舟已飘向彼岸的样子。看到这情景，奇忠义悲从中来，自己生身父母去世得早，全靠祖父顶替慈父、严父，一路一程扶持过来，才得以成人并继承蒙旗事业。他跪扑在祖父遗体面前，恸哭起来。

"您不要去拉他！让亲王平平安安赴西天极乐世界吧！"色林拉什过来劝导奇忠义止哭。

"阿吾平安，福兮升天！孙儿一定遵照您的意旨去做，还政于民。"

众人做完图王的入殓事务，晨曦第一道光线已经射进第四公馆的深深大院，东方快要破晓了。

奇忠义先生后来回忆："祖父逝世这一天是1949年3月7日，农历正月二十六日。应该是郡王旗精神上的分水岭。我永远记着。"

鄂尔多斯归葬仪

　　图王病逝后，依照董其武的电话指示，以绥境蒙政会的名义，由宁夏省政府具体操办，在银川市举行了藏传佛教规仪的诵经悼念会。乔迁广州的行政院及中央有关机关依例发来唁电，代送了挽联、花圈，中华民国"代总统"也依例发来褒扬令，董其武、邓宝珊发来唁电，代送花圈。因为在客地，又因为非常时期，所以这场追悼法事超过了蒙旗王公停尸不过三天的惯例，举丧达一周。"头七"之后，绥远省政府终于同意图王遗体移葬家乡，仕官家眷随行回旗。

　　随即郡王旗派来了枣木轮勒勒车，接图王坐棺返家。

　　您的一生，
　　纯洁善良！
　　呼列，呼列，呼列！
　　治下民众，
　　诚心爱戴！
　　呼列，呼列，呼列！
　　来世转投，
　　行善积德之门！
　　呼列，呼列，呼列！

　　没有恸哭，绝不允许有哭声，只有低哀饮泣的"长调"，回荡在黄河之滨、贺兰山麓。没有任何相应的仪仗，只有本旗自己带来的有数灵幡和那把象征王权的陈旧不堪的"亲王伞"。一路上凄凉冷清，勒勒车载着客逝他乡的游子之魂，辘辘地滚向鄂尔多斯草原，实践中华民族伦理传统：叶落归根。

一周以后，除了奇忠义之外，图王家眷、郡王旗部分仕官、特务营少数官兵，都随图王棺椁回到了郡王旗，径直去葬地。因为《沙圪堵协议》已签订，但郡王旗札萨克图亲王已亡故，记名札萨克奇忠义尚被迫流亡银川，郡王旗政权移交工作尚要往后推移一段时间，所以此际旗王府形成一个政治真空，共产党东郡工委允许蒙旗制度暂时保持现状，图王葬礼得以按蒙古式台吉传统举办，不过一切都从简了。

根据图王生前嘱咐，他的遗体要在鄂尔多斯七旗台吉公共葬地"五堆沙子"坐化。所谓"五堆沙子"，就是五座沙

活佛祈祷图王魂归"喜乐天"

鄂尔多斯的塔布乌拉（五堆沙子）

丘，蒙古语是"塔布乌拉"。在古老的鄂尔多斯草原深处，日月经天、江河行地，大自然造化世界，将五座金光闪闪的沙丘定位在无边无际的大草原心脏。传言在康熙年间，西藏三世达赖喇嘛看中此地，心旷神怡地向往天国，念经超度亡魂。从此笃信藏传佛教的鄂尔多斯人就把这里视作通往"须弥山"之"铁围山"以上"天间道"的甬道，特别是台吉、富人都遗言后人，要求自己身后被送到"五堆沙子"去，或火葬，或风葬，或土葬。

在图王坐棺来到"五堆沙子"时，他的忠诚的老友董嘉活佛已先期到其中一堆沙子前，张搭蒙古包，设下祭台，制作了三十座三棱塔，准备了三十只酥油灯、三十盏银杯（盛阿尔山之水），合成"九九"重天

须弥山之最高处之数。他率领大小喇嘛三十人，诵经三天三夜，超度图王亡魂飞越须弥山之"天上""人间""修罗""畜生""饿鬼""地狱"六道；再由六道中"天上道"飞越"四大禅天"；再由"四大禅天"之"十层天"，飞往无须轮回的极乐世界"喜乐天"。

在旁观看这场法事的奇兆禄很受触动，一位与世无争、绝尽尘缘的大喇嘛，对图王如此重情义，义务办后事，因而心念图王生前对他父子的恩惠，不禁涕泪横流，扑地跪倒在沙丘上，对着图王的坐棺拜叩哭诉道："亲王殿下！我们父子永生永世感恩您的提携、栽培与重用。兆禄无用，沉湎大烟，办事不力，无地自容！2月月初，接到您的手令后，我动员奇全禧去沙圪堵找伊东工委和解放军伊盟军区。但不知奇全禧是胆小，还是别有用心，怎么也不愿去。他不去，我怎么能一人去？他的职位比我高，是伊盟第三警备区的少将司令。当然，我实在也很害怕的。蒙根乌巴大爷带来您的口信，要我们千万不要错过时机，酿成大祸。我急得像油锅里的蚂蚱。正在此刻，西梅林奇林宝站出来了，他是日本留学生，也是您一手提拔起来的，他说他愿意去沙圪堵，持您的手令，代表我们东西协理，去找共产党首领谈判。这天，阳历2月3日，林宝带着奇全禧致共产党中央党部电报，怀揣郡王旗官民和平起义的公文和您的手令去了，他在推磨梁见到了高增培书记长和王悦丰司令、高平副司令。他代表我们，同共产党东郡工委书记长云北峰先生达成了《沙圪堵协议》，和平解决了郡王旗问题。如此，解放军不会来攻打阿镇了，郡王旗的百姓和召庙免却了血光之灾。"

奇兆禄还向图王之灵报告，阳历2月19日，共产党中央西北局给奇全禧复电，表示欢迎郡王旗起义。"老王爷，您的心愿了却了。现在，只等奇忠义小王爷回来，移交政权。您保佑他平安顺利返旗！"

和银川送终时的冷清场面对比，郡王旗送葬颇为热闹。图王存有四子六女，除老大巴公夫妇亡故、三子远在青海做活佛外，八个子女以及当时均颇有权势的女婿都来了；巴公的三子四女，除奇忠义和一个活佛外，也都来了；图王的族兄弟及从子侄辈一大批人，都来了；众多在职的和退休的仕官，两个司令部、三个团、一个营的蒙军军官也十分整齐地来了……他们黑衣素缟，或在图王灵前长跪不起，或叩头不已。省政府的代表、绥境蒙政会的代表、伊克昭盟的代表、六旗王公故友，参差不齐来向图王做最后的告别。蒙旗举哀，男人们都去除身上诸如荷包、鼻烟壶等佩饰物，女人们则卸下"达茹勒嘎"头饰。见面时，不再献哈达、换鼻烟壶，不再互问起居平安，而都深深交换眼光，默默行进。

人们轮番向图王跪拜告别。董嘉活佛专心致志率领他的喇嘛们为图王做超度法事，法器哀戚奏鸣，佛号荡涤尘土。拉格巴营长指挥他的士兵，抬着图王的坐棺，出了蒙古包，行进苍穹下，置于一个金沙丘前，一堆芳香木柴之上。时辰已到，一片烈焰蹿起，映红了湛蓝天幕。

旋律平缓、唱词沉重、节拍自由的鄂尔多斯葬礼歌在"五堆沙子"的无垠天地间回旋，漫荡——

> 在一个方向生长的是一种颜色的花
> 在两个方向生长的
> 是两种颜色的花。
> 在两个方向生长的是两种颜色的花
> 在两个方向生长的
> 沙格吉陶瓦仙家。
> （《沙格吉陶瓦》）
>
> 一千个阿日雅布鲁
> 一万个乌代阿布日拉
> 准珠尔玛耐
> 德力格尔玛耐
> 达音喇嘛的宝姆玛耐。
> 绿色的宝塔扎姆彦苏都布
> 拉希松布宝都伦怪
> 班禅佛爷达赖喇嘛
> 要去善因布拉仙家朝拜。
> （《阿日雅布鲁》）

第十五章

假道新召

奇忠义星夜驰归大草原

坚拒诱惑定远营

鄂尔多斯盼望明媚春色，但是1949年的春天却姗姗来迟。

3月14日，已故图王棺椁启运回郡王旗前一天，宁夏省府交际处那位联络官来告诉奇忠义，图委员长的其他随行人员都可以走，但是"奉上峰通知，奇忠义先生，您一人暂时留在银川，不得擅自行动"。死人走了，活人却行不得，无奈！奇忠义只好把他的副官哈立正等几名随员一起留在身边。

事隔四十多年后，奇忠义一直不清楚到底是谁下了这道可恶的命令，回忆当年，他既恐怖又困惑。奇忠义先生接受笔者采访时说："北平和平解放。祖父图王归天。《沙圪堵协议》达成。我这个郡王旗记名札萨克、绥远省参议员、省府蒙古族福利工作委员会委员、十八旗蒙政会财经委员、绥境蒙旗地方自治政务委员、国民党绥蒙党部特派员、"国大代表"、全国战时戡平动乱委员会委员……国民党快完了，我这一顶顶国民党的官帽再高还有什么用？特别随着祖父在银川流亡生活的结束，家眷、侍从都被遣返回旗，满以为自己可以自由了，却继续被羁束在银川，眼巴巴干望毛乌素沙漠对面的郡王旗绿洲。这不仅仅是政治失业，而且可说是政治拘押了！我真是烦恼无尽，干急有什么用呢？只好听天由命了。"

自幼训练出来的"忍耐"，迫使奇忠义没有盲动，他在静观周遭动静，等待一个时机。

奇忠义正百无聊赖时，德穆楚克栋鲁普这个阴影又飘来了，他从定远营发来一份邀请书，说要召开"蒙古代表大会"，准备成立"蒙古自治政府"，邀请奇忠义参加，并拟选他为委员。此举正应了去年深秋北平东城那席预言："我要为内蒙古自治另找出路，若有行动，会同你打招呼的。"奇忠义此际,确实非常困惑,那八顶逐次高递的官帽,犹如八只金箍,禁锢住了祖父临终嘱托的希望。他身不由己,还被圈在银川小天地,前途迷茫,不知何时才有个了结,而如今德王真的来打招呼了……奇忠义心海波涌。他经受祖父图王二十多年的亲泽教诲和实际历练,已有自己的政治理解。他根本瞧不起德王这个蒙古族败类,虽然对方有自己的政治图谋和为此衍生的社会活动能力。现在,已经是1949年了!乌兰夫的内蒙古自治区政府早在抗战胜利后第三年(1947年5月)就已成立运作,人家共产党有政治纲领,有武装,还为抗日大业做出不朽贡献。你德王这个蒙奸搞"西蒙自治"算什么呀?日本军国主义彻底完蛋了,你还有什么靠山?在这个风起云涌、中国两大力量决战而已现端倪的大时代,草原上这股逆风能掀起大浪吗?奇忠义想起祖父时常说的孙中山先生那句名言:"世界潮流,浩浩荡荡,顺之则昌,逆之则亡。"祖父一生看似平静,实际危机四伏的政治生涯都是在实践这一句话。"和平,反正,解放。""我们主动向共产党投诚。""沙圪堵谈判,新桃换旧符。"临终前的绝唱:"政权移交!"

从1月22日华北"剿总"总司令傅作义在北平中南海宣布和平起义,到31日中国人民解放军进入北平城接防,短短不到10天时间里,德穆楚克栋鲁普乘国民政府指令他南迁西康的机会,狡猾地假道兰州,北折宁夏,溜去阿拉善旗定远营(今巴彦浩特),策动阿旗札萨克达王等王公,再一次搞"蒙古自治"运动。他趁蒋介石下野后,李宗仁的南京政府代表团与中共在北平谈判,国民党自顾不暇的时候,召集旧部,笼络

阿拉善旗的定远营今日已成为旅游胜地

阿拉善旗王府

被蒙蔽的蒙旗上层，拉拢起哄小人，成立"蒙古自治筹备委员会"。这时，他知悉图王已逝世，没有傀儡可以利用，但小王爷奇忠义的潜力很大，希望他能现身定远营，则可引起鄂尔多斯的连锁反应，那可非同凡响了。他向伊盟七旗都发去了邀请书。然而反应呢？

郡王旗的西北邻杭锦旗札萨克阿王是臭名昭彰的蒙奸，包头伪"伊克昭盟盟长"，臭味相投，应德王的召唤，但在渡黄河去定远营途中，心脏病发作，死了。他的弟弟、杭锦旗护理札萨克色登道尔吉是一位爱国的正直王公，因为定远营那个会议，他专门派了旗里一位梅林章京赴银川，给奇忠义送去一封信。信中有云——

德王敦促参加蒙古代表会议，经过仔细考虑，我认为在目前这种混乱局面下，即使成立西蒙古自治政府，也很难行使自治权。所以我决定不亲自去，只派拉贝梅林作为代表前去参加会议。我知道你在银川，德王可能邀你参加，（我）由衷劝你不必亲自去，派一代表即可，请三思。

奇忠义读信，登时联想起尚在少年时代和这位邻旗资深台吉的一次推心置腹的谈话。

"咱伊盟有七个旗，你看看这七旗中有几个旗还能继续维持传统制度？"色登道尔吉问他。他俩都是蒙旗黄金家族成员。

"请前辈指教。"奇忠义说。

"那我们来排一下——

"札萨克旗元老、失掉了盟长职务的沙王正纠缠于'三二六'军垦事变，流亡在外，心力交瘁，年已七十高龄；他的儿子鄂齐尔呼雅克图因袭札萨克，年近五十，病魔缠身，难以胜任政事；至于沙王的孙子才刚刚出世。

"我那杭锦旗前阿王（即阿拉宾巴雅尔，卒于1913年），因为坚决反对哲布尊丹巴策动内蒙古'独立'，维护中华民族统一，拥护共和、拥护民国而被国民政府晋封和硕亲王衔，但昔日光彩早已成为过去，他的不肖继承者阿拉坦鄂齐尔阿王附日，名声扫地，与德王一丘之貉！

"再看达拉特旗王爷康达多尔济，是位夜以继日吸大烟的废物。他私人拥有两部别克小轿车，全国各城市都去玩过。达旗的札萨克骄奢淫逸似乎成了这个家族的传统。你看康王爷的儿子，也是一个只知玩乐的浪荡公子。

"准格尔旗的情况你是知道的，那里互相残杀了几代人，几十年没有正统的王爷，旗政由东协理奇文英执掌。这个位子他是用三千八百多块银圆向盟长买来的，但是潜伏着杀机，那个西协理奇子祥虎视眈眈。奇子祥是保安大队长，手握军权哩。而且，那里共产党很活跃。

"鄂托克旗是伊盟中最大最富裕的一个旗，但是小王爷旺庆札布青年时代夭折，留下的儿子还在摇篮里！于是旗政大权旁落到游击大队司令章文轩手中，他是喇嘛活佛，但却是个没有政治道德观的政客，他不顾传统旗政，而在各党派间游走，甚至连库伦（即蒙古国乌兰巴托）也会去的。肯定不会有好下场。

"至于乌审旗，历史上出现过大胖子巴王爷，跪在同治皇帝面前，肚皮可以把两个膝盖掩盖掉，肚皮缝隙中，还能'吞'下一只大元宝。传到最后一位札萨克特古斯阿木古郎，吸鸦片吸到昼夜颠倒，卧床不起，终于一命呜呼，现在由他弟弟奇玉山掌旗政。奇玉山是何等人物？带兵的人，共产党的死敌，而且乌审旗历来是国共两党争夺之地，现在奇金山的西乌已是共产党的天下了。"

"听说奇金山也是位台吉，我们黄金家族的后裔？"奇忠义问。

"是的。"色登道尔吉回答说，"他的蒙古族本名叫杭纳芒奈。他中年时曾做过席尼喇嘛'独贵龙'政权的乡长。后来他与陕甘宁的高岗、曹动之等共产党人拜了结义兄弟。他抗日，是游击大队的大队长，和奇玉山联合抗日后，奇玉山做保安司令，他自动让位，做四团团长。他的西乌地盘完全实行陕甘宁那一套，赤化了。"

"那么他是叛逆的台吉？"

色登道尔吉笑笑，不作回答。

色登道尔吉继续滔滔不绝地谈着，奇忠义不住点头，有时插问两三句，谈得十分投合。前者的民主倾向是鲜明的，但他们当时对共产党缺乏了解，只是从"保住祖先传下来的正统事业"角度谈事论人。

"最后说到你们郡王旗。"这位年长者的倾向已经十分明显了，"图王虽然保守、谨慎，笃信黄教，但为人正直，恪守道统。他最宝贵的是，能紧随时代潮流，他是我们伊盟王公的楷模。你有这么好的一位老王爷，一个正统的家庭。你自小受到很好的正统教育，学识上打实功底，应该说是睿智才俊。你将来必定是位记名札萨克，我们整个伊盟的事业，有你一大份，只是望你小心谨慎，为蒙旗前途严守分寸，万万不可误了方向。"

虽然这是七八年前的一番话，但语重心长。之后奇忠义为仕途奔波，为旗内三角逐鹿，初舔大官场残羹，直到最终被驱逐、流亡，失去祖父这座唯一靠山，落入马家樊笼。这时他冷静下来后再将这番话反刍、细嚼，终于拿定主意了：不去。德王搞民族分裂，无非借重祖父图王的威望和我的影响，绝不上当！奇忠义的回音是：丁忧期间绝不能赴会，派遣两名代表不了他本人的随从去定远营应付。奇忠义最后终于断然拒绝了这个中华民族败类的"蒙独"诱惑，彻底断绝了与他的往来。听说以后德王搞了个什么"蒙古自治政府"，自任"主席"，在解放大军兵临银川时，又窜突到宁夏西北角与蒙古人民共和国接壤的拐子湖，组建"蒙古军总司令部"，及至逃亡蒙古人民共和国。1950年，他被蒙古人民共和国逮捕，移交中华人民共和国。这名伪蒙疆的首要战犯不思悔改，又处心积虑搞"蒙独"，终成中华民族的罪人，依法落入新中国监狱。1963年被特赦。

纵马一夜终回府

现在，奇忠义在精神上如释重负。既不去定远营，当然也不能飞广州，追随孙科的行政院，因为那是政治流亡。北平解放了，南京也解放了，归绥的命运迟早而已，他没有资格去投奔董其武。董将军去年接祖父出来，目的何在？害得老人家客逝他乡。现在又不许他离开银川，做人质吗？他这个小小的记名札萨克又有何价值？董将军的葫芦里到底卖什么药？何去何从，再思三思，路只有一条：返乡，兑现祖父图王札萨克"投诚共产党"的遗愿。他也有一个家呀，返郡王旗自己的王府，拜见祖母，和妻子团聚，死也要和家人在一起。他这个王爷毕竟和共产党没有仇隙，从没有加害过共产党人，也没有同他们的军队交战过。奇兆禄、奇全禧他们也都是台吉，他们去沙圪堵和共产党谈判，不是都好好地回到旗里吗？听说共产党中央还发电报，表示欢迎郡王旗起义。起义，已成必然趋势。他还乡，履行起义手续。起义，就是反正，与投降不一样的，最后的仪式还得要他这个记名札萨克去完成。但从此以后，他就不是旗王府的王爷了！也许，是否是郡王旗鄂尔多斯左翼中旗的人也很难讲了。奇忠义因此忐忑不安，愁绪万丈。

奇忠义虽然被禁锢在银川，但他的两位副官还是可以外出活动的。图王生前置下的那架落地收音机也还在用，可以收听到一些消息。

"小王爷，3月18日，东乌审起义了。"副官哈立正回来，给奇忠义带来了消息，"听说在东乌的一部国防部电台，正在偷运往榆林途中，被东乌起义军在大苏卜克扣留下来了。国民党特务弓吾舫被抓了起来。自此原来的赤色西乌和反正过来的东乌连成一片，乌审全旗成解放区了。"

"小王爷，就是3月18日同一天，耳字壕战斗打响了。"副官乌力吉德力格尔告诉奇忠义，"王悦丰的蒙汉支队把慕幼声的两个团全歼了。"

"小王爷，20日，蒙汉支队骑兵乘胜攻占东胜。（国民党军）守备十六团想去偷袭，结果被打得血本无归。"

奇忠义知道，耳字壕东部是鄂尔多斯南北交通的要道，伊盟警备总司令部在那里设置了一个规格上与蒙旗相平行的军政机构——"抗共民众组训处"，慕幼声也曾和自己打过交道。如今共产党伊盟军区拿下了这个要塞，伊东四旗达拉特旗、准格尔旗、札萨克旗、郡王旗的全境解放已指日可待。副官告诉他，耳字壕东南康家湾兵营原有三个连，岂知蒙汉支队进攻时，有两个连竟去玩"娘娘会"庙会了，剩下那个连几乎束手就擒。东胜这个伊盟经济、军事、政治中心县城，在驻的守备十六团，也是风声鹤唳，一听到解放军接连攻占了昌汉沟、阿斯浪沟，根本没有接火，就虚打了几枪，趁夜色弃城而逃了。

"贾克让呢？"奇忠义问，"他是东胜县长兼十六团团长。"

"听说他不甘弃城，怕挨上峰处分。四天之后，又率部去偷袭东胜。结果共产党蒙古骑兵奋勇还击，一气追击到西罕台庙。十六团全军覆没，那个贾某人也做了俘虏。"

"国民党军兵溃千里，不堪一击，败象难挽！国民党的气数尽了。"奇忠义叹了口气。

各种各样的消息不断传来，消息中还包括杭锦旗护理札萨克——那位受奇忠义尊敬的前辈色登道尔吉，亲笔致信伊盟工委，表示拥护共产党领导，希望和谈。这不啻给奇忠义服了一颗定心丸。很快，鄂尔多斯将是共产党领导了。北中国再也不会是国民党的天下了。绥蒙全境必定有个了结，他知道尊敬的董其武将军是位明智的政治家，必定会走傅作义将军和平之路的。如今，再滞留"马家大院"，无疑将做马家人的殉葬品。必须立即返回郡王旗，不要再讲究什么礼仪了。奇忠义下定了"走"的决心。

人在屋檐下，不得不低头，奇忠义正处在这样的苦境中。4月初，奇忠义向宁夏省府交际处那位联络官提出，要求安排晋见省政府主席马

马敦静（1910—2003），马鸿逵的
次子，国民党军宁夏兵团中将司令

鸿逵。等了好一阵，对方回说："马主席因公外出，不在银川。"奇忠义感到事态已趋紧张，不能再等啦！一天，这位联络官员来到第四公馆，他们已经熟悉了。奇忠义曲意奉承，和他谈草原、谈喇嘛、谈女人，还取出大烟，供他尽情吞吐，从他口中获知"马主席走的时候，已把宁夏的军政大权都交给了他的公子马敦静（系次子，老马走后统率马家宁夏兵团）。现在小马可是宁夏省的代主席，老马看来你是等不上了，有要事可以去找小马哩"。奇忠义心中有数。过了几天，他向省交际处提出晋见马代主席的要求，暗地进行了"打点"。

翌日，交际处官员带奇忠义去见马敦静。奇忠义一进客厅，就口称"马叔父"，并深深一鞠躬。"马老太爷对我家无微不至的关怀，小辈忠义感激不尽！今天马叔父接见忠义，更令我激动不已。"说完，奇忠义又站起来鞠了一躬。小马已经猜透了这位蒙古小王爷上门的目的，就开门见山对他说："令尊祖图王的丧事，我们完全按蒙古族习俗和中央指示、董将军的吩咐去办理的，我们应该做得尽善尽美的。至于把你留在银川，请你理解，我们要向董主席负责，也要向你负责，你是我们的外省客人，我们受董其武主席的委托，不过尽点义务罢了。这点尚请你谅解。"小马的回答，滴水不漏。奇忠义接着说，按蒙古族传统，先人在"七七四十九"天内，须请喇嘛做"三七""四七""五七""六七""七七"，否则亡灵无法安魂。"做七"的时候，必须有孝子在场。奇忠义不厌其烦地讲着，偷眼窥了马敦静一眼，发觉他十分烦躁，就"识相"地顿住了。小马起身让客，奇忠义不甘心地站起来，临了补一句："家父中年病故，我是唯一能够代表长子的长孙，请马叔父体恤！"小马似乎情动，挥挥手回答："你的行动问题，我无权决定。等我与董主席联系后，再回答你吧。"

几天后，奇忠义终于知道马敦静在鄂托克旗保安家庙为他先祖母做十周年忌日法事。他灵机一动，邀请了他的旧友，鄂托克旗保安司令部参谋长，如今客串马家军幕僚的韩裕如，一起去马府求见。韩裕如也是小马的挚友，所以他们轻易进了院子。

一脚跨进经堂，奇忠义就向马氏太夫人牌位上香烛，一副虔诚相地跪拜起来，向马敦静诉求道："马叔父！《孟子》曰：'虽孝子慈孙，百世不能改也。'先祖父的法事在家乡摆开，可没我这个长孙到场，他死不瞑目呀！何况他谢世'百日'未到，可真谓尸骨未寒！小辈想可否让我就在银川近邻鄂托克旗新召，设灵堂，办次法事，请喇嘛念经超度，法事完毕，就如期返回银川，绝不食言！"不知是动了孝心，还是照顾在场挚友的面子，还是归绥董其武方面有了松动，还是时势已风声鹤唳，人心惶惶，小马答应了这一请求，但要求韩裕如作陪伴，一同前去，一同返回，并批示将派一辆汽车护送。

奇忠义终于突破了这一步。

一个返乡的计划终臻成熟了。早先他已派他的副官勘察了返乡的路线。有好几条路线可以直接抵达阿拉腾席连镇郡王旗王府，都要横穿毛乌素沙漠。过沙漠，对蒙古族男子来说不算回事，只要有个中间站，可供吃喝就行了。他选了鄂托克旗的乌兰、新召和杭锦旗的锡尼（色登道尔吉会帮助）三条路线。没想到，马敦静竟然同意他往新召做七祭祀了。银川—新召—阿镇，这是返乡最直接、最短的一条路线，奇忠义与韩裕如分手后，回到公馆，情不自禁偷偷手舞足蹈了几下，召来两位副官密议。

"哈立正，你去电报局发封电报，给郡王旗拉格巴营长，要他在五天后，送两匹我的坐骑和两名马丁到离鄂托克旗新召镇东南二十里地巴图鄂其尔（此人是郡旗的牧民）家等候。他自己不要去，免得目标太大，只要带几名特务营亲兵，在郡王旗昌车渠隘口接应便是了。哈立正，你回来的时候多买些我爱吃的食物，说小王爷要长期住下去了，动静做得响一些，可以骂我几句'这个阿斗乐不思蜀'什么的。"

"乌力吉德力格尔，你要辛苦一点了。现在你就驰马出银川，过黄河，一直向东，到新召，折东南方向二十五里，去找我们郡王旗的一个牧民巴图鄂其尔的土坯房。向他打个招呼，我不日将去他家，要他不要透露任何风声。"

奇忠义嘱咐完两位副官的任务后，继续留在公馆，多往外面走动，弄得声响大些，造成小王爷还将继续逗留公馆里的假象。

再过一天，奇忠义在韩裕如的陪同下，由银川出发了。他们没有要省政府派给的汽车，这样可以省去许多麻烦，而去租了一辆车。两人各有自己的打算，尤其韩裕如在鄂旗保安司令部所在地阿拉庙还有复杂的人事关系，时势已迫在眉睫，他必须返回老家去处理私产。汽车西行，驰在毛乌素沙漠，满目萧索，毫无春的气息。两人"各怀鬼胎"，终于到了鄂旗旗治乌兰镇；再折北，行车50公里许，便到达新召苏木。在车

新召向东便是茫茫毛乌素沙漠

鄂托克新召的宝殿与白塔

上时，韩裕如透露了自己的打算，所以车一到新召，就让奇忠义下了车，自己继续坐车，拱手道别，绝尘而去。

奇忠义找了个脚夫，把做佛事需用的物件挑担随行。他很快来到了绿琉璃瓦五大殿和九白塔高耸入云的鄂托克新召（20世纪30年代曾花5万银圆重修）。这家藏传佛召有一位活佛，有百名喇嘛。他找到了住持喇嘛，请他为先祖父图王做超度法事。喇嘛们启用了一座殿堂，在殿内西南角铺了一块毡子，让奇忠义取出他带来的亡故人若干生前遗物，将其衣服扣上纽扣，依照本

人的盘坐姿势摆在毡子上；毡子前摆一张桌子，将图王生前用过的鼻烟壶、怀表、挂件等物，以及他爱吃的食物，一一置于桌上。按习俗，院子里应栓一匹逝者的坐骑加全副鞍辔，但自从全家流亡到银川后，图王的爱驹没有了，临终前曾想购买一辆汽车，但没有实现。奇忠义只好吩咐喇嘛去冥具店买了全套纸马、纸车、纸轿来充数。使他伤心的是，按规定羊背子煮熟，其他供物也准备了，然而在这异乡客地，又是兵荒马乱的时日，这场"韶菜之筵"（丧席）竟连一个亲戚、一个乡友都没有来参加。孤形吊影无亲眷，忍气吞声空嗟怨！奇忠义无限伤心。不过他已知道图王的棺椁运回郡王旗后，在王府里、阿镇上和"五堆沙子"举办了与逝者身份相应的丧仪，董嘉活佛率众喇嘛做了隆重的超度法事。而今先图王的长孙在鄂尔多斯的最西端，为他超度亡魂，安度"须弥山"，尽量做到于心无愧无疚。当然，如此这般的目的只在于趁机逃脱银川——这也是祖父图亲王生前最大的愿望，所以奇忠义并不计较，花了银子，由喇嘛们去摆布了。

奇忠义在鄂托克新召安排妥当后，谢辞客房住宿，走也！

当天晚上，奇忠义在他的副官乌力刚带引下，来到了他"臣民"的土屋中。后者则按计划返银川，掩盖小王爷"出走"真相。巴图鄂其尔在这里游牧居住多年，仍保持着对主子的尊敬，立刻跪拜叩头，奉上火热的奶茶。奇忠义半年多来第一次获得自由，吸到草原上的新鲜空气，感慨无比。大树湾战斗、耳字壕之战、东胜争夺战、纳林激战等共产党的伊盟支队与国民党正规军、保安部队的几场战斗过去不久，硝烟还在鄂尔多斯荒漠、草原弥漫。鄂托克旗本是共产党的根据地，伊克昭盟工委如今分成伊东工委、伊西工委。伊西工委就在鄂托克、乌审、杭锦三旗开展工作，宣传"蒙汉人民团结起来，不分阶层，不分旗界，建立反蒋统一战线"等政策，"不是反王爷，只是打击顽固的蒙奸王公"等口号也随处可听到。在新召做法事时，夜宿巴图土屋时，路遇熟人时，奇忠义耳闻目睹种种新事物，直感一个翻天覆地的新时代快来了。他在祖父神位前跪拜时，心中有愧。想三年前祖父为他主持"记名札萨克大典"，多么庄严，多么隆重，多么叫人羡慕，而今追悼先祖父的佛事，

北平起义后，2月22日傅作义前往西柏坡谒见中
共中央，图为毛泽东与他晤见情景

北平和平解放：解放军接管城市防务（1949年1月31日）

解放军入城（1949年2月3日）

寒碜、冷寂、心酸，但是为了避免重蹈祖父的命运，挣扎跳出马家樊笼，不得不出此下策。他默默祈祷："阿吾您在沙圪堵会谈前已定下起义方针，此番孙儿回旗，按您的既定方针办，付诸行动，孙儿将率全旗仕官、全家妇孺反正，即使需要生命的代价，也在所不惜！阿吾您在天之灵保佑啊！"他在大佛唐卡前、在先祖父图亲王牌位前迭次叩拜时的心语也就是这么几句。

这个日子越近，他越是心切，乃至杂念丛生，生死俱虑，心想自己二十二年短促的人生，也许从此结束，也许彻底蜕变，也许成阶下囚，也许……对此，他在接受笔者采访时，如实描述自己当时心境，总结成一句话："提着脑袋回家，听天由命！"

放眼毛乌素沙漠，茫茫无际，寸草不长，几乎没有生命元素，但是放眼外面天地，大得很。1949年的中国正在天翻地覆慨而慷。1月30日，图王一家三代人所敬重的原绥远省政府主席，原华北"剿总"总司令傅作义将他的35万军队交与中国人民解放军予以和平改编后，于4月1日向全国发表北平和平解放通电，称："地方未曾遭受破坏，人民生命财产没有遭受损失，文物、古迹、工商、建筑也都得到保全。北平和平解决，蒙全国各方称许，认为是实现全国和平的开端。""作义本人认识，今后愿拥护中共毛主席领导，实行新民主主义，和平建设新中国。"

奇忠义当时没有读到傅将军的"四一"通电，他更不知晓共产党中央已在酝酿"绥远方式"，有节奏、有耐心地在傅作义、邓宝珊诸将军协助下，争取绥远省政府主席董其武和平起义。因此他多方猜度，乃至迷惘视野、惴惴不安。

现在他白天到新召去"做七"，夜间回到巴图土屋，消化、分析白天打听来的消息，望眼欲穿地等待他的特务营。5月3日傍晚，他刚回到巴图土屋前，眼前豁然一亮：他的一匹白马、一匹枣红马正在被特务营的一个马丁喂料。马丁一见到奇忠义，即刻跪告："王爷，白连长在屋里等您！"

进了土屋，白士光跪拜之后便告诉奇忠义，干粮、饮水都已准备停当，途中巴音淖尔、木凯淖尔，有他们的人马接应，快马不过一个晚上就到。进入郡王旗后，特务营的一个排就会来保卫，放心回去便是了。

"要绝对保密！我倒不怕马家追兵，而是怕兵匪一家的乌四儿！"奇忠义说。

"绝密！除了拉营长和我外，连执行任务的士兵也不知情。乌四儿自大树湾一仗被打晕了头，龟缩在土寨里，不敢出来了。"

"那好，现在就动身！"

"王爷，您吃饱了再上路吧。"

"不了！饿了路上可以吃。召庙里的法事，顾不上了，祖父会原谅我的！走，上马！"

高原蓝天碧净，星星闪亮，似乎可数可摘。两匹骏马，两个骑手，时而一前一后，时而并列交换一两句话语，冲刺无穷无尽的黑暗，义无反顾地向前疾驰，只闻风声隆隆，擦耳而过。要在太阳淹没这些星星前，也就是22年前他来到这个世界的时刻回到王府。这是痴妄吗？不是的。

阿尔泰杭盖是世界上的高地，英武的骏马是匹天驹，圣主的两匹青马啊，那匹小青马还在呦。

《成吉思汗的两匹青马》"长调"，被5月的烈风伴奏得无比壮美，奇忠义耳际奏鸣的，就是这种英雄交响乐，他感觉浑身是力量，速度奇快，还有那少年时被父亲巴公训练出来的韧性与耐性，迸发出一股无形无穷的力量，冲击深沉夜色，穿越毛乌素大沙漠，向远远的东方，向泛着红海子、西海子水色绿光，映衬阿拉腾席连旗王府雕梁画栋、飞檐翘角、玉色瑞光的方向，风驰电掣而去。

第十六章

王府恳谈

接受共产党政策

书记王爷促膝谈

　　两根玛尼宏杆依然高高在望，但是印着骏马、鲲鹏、青龙、猛虎、雄狮的招福幡已被取下，顶端的三叉铁矛和公马鬃毛已被黑布罩住。

　　郡王旗王府在服丧，人们沉浸在失去主子的哀痛中。如今奇忠义这位记名札萨克终于活着回来了，祖母、妻子及一群仕官、侍从有了主心骨，哀伤中增添几分欢颜。奇忠义略加休整后，定神下来，思考自己眼下的处境：图王、巴公都已逝世，三叔与二弟都是转世活佛，已出家当了喇嘛，而四叔奇宝玺虽比自己长了两岁，但没有资格主政，做着只有一个团兵力的旗保安司令部的空头司令。奇忠义既然已是记名札萨克，时下局势未定，王业无望，不仅家庭，而且全旗的重担都压在他一人肩上。旗里这个烂摊子不能说是天灾，完全是国民党一溃千里、江山被颠覆所造成的。如若不是平津战役溃败，归绥局势不会吃紧，祖父绝不会流离失所，客逝银川。如若祖父安居旗王府里，凭他的睿智和老辣，一定会平安渡过难关的。现在，不是"过关"，而是面临翻天覆地的新世界，等着共产党来解放郡王旗，自己是阶下囚？还是像邻旗准格尔那样，不少仕官被重新录用？还是像祖父预言的那样，"原任职位越高，越受重用"？奇忠义从心底生出愿望，希望共产党政权对自己量才录用。"我的人生才开始，我22岁，才成家，连孩子都还没有！我对我们蒙古族的信念是在同蒙奸德逆斗争中建立起来的，也是从祖父等上几辈人维护祖国统一完整中确立下来的。我还有许多事情没有做，我没有做过对不起共产党的事，如若有新事业，应该和共产党的事业是一致的。"笔者采访奇忠义先生时，他如是表述了自己当年的思想动态。他迫切想见见奇全禧，希望了解《沙圪堵协议》的具体情况，但奇全禧一直远远地待在他的刀老堡梁西营盘，不肯露面。奇忠义正在恼怒之际，奇兆禄像鬼影般飘了进来。

"王爷平安回来了。"奇兆禄依例行跪叩大礼，"能回旗比什么都好。我们全赖王爷这座大山了！"

"你起来，这种封建礼节从此取消！祖父图亲王在银川时，已不许蒙根乌巴跪拜，宣布取消旧礼节。我们要遵守他的遗命。"

"嗻——"奇兆禄依例长呼一声。

"他大概鸦片吸足过瘾了。"奇忠义心里想，正待问他《沙圪堵协议》的情况时，蒙根乌巴也未经通报进了奇忠义的卧室兼办公室套间。这位老承启官因为是图王的嫡堂弟兄，在王爷家族中有不可替代的特殊地位，况且他亲身经历了这段关键的历史时刻。

"东协理已经尽力了。"看到奇忠义面有愠色，蒙根乌巴立刻见机说，"虽然他没有亲自去沙圪堵。"

"什么？什么！"奇忠义大吃一惊，差点跳起来，想扇奇兆禄一个耳光。他后来知道事情原委了，就说："既然协议签订了，已有实际效力，他们什么时候来接收？"

"奇林宝东梅林回来说，共产党是讲究礼貌的，他们说政权移交不急，还需要奇忠义先生了解'我们的政策'——因为图布升吉尔格勒老先生去世了，奇忠义先生是旗里的执政者，他回旗后，希望他行使职权，保持上下安定，勿听国民党反动派造谣，更不要跟他们走反革命之路，共产党工委到时会上门来的。"

"王爷，"蒙根乌巴说，"我们2月《沙圪堵协议》签订之后，新街札萨克旗的札萨克鄂王迅即派仕官到沙圪堵，向共产党工委献礼致信，表示'只要解放军来到札萨克旗的边界，我们札萨克旗就宣布起义'。"

"反正，起义，舍此别无他路了。"三人一致得出这样的结论。

于是奇忠义翘首等待。但这是个非常时期，战火在伊克昭盟的政治、军事最敏感地东胜点燃，随时有似是而非的消息传去阿拉腾席连镇，叫奇忠义心惊肉跳。

——共军蒙汉支队经康家湾战斗，夺取"组训处"耳字壕。国军王再成两个连骑兵向雨裂沟仓皇逃命。

——共军蒙汉支队乘胜南下，大雪纷扬中占领昌汉沟。第二天，一举攻占东胜，全歼国民党守备十六团。

——东胜，共产党开仓济贫。东胜街头出现"打倒蒋介石，解放全中国"的标语。

——淮海战役结束，北平和平解放。国民党兵败如山倒，解放大军已横渡千里长江，攻占南京了！

奇忠义吃惊不小，联想一年前自己到"首都"参加"国大"，"副总统"竞选的活剧还历历在目！

但是眼下鄂尔多斯战事反反复复，令人难以捉摸：

——东胜战斗又起！国军十六团夜袭，蒙汉支队反击。十六团骑兵被逼进李飞雄寨子。蒙汉支队60炮炮击得十六团晕头转向，逼得该团团长及部众出寨投降。

——东胜又战云密布！纳林的圪沟有一场激战。国民党军方面有三十六军刘万春部十六旅，以及邬青云（乌四儿）、奇子礼、康仲、王再成等地方部队7000余众来势汹汹。纳林激战中蒙汉支队参谋长阵亡。共产党退出东胜，向东撤回准格尔旗根据地。

——又传来消息，郡王旗南面，毛乌素沙漠东端的国民党神木警备团的一位连长向共产党投诚。本旗奇全禧手下的少校参议杨子祯也向东郡工委投诚了。

这几件事发生在奇忠义返回郡王旗之后不久。奇忠义感到国民党还有一股顽固势力，虽然共产党势力是很大的，逐鹿东胜，一时间还难见分晓。怕就怕兵匪一体的国民党军扰民。

西安此时已解放（5月20日），中共中央西北局发出指示，首先解放札萨克旗，通盘考虑解决伊克昭盟问题。解放军迟迟不动手，是在执行中共中央"绥远方式"的策略，不用军事作战方式，让在鄂尔多斯草原上待命的解放军军队暂时退让，等待已接受共产党政策的开明蒙旗王公主动和平起义。

贺龙麾下的西北野战军第八纵队已进驻平绥铁路线上的卓资山，八纵政委李井泉3月9日到卓，传达中央"绥远方式"方针，说党的统一战线方针政策是决定绥远问题解决的根本因素。奇忠义有幸，沐浴了"绥远方式"的阳光雨露。但当时他茫然无知，还在忐忑不安地等待着。

共产党当然没有忘记这位小王爷。中共中央西北局适应全国解放形势，正在整合伊克昭盟的党组织和军队领导机构，并组建人民政权。5月1日，由曾在解放伊克昭盟斗争中发挥重大作用的伊东、伊西两个工作委员会，重新合并成中共伊克昭盟工作委员会。为了应对谈判对手国民党伊盟保安司令部和警备司令部，中国人民解放军伊盟军区司令部成立了，将战斗中所向披靡的伊盟蒙汉支队加以扩建，七个旗都将组建支队。5月22日，在伊盟工委书记高增培、伊盟军区司令员王悦丰的主持下，伊盟自治政务委员会成立了，业已起义的札萨克旗原札萨克鄂齐尔呼雅克图任主任委员，王悦丰、赵诚为副主任委员。这一伊克昭盟的"绥远方式"范本确立，无疑是在伊盟执行党统战工作的成功，这个前提促使东郡工委书记云北峰只身前往郡王旗。

就在22日这天，郡王旗王府来了一位不速之客。门卫通报东梅林之后，奇林宝颇为兴奋，带着来人一脚踏进旗王府一进议事大厅。

"王爷安好。"奇林宝立正一鞠躬，说，"请允许我介绍，这位客人就是共产党东郡工委书记云北峰同志，是专门来拜访您的。"

奇忠义听了，大吃一惊。他知道共产党内"书记"的官职比国民党党部的"书记长"还要大，且不知东郡是哪一级别的，但意识到来者非同凡响，立刻将"云北峰同志"让进内院，请入设施最好、防范最严密的图王生前办公的那间小客厅。他立刻唤来亲信拉格巴，将自己的特务营作了部署，严格周密地保护这位不凡的共产党代表。"他的人身安全关系到旗王府身家，此重任由你负全责！这段时间，任何人不得进入王府，包括东西协理。"

云北峰进了小客厅，奇林宝告退了。奇忠义与云北峰重新让座，奇忠义坐东座，云北峰坐西座。接着他俩又站起身，互致问候，互换鼻烟壶。献哈达是免去了，但他们解下腰带，双手托着鞠躬。奇忠义看到这位书记穿的是蒙古袍，敬礼如仪，完全是蒙古式的，不禁问道："云长官莫非也是咱们蒙古族？您的姓氏是蒙古姓？"云北峰大方回答："奇先生请不要叫我长官，我们共产党干部都是为人民服务的，为蒙古族同胞服务的，包括奇忠义先生您在内。叫我老云好了，要不然叫云先生吧。是的，我是蒙古族人。我出生在黄河北岸，阴山南麓的土默特旗，属兔的，但长您12岁。我们都是蒙古族人，当然维护咱蒙古族正当权利！"

云北峰（1915—1986），郡王旗第一任旗委书记，中国社会科学院民族研究所第三任所长兼党委书记

原来是本民族同胞，这一下使他与奇忠义拉近了距离。

云北峰对奇忠义说："蒋介石反动派是全体中国人民的敌人，反对蒋介石独裁统治，汉蒙人民目标一致。就是国民党内，民主派人士也是反蒋，同我们合作的，是我们的同

蒙旗王府小客厅

志。您知道吗？我们这支人民解放军蒙汉支队的司令，赫赫有名的威震草原的王悦丰将军，就是蒙古族人，我们鄂尔多斯人。他出生在乌审旗斯布扣草原，蒙古名是阿拉宾巴雅尔……"

"阿拉宾巴雅尔，"奇忠义在喉咙口发声，翻滚这一蒙古姓，插嘴说，"鄂尔多斯的蒙古人来自四十万蒙古和卫拉特蒙古，这些氏族大概有80余个部落，都是我们的老乡！"

"我知道，奇忠义先生是位蒙古学专家，从小受到良好教育，通晓蒙汉知识，又博闻强记，文质彬彬，回到人民队伍后，您前途无量

哩！"云北峰接着说。

"回到人民队伍"，"前途无量"。果然诚如祖父所言，他还是有出路的，为蒙古族事业服务。于是奇忠义兴致上来了。

"谢谢嘉言，谢谢！万望多多栽培！我观察云先生言行举止，定是位知识分子，理解我们这些历史废物的苦衷。"奇忠义真诚又无奈地说。

"奇忠义先生言不及义了，奇先生家族怀金垂紫，是成吉思汗的后裔！不说远的，就论您祖父图王，反对民族败类德王百灵庙'蒙古自治运动'，坚决不与降日的德王伪蒙疆政府同流合污。更令人称赞的是，他智退日本特务乌吉达，挫败裹胁七旗王公去包头降日的阴谋，维护了伊盟半壁江山。还有他坚持抗日，参加东胜保卫战，支援前线等等事迹，远近传扬。就是在'三二六'抗垦斗争中，他的稳健、顾全抗日大局的态度，人们也有公允评价。陈长捷就因为图王的坚持，才被撤换的。也是因为图王紧跟历史潮流，决定让旗里派人来沙圪堵谈判，使得郡王旗不动干戈，避免流血，迎来了和平解放。这就是贵我双方的共同立场。成吉思汗这个古老家族从此有了新生命！"

奇忠义听云北峰言谈，知道共产党人对祖父了如指掌，实事求是，坦荡真诚，真是如沐春风，与国民党官场那种口是心非、口蜜腹剑、口惠而实不至的社交完全是两种境界。"哦，共产党原来是很有人情味的呀。"他最怕提及家族的历史、背景，但听到这位书记公正中肯评价自己黄金家族那么有历史高度，不由升起一股敬崇之意，于是便诚恳地说："听君一席话，胜读十年书！"

奇忠义与这位本民族的共产党书记一接触就怀有十分的亲近感，就以草原蒙古族固有的好客习俗，坚持把云北峰留下来，住宿在内院一间当年陈玉甲住过的最高级的客房。当然，在《沙圪堵协议》前提下，这位已经在东郡地区开展了一年多游击战和农牧民运动的工委书记也有这个打算，初谈就把握了奇忠义的政治倾向，顺水推舟，他感到应该趁此机会，根据党中央指示，开展对民族上层人士的统战工作，多做做这位持进步观点的年轻王爷的思想工作，好为和平解放后的郡王旗开展工作起些奠基作用。内战进行到国民党弃南京、上海而逃的这种程度，原来强占王府走廊拐角房间的蔡志伟、蔡志敏之流早就逃得不知去向了。所以奇忠义放心这位共产党书记的安全。但他还是安排特务营通宵值勤，并加强了重武器的警戒。

万籁俱寂，秉烛夜谈，氛围相当坦诚。奇忠义把最担心的问题提了出来："共产党杀人放火吗？"云北峰笑笑说："放火是地主还乡团、国民党散兵游勇干的。倒是我们解放军灭火、解救老百姓。至于杀人，过去我们在解放区镇压的都是一些血债累累、民愤极大的坏人、渣滓。他们杀老百姓岂止一两个，你不杀他，他还要来杀你，杀我们干部，颠覆人民政权，你说这样罪大恶极的人该不该杀？"奇忠义点头称是，说"那是你死我活的斗争"。云北峰继续说："我们共产党人不记旧仇，只要能放下屠刀，站到人民这一边，就会受到人民的欢迎。这就是我们对国民党起义人员的政策。至于对国民党的旧官吏，我们也会根据政策去区别对待的。拥护人民政权的，我们量才录用，发薪金，给饭吃。为人民服务出色的、有功的，还要升官。"

这一夕谈，给奇忠义打开了天窗，给旗王府送来了前所未有的草原新风。

第二天，云北峰与奇忠义继续促膝细谈。云北峰详尽具体地向奇忠义宣讲、析疑中共民族地区的政策，对爱国上层人士的有关政策，以及这些政策的历史背景、生动事例。"你应该是知道的，令祖父图王在民国三十年（1941）赴重庆述职的返途中，经过延安，不是受到毛主席和党中央的接见和宴请吗？当年我们考虑到图王的周围环境，一直来对此事严格保密。还有，民国三十二年（1943）'三二六'反对陈长捷军垦事件，你们的盟长沙王被国民党骑七师逼得无路可走，逃亡大沙漠中，派代表寻找共产党，致信延安求救。当时沙王他们滞留在鄂托克旗苏米图，境况非常险恶，即使不交战，也很难支撑下去。但很快沙王在我们同志接应护送下，撤到了乌审旗西部的解放区，彻底摆脱了国民党军的控制。有一些细节你可能还不知道。我们中央为此组织了一个接待沙王的办事处。沙王的代表到了延安，受到毛主席、朱总司令、周副主席接见，资助军械、军需及生活物品。总之，蒙汉民族是兄弟，在维护国家统一、追求光明的大方向上是一致的，所以我们没有什么不可谈的。"

"我对你们家族的历史是了解的。"云北峰继续说，"至于你本人，你的出身是历史造成的；你在国民党里的那些职务，是你的社会背景所致，你没有借此去祸害人民，与共产党作对。而且你本人是青年，在旗里有一定威信，因此你只要站到人民的一边，你个人是会受到社会的尊重的。"

奇忠义目不转睛地盯住云北峰。这些话对他极为重要，真想把一个个字嚼碎，吞到肚子里去，再反刍一番。云北峰理解这层意思，接着便说了一句分量很重的话："我作为共产党东郡工委的负责人，我是在贯彻我们党的政策，我说的这些话一定算数。"

奇忠义惊叹于云北峰对这些历史事件乃至细节如此熟悉并加以运用，而且非常信任地告诉自己，他为此十分感动。云北峰告诉奇忠义，当时自己正在延安民族学院研究班进修，乌兰夫先生就是学院的教育处处长。

"您是位民族问题专家，是我们蒙古族的佼佼者！敢问云先生是科班出身？"

"我土默特旗小学毕业后，就去南京读蒙藏学校。抗战发生前夕，我回归绥，投入抗日救亡工作。"

奇忠义就是佩服有识见、有胸怀、有资质的职业政治工作者。云北峰的伟岸形象在他心目中树立起来了，"共产党人都是智者，都是英雄，都是民族精英啊！哪来青面獠牙呀？"就这样，云北峰在奇忠义亲自护伴下，在旗王府内走动，与王府亲属、内眷、佣人，乃至白通达、哈温、德木齐等侍从官员接触。他举止文雅得体，言谈坦率和善，述理通俗有理，很快赢得人们对他的好感与信赖。"共产党是好人哩！根本不是见人就杀、见物就抢的坏人。骂共产党的国民党才是坏人。"图王遗孀袁宝华对陶格斯感慨地说。她俩心目中，奇忠义无疑是旗王府女人们的靠山，那么就应该支持他向共产党靠拢，起义。

继任王位札萨克

云北峰的郡王旗王府之行是在严格保密境况中进行的，得到了预想之外的好效果。两天后，他放心地走了。走后没几天，龟缩在刀老堡梁西营盘的西协理、伊盟第三警备司令部司令奇全禧登王府门了，告诉奇忠义，旗里已经开垦了王府前哈达巴拉尔的一块牧场。

"图亲王只写了个手令，没有具体的谈判条件，这，这，我们很难掌握。"他先是辩释不去沙圪堵谈判的原因，见奇忠义并不追究，就说到正题上来，"我们眼见解放军的粮草很紧急，就主动开垦牧草场，现在糜子快收了。解放军向我们购粮，有银子给。到时我们会给王府分享的。"奇全禧说。

"保护蒙旗牧场，禁止农垦，是我们一贯立场。过去抵抗陈长捷军垦，前辈沙王盟长几乎付出了身家性命代价，这你难道不知道吗？"奇忠义责问道。

"我们都签订《沙圪堵协议》了，今后郡王旗的天就是共产党的天，开垦完全是为了满足解放军供给。"奇全禧不动声色地回答。

奇忠义一想，不对。这两个东西协理并没有去沙圪堵呀，哪来的"解放军粮草"要求？况且在奇林宝的谈判情况汇报中，在云北峰两天交谈中，从未提及开垦牧场的事，这里面肯定有蹊跷。

"解放军怎么要求你的？你是怎么回答的？你与奇兆禄商量过吗？阿迪亚知道吗？"奇忠义步步追问。

"这件事，你具体去问奇兆禄，他是护理札萨克，图亲王不在王府的时候，他是负全责的。我不过是警备司令，服从命令是军人天职。"奇全禧说罢，便自顾自地走掉了。这样一来，奇忠义陷入了困惑。明明云北峰与自己谈话中支持沙王反对军垦，说开垦蒙旗牧场是关系到牧民生计的大事，怎么出尔反尔？至于奇兆禄，此人平庸，更无魄力，独自做不出如此大胆的主张。奇忠义觉得此事复杂，多半是奇全禧的挑衅行为，嫁祸于人。万一发生事端，在这个风云突变的时期，很难收拾。奇全禧，你好恶毒！奇兆禄，你好糊涂！你们无非为了赚点银子。你们这样做，是想挑拨我同解放军的关系，给和平解放郡王旗带点意外吧？想趁此闹出事端，拉我下台吗？因为奇忠义信任云北峰，知道工委和支队的上层是不可能做出不利于蒙汉团结的事来的。祖父图王在"三二六"事件中的忍耐，此时泼醒了他，且把开垦的事放下，既不再问责奇全禧，也不向奇兆禄追究，更不向解放军提及。

但是此事大大地刺激了他："我还是记名札萨克吗？"此际他的老师、祖父一手提拔的管旗章京阿迪亚来看望他。言谈中，阿迪亚代表老仕官们极力主张奇忠义就任札萨克。阿迪亚恳切地说："您已是记名札萨克了，无论是共产党还是国民党，他们都认为郡王旗的统治者唯您为是。但因为您尚未就任札萨克大位，奇全禧就能钻了这个空子，让您在开垦问题上负全责，因为您在责权上又不是完全的，叫您哑巴吃黄连。要是您就任札萨克了，就有权力清理这两个协理，叫他们不得不唯命是从。所以我代表老仕官们'劝进'，登位越快越好。"

奇忠义质疑道："《沙圪堵协议》已签订了，郡王旗早晚是共产党领导的，我何必再凑上个贵族阶级帽子戴戴？"

阿迪亚正色回答："贵族阶级是无法改变的事实，您是图王的长孙、巴公的长子，您已是记名札萨克，候补王爷，一切都是改变不了的。札萨克旗鄂齐尔呼雅克图台吉既是盟长又是札萨克，共产党是承认的，又给了他高位。共产党不是有政策吗？抗日的王爷、反蒋的王公，起义拥护共产党了，他们是要重用的。您这位候补王爷晋级的手续只能由国民政府办理，我们争取时间去办了。错过了这个机会，共产党可没有这一套了。"

奇忠义同意了。于是他的恩师阿迪亚以管旗章京名义，写了公文，名正言顺地从护理札萨克奇兆禄那里盖了重达52两的银质虎踞钮的"鄂尔多斯左翼中旗札萨克之印"大印。之后，轻车熟路地按伊克昭盟公署、绥远省政府程序，呈报上去。按常规，如此一级级呈报上去，不知要多少时日，于是阿迪亚急中生智，为了及早兑现，由一位梅林章京陪同亲自去了一趟新街（盟治所在地），向鄂盟长汇报郡王旗民意。这位盟长是沙王的长子，鄂齐尔呼雅克图，承袭固山贝子爵位的札萨克旗札萨克位。图王任盟长时，他是副盟长，图王逝世后，他自然升任盟长。鄂盟长在辈分、年龄上都长奇忠义一辈，开明通达，更念当年反对陈长捷军垦，出走毛乌素沙漠时，他父亲丢了盟长等三个职位，后来返盟，图王慷慨让于他父亲，这份情义是永恒的。所以他说没问题，现在时局多变，根据（国民政府）中央2月批准任命的电报精神，当下就同意奇忠义就任郡王旗札萨克，承袭多罗郡王爵位。这年6月，董其武省政府主席发来批准电报，代表国民政府给予正式承认。

1949年6月，在郡王旗王府，举行了奇忠义承袭札萨克位的隆重就职典礼，全旗所有的军政官员及召庙的掌事喇嘛都参加了这一盛典。一样的成吉思汗画像下的大紫檀八仙桌上供着"鄂尔多斯左翼中旗札萨克之印"五十两大银印；一样的前清官服穿着，不过跪拜之礼改成三鞠躬和握手了；一样的敬献鲜奶和互换鼻烟壶；一样的羊背子和灌酒，一样的高歌忘情。只是在放开一切的欢乐中多了一丝儿悲凉——图王走了，大厅里多了一张祖宗的遗像。仪式由护理札萨克奇兆禄主持，仪式结束后，他移交五十两银印，"护理"职位随之消失。

此举作为一件历史要事，载入了《伊克昭盟志·大事记》——

是月（1949年6月），巴图吉雅长子伊尔德尼博禄特袭郡王旗札萨克多罗郡王。

这就是奇忠义成为末代王爷的来历。从其先祖额璘臣算起，经历了14代16任札萨克，都因袭和硕亲王或多罗郡王爵位，这在鄂尔多斯七旗中是唯一的。虽然图王、巴公不在了，虽然即位典礼上兄弟旗王公来得少了些，但是规格、规模、资费都和历代札萨克继位一样。可毕竟"夕阳无限好，只是近黄昏"，气氛远不能和三年前就任记名札萨克大典相比了。奇忠义这个札萨克王爷只做了3个月，可说是绝后的了，所以全国人大常委会布赫副委员长谐称奇忠义为"末代王爷"，应是黄金家族的最后一位王爷了。

和平起义郡王旗

高增培（1916—1996），陕西横山人，1935年参加革命，任内蒙古自治区人民委员会副主席

1949年8月5日，同样是一个载入史册的日子，奇忠义宣布他的郡王旗脱离国民党阵营，和平起义，听从共产党领导。

早一天，8月4日，按照2月《沙圪堵协议》精神，中共伊克昭盟工委书记高增培、中国人民解放军伊盟军区副司令员高平、榆林军分区副司令员王仁法率部，在东郡工委书记云北峰、一支队队长鲁福业陪同下，来到了阿拉腾席连镇的郡王旗王府。郡王旗札萨克多罗郡王奇忠义率两协理奇兆禄、奇全禧暨全体仕官、参领（区级行政官）、佐领（乡级行政官）和侍从人员及保安队官兵，恭候在王府大门外，欢迎解放军指战员们到来。

奇忠义就任札萨克位后，两个月内，鄂尔多斯草原战火纷飞，人民解放战争胜利的捷报频传：

——6月6日，（鄂托克旗）桃力民游击队袭击国民党木肯淖乡公所，大胜，俘11人，缴枪11支、马11匹。在此基础上，扩建桃力民游击队。

——7月2日，鄂齐尔呼雅克图札萨克接受和平协议，伊盟军区和陕西榆林军分区的部队一举解放札萨克旗。7日，在新街成立中共伊盟盟委和伊盟军区。高增培为书记，王悦丰为司令员。

——7月9日，中共伊盟工委同伊金霍洛成吉思汗陵卫队达尔扈特部落艾玛格达古尔宝锁尔和平谈判成功，宝锁尔率所部3个连起义，解放军接管后成立特别行政区，隶属于伊盟军区。达尔扈特这支保卫部队有3个骑兵连，60余人，40余支枪，是新三师乌兰夫、白海峰于1938年帮助建立的。

——7月19日，留守新街的伊盟支队和榆林军分区三十九团开赴通格朗地区，对国民党残匪张世华、高怀雄部成功地进行了清剿。

——7月25日，共产党伊盟各旗的工作委员会先后成立，任命了工委书记和副书记的计有：乌审旗工委、鄂托克旗工委、达拉特旗工委、准格尔旗工委、杭锦旗工委、桃力民工委、通格朗工委。郡王旗尚未接管，组建东郡工委以待。

——8月5日，郡王旗和平起义，在召开群众大会的同日，它的东邻鄂托克旗札萨克升济米图在新召起义，两面红旗在鄂尔多斯草原东西两头猎猎飘扬，交相辉映。

8月5日，在阿镇大营盘举行郡王旗和平解放群众大会，解放军部队雄赳赳气昂昂进入会场，全旗牧民持小彩旗从四方赶来，场面宏大，气势壮阔。奇忠义第一次亲历，有些心悸，他借打听心目中英雄王悦丰将军是哪一位，来掩饰精神上的紧张。云北峰咬耳告诉他："王司令接到通知去北平，参加全国政治协商会议了，这次大会将筹建新中国。告诉你一个好消息，共产党领导的新中国就要成立了！"奇忠义睁大眼睛，轻轻地长吁一声，国家都要成立了，他当然要顺应潮流啦。眼下最紧迫最现实的事就是建立郡王旗的新政权。如何做呢？诚如高增培书记在离开前指示全体旗王府旧职人员所说的，继续行使原定职权，执行共产党工委和解放军军区的任务，迎接新中国成立，响应绥远省起义（实际上绥远和平起义协定已在北平签订）。伊盟军区把郡王旗的三个保安司令部都撤销了，改编成伊盟军区第六支队，原旗保安司令即第三警备司令奇宝玺被任命为支队长。高增培离郡旗时带走了原东协理奇兆禄，留着奇全禧不动。

伊盟全境均已解放，国民党的伊盟政权不复存在，所以奇全禧的所有旧职自然取消了，这令奇忠义暗中叫好，从此少了一个棘手的对立面。倒是奇全禧十分纳闷：既然郡王旗起义了，共产党为什么不启用我呢？

云北峰书记因为急着去刚解放的札萨克旗执行任务，就相当信任地向奇忠义布置当前工作，嘱咐他要相信共产党，执行盟政府的指示和任务，大胆地开展工作，然后就匆匆走了。

郡王旗和平解放后，奇全禧从自己的刀老堡梁西营盘出来，跑旗王府勤了，时时用闲谈方式探究奇忠义的倾向和东郡工委的动态。尝够了此兄苦头的奇忠义，口风很紧，学做"难得糊涂"的人，一问三不知，假意表现留恋王爷生活，借以打探奇全禧的底细。8月中旬某一天，奇全禧又来旗王府，告诉奇忠义，军区副司令高平（王震将军指派到伊盟主持工作的一名战将）传来话，要他赴札萨克旗去面商要事。

"王爷，您看我要去否？"

"伊盟军区是上级，你当然要去。"奇忠义回答。

"去吗？有两个结果。"奇全禧神色凝重地说，"一是把我送到延安去学习，待到共产党统治全国后，对我另作安排，分配工作。这算是好的，但从此我永远失去台吉地位了。另一个是可能带到他的部队，开到长江以南去打仗，生死难卜，或许成了炮灰！"

奇忠义惊诧奇全禧这么快就暴露了心底秘密。但毕竟是同宗兄弟，又曾是祖父图王的得力助手，不禁升起同情之感，说："怎么办？不去又不行。想一个万全之策？"

奇全禧叹口气说："哎，总之我们是摆脱不了被拨弄的命运。我决定去新街（当时伊盟工委、盟军区都驻在札萨克旗新街镇）。我若有事，我会托我的参谋长王瑞森来找您的。王爷您有什么事，找他，命令他去办便是了。"

奇忠义对这番话将信将疑。几天后，奇全禧果然打理行装，到王府来告别。临别时，他又说："人家今天要我去，明天又不知命令哪一个去！王爷请听我一句，今天我们投共行动，肯定惹恼了绥远当局，他们定会来找我们麻烦的。他们究竟有飞机大炮，我们几支破枪、几个蒙古兵是不堪一击的。王爷您多保重，有事听从王瑞森安排。"

奇全禧长揖而去。

"两奇"都走了，从此郡旗"三角"的两角都消除了，但"下一个不知是谁"，这一阴影成了悬念，令奇忠义忐忑不安，但他相信云北峰书记的话。即使退一万步，下场不会比另两"角"差。

实际情况是，伊盟工委、军区已掌握奇全禧基本倾向，认为此人很狡猾，不能按常规给予他军队，打算调他到伊盟自治政府，委任民政处处长。职位应该说比原来提了一级，算是走运了，只看奇全禧是否有这份能耐。

第十七章

抵制反水

末代王爷还政于民

骗回王府，险成人质

奇全禧走后第三天，他的部属原伊盟第三警备司令部军官张义海率百余人哗变，向北面东胜方向去了。过不久又传来消息，多次与解放军遭遇的国民党军师长邬青云由奇全禧的参谋长王瑞森陪引南下向东胜进发，扬言拯救"水火中的"奇忠义、奇全禧。这个乌四儿是臭名昭著的鄂尔多斯土匪，手下有500余众骑兵，时而盘踞在达拉特旗的达拉滩，时而流窜准格尔旗的坎梁，也时犯东胜，抢掠烧杀，无恶不作，后被国民党军收编，封了个师长名，曾与共产党的蒙汉支队交过手，尚有些战斗力。

邬青云有动作，事态严重。奇忠义一方面部署他的特务营保卫旗王府，一方面派人去新街求援——不巧云北峰另有紧急任务，分身不得——同时也向奇全禧通告，要求他请假回旗，维持局面。奇全禧能响应吗？不知底细的奇忠义，此时还被蒙在鼓里。

邬青云离开东胜后继续南进。传言张义海"救出"了奇全禧，在巴斯图寨东滩与邬青云部交上火，但很快两部和解了，合成一股，继续南下，向阿镇进发。眼看郡王旗王府将遭包围，王府里仕官分成两派：掌有实力一派认为，接纳乌四儿，听从其安排；拉格巴力排众议，声言坚决不能与这个喜怒无常的乌四儿会面，王爷一家从速撤离，安全第一。奇忠义对奇全禧一直抱有警戒之心，便听取拉格巴的建议，遂于当天夜间在特务营（和平起义时未被收编，留守王府保卫使用）保护下，携家眷向专岗图山避难。这是一条三十里长的崎岖老路，巉岩盘道，乱石嶙峋，隐秘易守，是当年祖父图王在"三二六"伊盟事件时，携全家藏匿之处。

藏匿仅是权宜之计。不料第二天已经反水的王瑞森熟门熟路地来了。一见面，就说："王爷，告诉您奇（全禧）司令与邬师长交火后被俘了。不过奇司令被优待，与邬师长一起住在王府里。邬师长此番出勤是奉董主席之命，营救你们两位的，请您不要多虑，不会加害您的。现在，邬师长特命我来传言，请您赶快回旗王府，接受董主席的指示。"

"董主席早把我扔开了，他怎会记得起我奇忠义？"奇忠义根本不相信这句话。

"奇司令说，您这个札萨克王爷名号还是董主席批的。他一直惦记我们郡王旗，要救我们到包头去。"

"不要相信他的鬼话！王爷，我们是新街的人了，不要跟他去！"拉格巴说。

"不要你多话！你这个小小营长，够我们两个师打吗？"王瑞森狠狠说。

王瑞森紧紧逼奇忠义动身。但奇忠义不愿去，推诿说："郡旗'八五'起义，省方归绥没有庇护，我们蒙旗力量微乎其微，不得已为之。现在隶属不同了，我没有义务去呀！"

"什么义务不义务的！"王瑞森脸色变得铁青，说，"邬师长放言，王爷若不回去，他要一把火烧了王府，还要大开杀戒！"

"老实给你说，是对你客气，不然我带部队来，捆绑你回去！把你太太、老太太也捆绑起来，也带回去！"王瑞森恶狠狠补充说。

这话震惊了奇忠义祖母等一群家眷和一起避难的老仕官们，他们惊恐地说："几代王爷辛苦营建的王府怎能被毁于一旦？如何对得起列祖列宗！"

"邬师长是什么样的人？他说得出就做得出来！"王瑞森继续恐吓说。

奇忠义想，堂堂一汉子，起义是他所为，责任由他自己承担，决不做对不起共产党的事，也不能降蒙旗王爷的身份——在奇全禧面前，他依旧是札萨克多罗郡王，还是去走一趟，见机而动。

"王瑞森！你是怎么见我的？"奇忠义忽然板起脸喝道。

"嘛！"王瑞森猛然一惊，习惯呼道，顿时明白了自己身份，知晓后果厉害，立刻趴在地上，叩头道，"王爷恕瑞森是粗人，无礼了。请王爷起驾。"

奇忠义动身时，嘱咐拉格巴不要离寨，保护好王府家眷和仕官，如有武装来犯，可据险自卫，同时派人疾驰到新街报告。说毕，他带了几名精干卫兵，随王瑞森去阿镇旗王府。

既然横了心，奇忠义也不感到恐惧了，但内城城门口布满了穿国民党军装的武装岗哨，使他有些心惊。他和他的卫兵都被缴械并搜了身，这是他有生以来第一次遭到的侮辱。到了旗王府，已被缴了械的卫兵被阻行，只允许他一人进入。

"这是我的王府！"

"好说，好说，王爷进去再说。有我王某人在，保证王爷安全无事！"

王瑞森不由分说，就把奇忠义硬拉了进去。进入内院，来到祖父图王生前的卧房。使他大吃一惊的是，竟是鸠占鹊巢！奇全禧和乌四儿正斜躺在图王的炕榻上吸大烟！

"你们算是人吗？这是图亲王、图委员长睡觉的地方，人家尸骨未寒，你们忍心吗？你们对得起成吉思汗祖宗吗！"奇忠义怒不可遏地责问。

"还有你，"奇忠义指着奇全禧喝道，"你不是去新街报到，怎么反水了？"

奇全禧本能地跳下榻，回避奇忠义的眼芒，恭敬地对乌四儿说："邬师长，我们王爷接受您的要求，及时赶来了。如今兵荒马乱，劳您的大驾救助，真是感激不尽呀。现在请您和他好好磋商。"

奇全禧垂手站立一旁，但谁也没有给奇忠义让座。奇忠义随便在一张椅子上坐下，叉开腿，想发王爷的威风，但如今已是在"人家屋檐"下了，便不亢不卑地说："有什么事就说吧。"

乌四儿还是躺着，等吞了一个烟泡，勤务兵送上茶，喝了，才慢慢坐起来："好烟呀！您老祖宗的货色的确不差！我是奉省府之命，星夜赶来贵旗，营救你们，把你们带回归绥！其他，没有什么军事任务了。"

奇忠义已经冒火了，但未待开口，就听到奇全禧在旁解释："这两天来事态频繁，没来得及同王爷联系，但董主席、鄢师长一片好意，昭然若揭，尚请王爷见谅。"

王瑞森也凑上来说："董主席很关心王爷和我们司令，即令鄢师长率部队前来，由我配合。我们由包头动身南下，还要避开共军锋芒，急匆匆的，很是仓促，事先无法与王爷联系、通报。这是误会，误会。我有责任，请王爷和司令责罚我。"

什么"奉董主席之命来营救"，董其武哪在归绥，而在包头。完全是扯淡！窝在郡王旗的奇忠义殊不知，尚在3月份，董其武到北平向傅作义表白起义决心，接着与中共华北局达成绥远问题协议，划定解放军与绥远方面临时分界线，先实行通电、通邮、通铁路、通商诸项和平措施。早在"八五"郡王旗和平起义之前，董其武已于6月8日在北平华北人民政府二楼会议室签署了《绥远和平协议》。同时，他和傅作义、邓宝珊两将军等还受到毛主席的接见。此等大事，难道直通中央的奇全禧也不知道吗？

演双簧似的，乌四儿紧接上一厢情愿地说："既然是误会，大家都见谅了，就赶紧启程，今晚十点钟动身！"

奇忠义听了，眼前直冒金星，本能地站了起来，意识到：自己已成了人质，怎么办？自己既然已起义，怎么好跟他们走？岂不成了反水？怎么办？共产党回来了，自己还能做人吗？决不能跟他们走！他脑子飞速盘算，如何应变？现在，只能拖时间来摆脱他们，才有一线希望。他立刻掩饰惊慌，表面故作感恩说："董主席、鄢师长体察我们处境，派军队前来，特别有劳鄢师长大驾，我虽肝脑涂地，也在所不辞，一定要随鄢师长前去向董主席谢恩哩……"

"好了好了，什么谢恩不谢恩，今晚十点就动身！"乌四儿跳下炕，松松腰间武装带，十分不耐烦地说。

"对对，十点动身，可以避免与土八路游击队接触。"奇全禧同声附和。

听了这话，也提醒了奇忠义，现在这里是解放区了，自己有解放军背景，而且解放军肯定在不远地方行动。于是脑子冷静下来了，一个念头闪过，他就向乌四儿试探："邬师长千里迢迢来救我们，是救我们一家的。不过，我的家眷都避在山里，他们都还不知情，如果我随你们一走，他们势必会被共军掳去，作为人质来要挟，叫董主席为难。那样，邬师长你也没有完成任务哩！"

奇忠义迅速联想起当年祖父图王应付日本特务乌吉达的策略，决意与这个土匪乌四儿周旋，以退为进，争取回专岗图山寨，争取主动再说。

乌四儿在地上走了一圈，掀帽抓抓头皮，又看看手表，烦躁起来。"现在快五点了，就你一个人，跟我们走！"

"不行，我一定要带家小，我现在就赶回去……"

"不行！就你一个人！军令在身，我非要你走不可！"

"祖父图王是董将军的老朋友，如果图王的福晋——我的祖母落入共军之手，董将军会不处罚您吗？"

乌四儿顿时面露难色。奇全禧看到场面尴尬，就来打圆场说："王爷说得也不是没道理。邬师长可以派支小分队保护王爷随去，顺便帮助打理行装。这里我们同时行动，晚十时离开王府，直趋寨子山。王爷必须准时把家小带出来，定要赶赴寨子山汇合。这样做行吗？"

乌四儿考虑了一阵，终于同意奇全禧的折中方案，一拍大腿，吼道："好！就这样。他奶奶的老子也不派兵了。你自己赶去寨子山，我只等你一个钟头。点三把火为号。我谅你也逃不掉。否则，老子杀回马枪！"他带着奇全禧离开了旗王府，向北行进。奇全禧狡黠地看了奇忠义一眼，但没想到这是最后一眼。

迎战叛匪，指挥有方

　　虽然摆脱了困境，但灾难尚未过去。奇忠义忧心忡忡地带着卫兵返去专岗图山寨。途中，他从杂乱的思绪中选择自己的道途："向解放军求救，显然远水救不了近火，就算是两军交火，难免殃及池鱼，现在最要紧的是保证身家性命。如果真的跟乌四儿跑到归绥，那我奇忠义不是个小人了吗！北平、南京、西安、上海都已解放了，一个边城归绥能是世外桃源吗？我奇忠义决不走这条绝路。"思维迅速运转，最后，他决定选择一条不违背自己原则却充满未知数的路⋯⋯

　　奇忠义回到山寨，太阳还没有完全下山，但已晚上8点钟了。他立刻作部署：命令一直跟随在他身边的三团团长乌尔图立即回去，持自己手令，调动奇宝玺那里2门榴弹炮，尽量多招些兵力，布防旗王府制高点，若敌人来进攻，要拼死保卫王府大院。他又命令拉格巴营长紧随身边，并将特务营兵分前锋、后卫。前锋一个连由白士光率领，持轻武器探路，直往苏泊尔汗滩，遇敌则坚决消灭。中路奇忠义亲率家眷及老仕官，紧随前锋行军，严厉命令他们不得咳嗽、哭喊、吸烟，以免暴露目标。后卫则由拉格巴率两个连，配上两挺重机枪，若有追敌，坚决用火力压制。

专岗图山

"我这一家子，王府仕官，就全靠你了！"

"王爷放心，就是战死，也不许他们从我身上爬过去！"

袁宝华神色紧张地问："孙儿，我们处在什么危险份儿上了？"

奇忠义急促回答："今晚的行动事关我们全家生死安危，如有不测，奶奶不要恨孙儿。"

袁宝华说："全靠祖宗大汗神佑！"

陶格斯说："我相信你，会闯过难关的。"

奇忠义直到跨上他的坐骑时，才正式通令他的特务营："今晚要西去苏泊尔汗庙，全体弟兄们要全力保护本郡王和家眷以及随行仕官的安全。一旦遇到有人阻挡，不问是谁，就是敌人，你们要勇敢战斗。"

阿迪亚用沙哑的嗓音鼓舞士气："养兵千日，用于一旦。王爷平日爱兵如子，待弟兄们不薄，如今正是报效尽忠的时候了！"

8月，正是鄂尔多斯草原风光最佳的时光，夜半凉爽的风收尽奔命人身上的汗水，但还有谁来体验这良辰夜景。探马报来消息，乌四儿一个排已奔来，接近苏泊尔汗滩了。奇忠义目测下周围地势地形，他对这里很熟悉，汗庙是当年伊克昭盟会盟之地，东面是沙漠丘陵地带，里面则是一望无际的草滩；往西，只要穿过一片沙漠地带，则是友好的杭锦旗——此番逃亡的目的地。但是现在情况有变，敌人跑到自己前头去了！不知敌方力量多大，而自己主力在后面。奇忠义冷汗湿透全身，差

苏泊尔汗滩

点呼叫："祖父来帮帮我！"祖父的形象在眼前闪冒一下，似在说："孙儿，集中力量，改正还来得及！"睿智机敏的奇忠义立即传令，后卫奔到前锋地方，两支力量——三个连合并一起，抢占一切有利地形，合力阻击来犯之敌。

这是奇忠义生平第一次，也是唯一一次亲历战斗现场，像儿童过家家一样，随机调整打法，真冒险！幸亏部下绝对忠诚于他，也幸亏敌方心虚，听到对方的重机枪声，以为遇上解放军了，立刻溃逃。

终于化险为夷了。

苏泊尔汗滩今貌

流亡友旗，加盟起义

奇忠义一行靠近大乌兰敖包沙漠地带时，前面传来双方接火的枪声，但并不密集。原来邬部这个排是来探路的，都是轻武器。天黑，路又不熟悉，生怕遇上解放军部队，所以稍一接触，发现对方火力很猛，有机枪和迫击炮，不敢恋战，就掉头回去了。乌四儿在去年偷袭达拉特旗大树湾时，遭遇过解放军伊盟支队，被打得狼狈不堪，所以现在他估计是解放军来增援了，怕捞不上奇忠义反蚀光老本，就走为上了。什么"董主席来营救"，都是奇全禧编的鬼话。劫持奇忠义做人质，无非为了提高讨价还价的价码而已。奇忠义听

远眺今日乌兰敖包与乌兰木伦湖

穿越库布其沙漠

枪声渐稀，判断追兵已被特务营击退，他果断命令王府队伍加速行进，再调整部署，重新让拉格巴率两个连继续断后。

黄河南岸鄂尔多斯腹地，奇忠义率领的一支包括旗王府老弱妇孺在内的疲乏不堪的队伍，为了逃脱厄运，追求光明，在一望无垠的库布其大沙漠中拖沓行进。

在黄河之北，河套中地，董其武部16个师5万多兵力静待和平。傅作义、邓宝珊两将军奉中共委派，专程赴归绥，做工作，加速和平起义进程。毛主席说："你们商谈的条款我已看了，就按那样执行吧。"

在大乌兰敖包的荒漠瘠地，奇忠义这支队伍同心同德，发扬坚韧耐劳的蒙古民族精神，连续行军两天，终于到达友好邻旗杭锦旗的巴音陶勒盖地区。

他们先在陶勒盖一家原郡王旗属的牧民家附近扎下营盘住了下来。这时奇忠义派出西梅林章京专驰杭锦旗旗治锡尼镇，向他尊敬的前辈、护理札萨克色登道尔吉通报情况。色登道尔吉肯定并佩服这位青年王爷如今的选择，表示保证他们一行人的人身安全和他们经济上的必需。其实这位年长的杭锦旗实际掌权人，尚在年初3月间，已派人携他亲笔信去东胜，找到伊东工委，要求和谈解决政权交接问题。

跟着奇忠义流亡的郡王旗一群人就在杭锦旗领地上居住了下来，但蒙旗王公、台吉向有依附自己牧地的心理传统，如今寄寓他人土地上，很不自在，过不多久他们出现了动摇。大部分仕官及跟随而去的参领建议奇忠义说："梁园虽好，终非久留之地，我们不如从陶勒盖走乌兰尔根庙，到公庙子，再走包头，回归绥吧？"奇忠义听着，一下冒起了火："什么回归绥？我们冒着被乌四儿击毙、俘虏的危险，走了两天两夜，饥寒交迫，现在再吃回头草？你们这些奴才的脊梁是怎么长的？哼！"王爷威风一使，众人也不敢吭声了，但他们非常担心杭锦旗要驱赶他们，到时进退无路，前途茫茫。

杭锦旗护理札萨克色登道尔吉得知奇忠义的困境，发话过去说："伊尔德尼博禄特是我们伊克昭盟七旗中唯一的多罗郡王，我有义务和权力来保护我们这位正宗王爷！"从桃力民逃出来的国民党残余造谣生非，说杭锦旗保护奇忠义就是包庇土八路。色登道尔吉知道后，嗤之以鼻："现在是什么时候了，还讲这种酸腐混账话！'中华民国'已经完蛋了，我保护起义王爷有什么错？"奇忠义知悉后，心里十分感谢这位仗义的知己长辈，众仕官也无疑服了一颗"定心丸"。大家等待时势的进转。

草原风云变幻，传来国民党军张世华、高士雄部攻打新街的消息——这股残军曾为伊盟军区三、四支队击溃——伊盟盟长、札萨克旗札萨克鄂齐尔呼雅克图一度被迫出逃。奇忠义与色登道尔吉非常焦急，担心战火会延伸到杭锦旗。但这两位已起义了的王公坚定信念，不改初衷，立刻策划了应变准备——打算把队伍拉到库布其大沙漠，保存起义成果。但正如蒙古谚语所云，"乌云遮不住太阳，冰雪锁不住春光"，正在这当口，原西北军政副长官、绥远省政府主席董其武从包头发来了电报，称绥远省准备起义，征求奇忠义等绥蒙各旗诸位王公的意见。杭锦旗、郡王旗绝处逢生了。

参加指导绥远和平起义的傅作义（左三）与邓宝珊

绥远和平起义

奇忠义立刻派人去已经解放的桃力民办事处，向董其武主席回电，表示"拥护董主席起义决定，一定跟随"。

紧接着，在傅作义、邓宝珊促成下，董其武9月19日在包头发表绥远和平起义通电——

毛主席，朱总司令，华北军区聂荣臻司令员、薄一波政委：

我们全体官兵和各级行政人员，今天在绥远发动了光荣起义，并庄严地向人民宣布，我们正式脱离依靠美帝国主义的蒋介石、李宗仁、阎锡山等反动派残余集团，坚决走到人民方面来。绥远和平解放，我们得庆新生，全体军民谨以无限忠诚，向人民领袖毛主席、朱总司令致崇高的敬礼！

董其武在"九一九"起义通电上
签字

通电说，是北平和平起义成功的事实启示了、教育了绥远军政当局"过去的戡乱政策是错误的"，"唯有在中共领导下，团结各民主阶级、各民族，建立人民民主统一战线，为人民服务是对的"。以董其武为首的绥远旧军政人员决心坚决走到人民方面来，在中国共产党领导下，努力学习，自我改造，和全国人民一起，实现新民主主义，和平建设新绥远，和平建设新中国。9月19日，这份董其武领衔的通电是在包头银行大厅签发的，当时有绥远原党政军警商学各界39位人士参加，九兵团司令官孙兰峰的签字虽然拖到最后，但仍旧名列董其武之后。

9月20日，毛主席、朱总司令复电，表示欢迎，并"希望你们团结一致，力求进步，改革旧制度，实行新政策，为建设人民的新绥远而奋斗"。

聂、薄也同时复电，表示祝贺。

"九一九"绥远国民党军成建制和平起义，接受人民解放军的改编，之后参加人民解放战争、抗美援朝战争，历史上遂将其定格为"绥远方式"。

9月19日是一个载入史册的日子，这天，"海辽号"在汕头—香港航线上起义，是为国民党招商局第一艘海轮起义。

奇忠义庆幸郡王旗早在8月5日已和平起义——事实上，这个日子更应该向前推，在2月份就签订了《沙圪堵协议》，而确立走和平起义道路的是有政治远见的祖父图亲王。使奇忠义感到欣慰的是，他在"八五"和平起义后，信念坚定，坚决反对奇全禧之流反水，并且经受了劫持的考验。他还制止了在流亡中内部的动摇，引导他的部下坚定信心，等待光明来到。他告诉大家，结束在杭锦旗的流亡，只是时间问题了。

黄金家族的最后一位王爷

继"九一九"绥远和平起义通电后，9月22日，董其武又通电全省，要求各盟、旗王公起义后就地维持社会秩序，保证治安，等待共产党解放军接收。对尚流亡在库布其沙漠特木盖的奇忠义，不言而喻，原地待命。

中华人民共和国开国大典，只能通过收音机分享它的雄壮声音。10月初，中国人民解放军绥远军区（军区司令员傅作义）派出三十五军军长安春山（原傅作义部国民党一〇四军中将军长，北平和平起义后接受解放军改编，到包头协助董其武绥远起义）为首的宣传团，到杭锦旗宣讲

安春山，傅作义亲信战将，起义后任内蒙古自治区林业厅副厅长

"九一九"起义的意义。奇忠义因此终于走出沙漠，应邀到杭锦旗旗治锡尼镇，与色登道尔吉一起参加群众大会、座谈会。省宣传团还为杭锦旗、郡王旗的两位旗王公补办了绥远"九一九"起义签字仪式。色登道尔吉代表杭锦旗原军政人员签了字，奇忠义代表郡王旗原军政人员签了字。他们顺应时代潮流，成为绥远省"九一九"和平起义的参加者。

还政于民，人民旗长

郡王旗反水事件犹如蚍蜉撼树，很快得到处理，旗里恢复平和安详状态，进而重建新秩序。10月底，云北峰派专人到杭锦旗特木盖，将奇忠义等一干人接回阿拉腾席连镇，根据绥远"九一九"和平起义精神，研究旗务，移交政权。

"从今日起，我们世家三百年的统治权，正式归还于人民！"移交政权时，奇忠义向郡王旗人民宣布。他还说："绥远省'九一九'和平起义这一壮举，去掉了压在我头上的一块重石，搬开了我走向进步的障碍，使我踏上了光明大道。"

奇忠义原来担心受审判，被处罪，因而在"思想深处做了认罪伏法的充分准备"。哪晓得11月26日这天，在新街召开的伊盟各族各界临时人民代表大会上，他被邀请作为代表参加了大会，并被推选为大会主席团成员。该次临代会产生了盟的政权机构"伊克昭盟自治区政务委员会"，奇忠义当选为该委员会的委员。札萨克旗的鄂齐尔呼雅克图当选主任。

四个月后，1950年3月，在阿拉腾席连镇召开了郡王旗第一届各族各界人民代表大会。大会选举奇忠义为该旗人民自治政府旗长，选举云北峰、徐凤翼（时任东胜县委组织部部长）、云成烈、杨郎生、敖德恒、李歧山、阿拉迪（旧仕官）、奇林宝（旧仕官）、郝凤歧等13人为旗人民自治政府委员。

当然，云北峰是中共郡王旗委书记。一年前战云密布中，他登门造访，与奇忠义缔交，如今正式成为革命战友，无疑是"黄金搭档"。这位出色的蒙古族的党务工作者，在之后升任地委书记、盟长、自治区党委常委、全国人大民族委员会秘书长。

色登道尔吉也当选为杭锦旗人民自治政府旗长。

从1949年"八五"郡王旗和平起义，到"九一九"绥远省和平起义，奇忠义经历了黄金家族史无前例的精神历程，再到1950年3月当选为人民旗长，

毛泽东向董其武授一级解放勋章

这是一次破天荒的经历，是他一生最黄金的财富！从此，奇忠义由一个统治人民的世袭王公贵族蜕变成了为人民服务的公仆。这是他生命的升华。

第十八章

八白宫归

伊金霍洛落成新陵园

谒陵迎灵返故地

> 五星红旗
>
> 光耀乾坤
>
> 鄂尔多斯
>
> 焕发青春
>
> 草原壮丽
>
> 万象更新
>
> 人民当家
>
> 草绿花红
>
> 成陵陵园
>
> 蒙汉称颂
>
> 圣地成陵
>
> 巍然一新……
>
> 奇忠义《鄂尔多斯历史沿革四言长歌》

　　诚如图王生前所说，起义起点高，在新政权里只要忠于职守，勤奋行政，则仕途宽，升任快。1954年3月，忠诚职守的奇忠义从郡王旗旗长任上奉调伊克昭盟人民政府，担任民政处处长（董其武起义通电前曾任奇忠义为伊盟副盟长）。正在办移交手续时，盟政府突然通知他，要他以原旗长身份参加迎接成吉思汗灵寝代表团，赴青海湟中县塔尔寺，请回圣祖灵寝到故地——伊金霍洛。

　　这年1月，中央人民政府撤销了绥远省建制，将该省原辖地区都划归内蒙古自治区。这一历史性举措，给迎灵寝八白宫返故地带来了便捷。于是一个由内蒙古自治区蒙古族各界人士组成的迎灵代表团成行了。代表团29位成员中，除党政军有关领导人外，还有鄂尔多斯成吉思汗后裔、达尔扈特群体、宗教界人士，如鄂齐尔呼雅克图（伊盟盟长）、奇忠义（郡王旗旗长）、宝锁儿（达尔扈特特区区长）、噶拉桑活佛（呼伦贝尔盟甘珠尔庙活佛）。团长是自治区人民政府监察委员会主任克力更。

鄂尔多斯各界，特别是黄金家族的后人和达尔扈特群体，都非常激动，非常兴奋，他们众口一词地说："这可是彪炳千古的大事啊！想想十五年前，那个苦难的年代，那个令人心碎的日子，圣祖灵寝西迁和反对西迁两派争执不下，国民党出动了军队，沙王、图王的老朋友邓宝珊专程来劝导。图王因为心境异常复杂，竟没有去送灵，造成他终生遗憾。有牧民躺在大路中央，要求灵车从他身上碾过去……这是一个何等惊心动魄的时刻。现在，历史已翻到新的一页。人民当家做主了，内蒙古境内终于实现了真正的自治自决。共产党体贴蒙古族兄弟，兑现当年旧中央政府许下的诺言，组织力量，决定将成吉思汗灵寝及其圣物——八白宫迁回故地鄂尔多斯。鄂尔多斯子民，圣祖终于回来了！"

自治区人民政府安排黄金家族的直系后裔奇忠义参加启灵、迎灵队伍。奇忠义深受感动，此等待遇，弥补了他的先祖父图王的终生遗憾。他还获知，也使他感激不尽的是，圣祖灵枢迁返回故地后，将由国家出资，建造一座十分体面的新陵园，来奉安成吉思汗灵寝及其圣物。此举，不仅是黄金家族的后裔、全体蒙古族人民的大

克力更（1916—2012），蒙古族，土默特旗人，又名成新宇，内蒙古自治区统战部部长、政协副主席、人大常委会副主任

人民政府旗长奇忠义

事，而且也是彪炳中华民族千秋历史的伟绩。

接受笔者采访时，奇忠义先生简扼地回顾了成陵西迁和回迁的片断。那是两个历史时代的话语了。

1939年6月，成吉思汗暨夫人孛儿帖格勒真哈屯、第二夫人忽兰哈屯的灵柩，以及他的圣物哈日苏勒德（黑纛），为避免日本侵略军的抢劫、侮辱，由国民政府主持，西迁至甘肃省榆中县兴隆山。

1941年11月3日，蒙藏委员会委员长吴忠信衔国防最高委员会委员长蒋介石之命，前去兴隆山祭灵，赞曰"洎夫大汗崛起，武功熠耀，马嘶弓振，风拨云弩，纵横带甲，驰骋欧亚"。

1942年，是成吉思汗诞生780周年。6月28日，在兴隆山举行了"成吉思汗诞辰七百八十周年纪念大祭"，蒙藏委员会副委员长赵藏青、甘肃省政府主席谷正伦、伊克昭盟盟长沙克都尔扎布等赴兴隆山参加大祭仪式。这年9月20日，蒋介石亲赴兴隆山祭奠成吉思汗灵寝。

倏忽间数年过去了，1949年8月，解放大军兵临兰州城下，国民党西北军政长官马步芳奉国民党广州政府指令，用了两辆卡车，将成吉思汗暨两位夫人的灵柩、哈日苏勒德等圣物，以及守灵的达尔扈特一干人，

青海塔尔寺排家尕哇，成吉思汗灵寝供奉地

草草运往青海省湟中县塔尔寺，安奉在排家尕哇活佛经堂。向有青海精华集萃之称的塔尔寺，为高原戈壁中一绿洲，召庙凭山冈而建，无屋不处在绿丛中，金碧辉煌，喇嘛三千余众，系藏传佛教格鲁派始祖宗喀巴的出生地，为蒙藏信众向往的圣地之一。广袤的青海高原分布着蒙旗和硕特等29部的王公札萨克，他们亦是成吉思汗的后裔。成吉思汗灵寝供奉于塔尔寺才不过一个月，西宁就于9月5日解放了。

9月9日，占领湟中县的解放军奉命"对塔尔寺成吉思汗灵柩特加保

第十八章·八白宫归，伊金霍洛落成新陵园

_369

护"，并宣布，即时起，承担灵祭的一切费用。不日，解放军西北野战军第一纵队司令员贺炳炎将军来到塔尔寺，祭奠成吉思汗灵寝，慰问守护灵柩的达尔扈特人。成陵保护委员会主任高九如致电毛主席、朱总司令表示感谢，并表示拥护中国共产党。

1950年10月，全国政协副主席沈钧儒受中共中央派遣，率中央慰问团，赴塔尔寺，带去毛泽东、周恩来、刘少奇、郭沫若等中央领导人题写的条幅和礼品，拜祭成吉思汗灵寝，慰问"灵寝保护委员会"和护灵的达尔扈特人。

1951年2月，青海省人民政府秘书长张国声代表省政府主席赵寿山到塔尔寺，祭奠成吉思汗灵寝。同年12月，西北军政委员会副主席习仲勋来到塔尔寺，拜谒成吉思汗灵寝。

在成陵故地伊金霍洛，人们对成吉思汗的怀念有增无减，在那不算太短的十五个春秋里，各种例行的祭祀照旧举行，把那一整套神秘的、富有特色的蒙古族帝王祭祀文化完整地保存下来。这一举世无双的堪称瑰宝的历史文化"活化石"的留存应归功于达尔扈特人群体。当年，虽然成陵无奈西迁，但圣物的各自宫帐及祭器还在原地，苏勒德的宫帐也在原地。为此，各蒙旗的札萨克、协理、管旗章京、扎兰章京们，经协商，做出决定：对圣祖的四时祭祀和原来其他所有的祭奠"要按原定规矩认真举行，不得耽误"。自此，每年农历三月二十一日的春季查干苏鲁克大祭，都准时在大伊金霍洛举行，盟长、济农、王公、仕官及牧民、商客等都汇拢在成吉思汗原来的宫帐前，举行仪式，隆重而热烈。"各旗王公祭官都在灵堂前，排列致祭，金黄色的旗帜和那陈列祭品，羊、马的香味，飘荡着，活跃着，分外表现出成吉思汗的尊严与伟大。"1940年的《绥蒙月刊》如是报道，留下了历史实录。

十二年一逢的苏勒德龙年威猛祭

该年恰是中华农历龙年，鄂尔多斯派出代表去兴隆山，请回哈日苏勒德（黑纛）到郡王旗苏勒德霍洛"故居"，然后出行各旗巡祭，一直延伸到冬季达斯玛祭，举行声势浩大的威猛大祭，振奋了坚持抗战的苦难的鄂尔多斯人民。

鄂尔多斯解放后，祭祀成吉思汗进入了新时代。

1950年，国民党在伊盟的残余势力被扫清，社会日趋安定，人民政府出面组织成吉思汗祭祀活动。这年5月7日（农历三月二十一日），在鄂尔多斯举行了查干苏鲁克春季大祭，有三千多人参加。这是新中国成立后的第一次成吉思汗祭祀活动。

1951年的查干苏鲁克大祭，则由伊克昭盟自治政府成立的专门祭典筹备委员会来主持。举行祭祀活动的同时，还在大伊金霍洛举办了物资交流大会。在祭祀活动期间，举行摔跤、赛马等蒙古族牧民文体群众活动，冲淡了封建的神秘色彩，增添了文化内涵。此后，每年春季大祭时，都有了欣欣向荣的鄂尔多斯式的体育竞技内容。这些传统的祭祀文体活动，均由政府组织举办。

以后几年春季查干苏鲁克大祭的规模，一年比一年大，同时酝酿请回青海成吉思汗灵寝，并建设一座新陵园来奉安的计划。尤其在1953年春季大祭时，华北少数民族代表团、内蒙古自治区政府代表团、绥远省政府代表团、伊克昭盟党政领导人都来参祭，提高了祭祀活动规格，也直接促成迎灵、建陵的实现。这年年底，经中央人民政府批准，成立了"成吉思汗陵迁建委员会"（内蒙古自治区、绥远省政府级），1954年1月，绥远省建制撤销，划归内蒙古自治区，紧接着成立"成吉思汗新陵建筑筹备委员会"（伊克昭盟级）。早在1947年5月已成立的内蒙古自治区如今将东蒙、西蒙连成了一片。这两个委员会工作的运作，为举办成吉思汗祭典和成吉思汗陵园建设开辟了新天地，这在新中国成立伊始，百废待兴、百端待举的时候，具有特别的意义。

长风几万里，吹度玉门关，长途跋涉而来的迎灵队伍要进入青海湾了。1954年3月26日，迎灵代表团转道西宁市，由青海省民族宗教事务委员会主任周仁山、海西蒙古族藏族哈萨克族自治州人民政府主席官保加陪行，抵达塔尔寺。他们举行了三天的祭奠大法事，并瞻仰了神圣的成吉思汗灵柩。

奇忠义是代表团成员中最年轻的一位，他主动争取多做些具体工作，因此接触面较广。大家知道了他是成吉思汗第34世裔孙，并且他那个"伊尔德尼博禄特"的名字，也是达尔扈特太师图门生从圣祖灵柩中的一本"花名册"中获取的，所以对他都很尊重。如今那个神秘的源头就在眼前了，这是稍纵即逝的历史瞬间，他抓住了这个机会，终于窥见了自己心目中的永恒神圣——

（排家朶哇）经堂正中，供奉着三个灵柩，形似虎夹木箱，银质包皮，正面上饰以藏传佛教常用的八金图案，四周镶有赤金团龙，外围黄绫，内置金匣。

金匣有三个。中间一匣较大，长约三尺，宽约一尺五寸，这就是成吉思汗的灵柩。左右二匣较小，长约二尺五寸，宽约一尺七寸，据说分别是第一夫人孛儿帖格勒真哈屯的灵柩、第二夫人忽兰哈屯的灵柩，另一个据说是长子窝阔台的灵柩。桌上供奉成吉思汗画像一幅。灵柩旁还供奉着苏勒德及成吉思汗当年使用过的银鞍、弓箭、铠甲和碗、筷、壶等遗物。

对于蒙古族人特别敬重的哈日苏勒德那柄黑纛，奇忠义先生顺带叙述了它神武的来历——

哈日苏勒德曾随成吉思汗征战亚欧大地。有一次，成吉思汗失利了，他苦恼地卸下坐骑鞍子，朝天捧着，长跪不起，拜求呼道："长生天啊，请助我、救我！"顷刻，四野响起霹雳，一柄长矛自天而降，落挂在一棵大树上。成吉思汗命大将木华黎取了下来，当即对长生天立愿："用一千匹驿马护送（这柄神矛），用一万只全羊来供奉（这柄神矛）！"于是成吉思汗命部下剪下九九八十一匹枣骝公马鬃，编成缨子，将这柄神矛装饰起来，尊称为"苏勒德"。供奉全羊一万只，一时来不及凑足，以

九九八十一只羊先行代替，"长
生天啊，不足部分，您可命苍狼
下来，到我的蒙古人的畜群中
如数捕捉便是了！"自此成吉思
汗大军高树这柄苏勒德，百战百
胜，所向披靡，亚欧诸邦、诸国
一个个被征服。

"啊，这简直是天意！"自
古以来蒙古族人都这样惊叹说。
成吉思汗逝世后，他的将士、后
人就在他的鄂尔多旁建立了苏勒
德祭坛，作为圣物，日夜守护。
正因为苏勒德和成吉思汗密不
可分，象征了他的勇往直前、战
无不胜的精神，所以在成陵西迁
时，紧随他灵柩而去；现在迎返
时，也一起回来了。

塔尔寺举行灵寝启陵大典：启陵

3月29日，起灵仪式结束
后，立即启程。汽车直驰兰州，
然后上火车，由陇海线转同蒲
线，再转京包线，于4月3日到达

塔尔寺举行灵寝启陵大典：起程

归绥。内蒙古自治区党政领导人王再天（自治区副主席）、杨植霖、孙
兰峰、李世杰、孔飞等去接站，并在火车站举行了隆重的祭奠仪式，有
300多人参加。

4月6日，灵车到达伊克昭盟首府东胜。盟委书记兼副盟长李振华
（蒙古族）率各界人士举行隆重的迎灵仪式。

花角金鹿栖息之所，戴胜鸟儿育雏之乡，衰落王朝复兴之地，白发老翁享乐之邦。

　　圣祖要回来了！4月7日，成吉思汗灵车在无数面中华人民共和国国旗引领下，浩浩荡荡地向大伊金霍洛进发。这段路，当时还没正式修筑，当然更没有今天的沥青路面，为了使灵车（卡车）顺利行驶，通过砂砾、沼泽地带，当地蒙汉百姓早就拔了两旁的沙蒿、柠条、枳芨，一路铺垫。7日清晨，便由在籍的达尔扈特人、各旗青壮牧民一百多人，跨上骏马，赶到二十里开外的大路一端去迎候。灵车缓缓行进，进入伊金霍洛。十五里人群夹侍"长廊"，一片祈祷祝福声，他们置香案、供牛羊，自发路祭，不时有人冲出来洒鲜奶、献哈达，好多好多牧民跪拜在地，当年西迁时的青壮年现在已是白发人，当年哭号挽留的人，现在却

在中华人民共和国国旗引领下，成吉思汗灵寝返回故地大伊金霍洛

新成陵落成前的八白宫

欢乐之泪流淌满面，激动得语不成句了。

灵柩抵达目的地后，就奉安在事先制作的白色宫帐蒙古包里。八白宫外面的旷野，插了多面中华人民共和国国旗、锦旗，迎风招展，猎猎作响。

4月23日，农历三月二十一日，成吉思汗灵寝返回故地后第一个查干苏鲁克大祭暨成吉思汗新陵园奠基仪式在伊金霍洛举行。内蒙古自治区主席乌兰夫来了，他主持了大祭。随他而来的内蒙古自治区各级领导及牧民参加了这个春季大祭活动。乌兰夫亲自向灵柩献了天蓝色的哈达，洒献奶酒，点燃酥油灯，又奉献了九个羊背子。这天，大伊金霍洛车马穿梭，人声鼎沸，巴音昌霍格河两岸草滩和阿拉坦甘德尔梁坡山地布满大大小小、花色繁多的蒙古包，蒙汉群众男男女女、老老少少都来参加这个传统集会。这天又是成吉思汗新陵园建筑工程破土奠基的吉日，一生为内蒙古民族民主革命而斗争的资望极高的共产党人乌兰夫主持了这一仪式，他说："经中央人民政府政务院批准，在沿途各地领导机关热情照顾下，由我们内蒙古自治区各族人民自己的代表所组成的迎灵团，将成吉思汗灵柩从青海省塔尔寺迎回，中央又拨予巨款兴建新的成吉思汗陵园，使蒙古族十分满意地实现了多年来的夙愿。"

当天下午3点，萨空了（中央人民政府民族事务委员会代表）、王铎（内蒙古自治区党委书记）、王再天、朋斯克、奎壁（自治区人民政府副主席）以及鄂齐尔呼雅克图、奇忠义在内的伊盟代表等人，随乌兰夫主席一起，为新陵园兴建工程破土奠基。新陵园建在距原成陵宫帐北一公里许的甘德尔敖包台梁上。

乌兰夫为新成陵建设铲土奠基

巍峨瑰丽成陵落

奇忠义先生是成吉思汗陵园建筑筹备委员会17位成员之一，因此他对新陵园规划、造型、布局、设置、落成及修缮工程等等知之甚详，是为他人生阅历的一个方面。经笔者要求，他做了一一介绍，择要简述如下。

新陵宫造型的整体构思是，既要保留成吉思汗八白宫原有的造型轮廓，更需运用现代科技成果，建成一座具有蒙古族特色的现代化大型建筑，它的艺术风格要凝集内蒙古草原和中华宫苑的风格要素。

陵宫由正殿、后殿（寝宫）、东殿、西殿及东过厅、西过厅六部分组成。高空俯瞰，整座陵宫像一只展翅翱翔在苍天与大地间的雄鹰，象征成吉思汗勇往直前的精神。从远处眺望，三个由金黄琉璃瓦盖成的穹形宝顶，绘有蓝色云图，犹如鄂尔多斯草原三座天地蒙古包。三座宝顶下，就是陵宫的正殿、东殿和西殿。

正殿高24.18米，这是陵宫的主体建筑。殿内有8根金色盘龙大柱，构成大殿非凡的气魄。正殿供奉一尊4.3米高的成吉思汗汉白玉石雕像（坐

1956年落成伊始的成吉思汗陵宫

像）。坐像背后便是成吉思汗的战果——大蒙古国版图。远远近近来谒陵的人们，在达尔扈特人主持的祭奠仪式中，凭吊成吉思汗。

正殿的后面部分称后殿，即寝宫，置有三座"朝木楚格"（白宫、灵包），是陵宫的核心部分。中间一座大灵包，安奉成吉思汗和第一夫人孛儿帖格勒真哈屯的灵柩；右边灵包，安奉忽兰哈屯灵柩；左边灵包，安奉"准格尔伊金"（成吉思汗另两位夫人）灵柩。正中大灵包前案几上供奉着一尊用纯金箔制成的成吉思汗塑像，还有多盏长年不熄的酥油灯，其中一盏是奇忠义

成陵后殿：成吉思汗灵包，他的哈屯的灵包

一家四代十七口人合奉的银灯。奇忠义说："这里就是神秘的原八白宫所在，我获得'伊尔德尼博禄特'这个名字的原始地。"寝宫是整座陵宫精粹之地。这里还有一幅黄金家族的壁画，原稿是元朝时绘制的，珍藏在成吉思汗灵柩里达700多年。改革开放后取出复制，再由景德镇制瓷高手烧制成彩色瓷质壁画。

西殿，高18米，供奉三座白宫：吉劳（鞍辔）白宫、胡日萨德格（弓箭）白宫、宝日温都尔（圣奶桶）白宫。这里的银马鞍、弓箭、檀香木奶桶，都是当年成吉思汗使用过的原物，被蒙古民族视为圣物，见证了700多年前成吉思汗翻山越岭、驰骋大地、对敌决战、所向披靡的历史风云，也是属于中华民族的价值连城的历史文物。

东殿，高亦18米，供奉一座白宫，即成吉思汗四子拖雷暨夫人额希哈屯的灵柩。额希（唆鲁禾帖尼）夫人聪明、能干、贤惠，为世人称道，她为拖雷汗养育了四个儿子，其中二子忽必烈就是元世祖。拖雷、额希的灵包早在元至元三年（1266）就已建立，与八白宫一起为达尔扈特人守护。

　　东、西两过厅是正殿连接东、西两殿的走廊，高大、宽敞，分别陈列成吉思汗的铜制大炮（为当时世界上最先进的武器）、银制圣旨牌和腰牌（作诸王、使臣的特别通行证用）、马蹄形银币（通行于阿拉伯地区）、成吉思汗圣旨碑文（1223年颁给丘处机，命其掌管天下道教）和壁画组画《成吉思汗子孙们的伟业》，壁画包括《成吉思汗诞生图》《成吉思汗建立大蒙古国图》《成吉思汗创造蒙古通用文字图》《成吉思汗西征途中图》《元世祖忽必烈追认祖父成吉思汗为元太祖图》等。这组壁画虽是当代艺术作品，但很清晰地图释了当年震撼欧亚两大陆的成吉思汗伟业。

　　奇忠义先生介绍说，这座新陵宫占地2.8万平方米，建筑面积1691平方米。工程由自治区计委设计室郭蕴诚工程师设计，自治区建筑工程局承建，于1955年春正式开工，同年10月30日竣工。"国家投资80万元。这个数字在新中国成立之初，是巨大的。"

　　成陵新陵园于1956年5月15日落成，恰逢这年春季查干苏鲁克大祭之时。成陵落成、春季大祭，两个大典合在一起举行，可以想见其规模、其盛况了。

　　1957年6月12日，在新成陵陵园举办了成吉思汗逝世730周年大祭活动。

　　1958年岁末，伊金霍洛作为一个旗（县）的建制出现在中国地图上。从此，带有浓厚封建色彩的札萨克旗、郡王旗作为历史名词继续存在，但在现实应用中逐渐淡化。这两个旗合并，成立了伊金霍洛旗，闪耀着成吉思汗的历史圣光。

　　奇忠义还告诉笔者，陵宫四周建造了360米长、1.5米高的围墙，被圈在这个区域内的地方则称为成吉思汗陵园，占地1.55平方公里。在当年以及以后近半个世纪的岁月里，陵园内逐渐增建了许多建筑，既增加了陵园的景点，又丰厚了成陵文化内涵，因此不可不提一下。

　　——成吉思汗骑像。还没有进入成陵陵园，就远远看到迎宾广场中央这座建在高大底座上的铜像。雕塑作者的灵感应是从成吉思汗最后一次西征西夏途经鄂尔多斯草原包尔陶勒盖，留意出神，马鞭落地，讲出那句动情话的那个故事中获得，所以铜像高6.6米，象征成吉思汗所享的天年。

——乌兰夫题写"成吉思汗陵"牌楼。牌楼坐北朝南，高8.2米，东西长17米，四柱三门，占地面积600平方米。过了牌楼，便是台阶，里面是成陵祭祀地区了。牌楼1985年落成，同年陵园对外开放。

成吉思汗陵园牌楼（乌兰夫题写）

——99级台阶。成陵陵宫依甘德尔敖包山梁而筑，居高临下，谒陵者需拾级而上。台阶长393米，落差15.3米，有台阶99级。蒙古族视9为吉祥数字。99级典出成吉思汗主宰天下，曾以99匹白骒马的鲜奶洒祭上苍。99级台阶是1984年建成的，早于牌楼一年。

——"黑慕热"杆（天马旗）。在陵宫大院正中，树有两根高高的"黑慕热"杆，杆顶为三叉铁矛，象征着战神苏勒德。两杆之间，由铁索连接，挂了许多印有骏马图案的五色旗帜。五色分别象征苍天（蓝色）、太阳（红色）、大地（黄色）、水草（绿色）、乳汁（白色），反映了蒙古人的大自然观念。

——苏勒德祭坛。祭坛在陵宫西侧，供奉、祭祀成吉思汗威武的所向披靡的战神"四斿哈日苏勒德"（黑纛）和"阿拉格苏勒德"（花纛）。祭坛占地面积290平方米，高3.5米，有两层，由青石砌成。祭坛上还置有一座2米高的铜庙（红铜制作），内有供桌，点燃圣灯，摆放祭具。

——商更斡尔阁。在陵宫东侧，建筑面积108平方米，内珍藏有《白史》《红史》《黄史》《金册》等蒙古古代历史文献及有关成吉思汗祭祀典籍，还珍藏历代供奉于八白宫的各种金银器皿、用具和各种版本的

战神哈日苏勒德

成陵苏勒德祭台（新建）

成陵商更斡尔阁，八白宫之一，内藏珍贵历史文物

成吉思汗画像。此阁，原是成吉思汗八白宫之一，坐落在灵帐旁边的一座宽敞的宫帐，是有关成吉思汗历史文物的珍藏处所。

——成吉思汗祭祀文化展览馆。成吉思汗祭祀世代相传，久盛不衰，是中华民族帝王祭祀文化中的"活化石"。这个展览馆以文字、图片、实物、声像等手段，从六个方面展示了具有独特历史文化内涵的蒙古族珍贵历史遗产：源远流长的成吉思汗祭祀文化；达尔扈特与成吉思汗祭祀文化；神秘的成吉思汗祭祀文化；成吉思汗八白宫之建立（一幅蒙文书法长轴）；查干苏鲁克大祭；哈日苏勒德龙年威猛大祭。五百户达尔扈特部对成吉思汗祭祀文化的保留与延续有特殊贡献，该馆展示的达尔扈特人衣着、习俗等与13世纪蒙古族宫廷文化、祭祀文化、游牧文化的关系，是为最大特色之一。这个展览馆坐落在陵宫红墙东侧，三合院，占地面积1000多平方米。

——成吉思汗陵史展览厅。展览厅分第一、第二两个展厅。前者展示1227年至1949年成吉思汗八白宫演变过程和达尔扈特守陵人的基本情况；后者展示新中国成立后，在中国共产党和人民政府关怀下，迁灵建陵的过程。该展览厅在1984年建成，建筑面积800多平方米。

——阿拉坦甘德尔敖包。阿拉坦，意为金敖包、贵重的敖包。阿拉坦甘德尔敖包在成陵陵园东侧，主敖包1座，周围有12座小敖包拱卫，是为纪念成吉思汗，由他的后裔台吉们拾卵石堆砌建造的，年代颇为久远。甘德尔敖包常年披挂有各色哈达和印有经文的小旗帜。每年农历三月二十一日，查干苏鲁克大祭中的祭天仪式活动就在这里举行。全牧民性的祭敖包，则于每年农历五月十三日在这里举行，蒙古式摔跤呀，赛马呀，人声鼎沸，十分热闹。

——阿拉坦嘎达斯（金马桩）。这是由嘎达斯氏部族供奉的成吉思汗拴马的金马桩，供奉在甘德尔敖包祭天仪式的场地。后来这个金马桩被盗，鄂尔多斯公众做出处罚，由盗贼及其家族后人一代一代地赤脚站立于沙地，顶替当一天的马桩，十分残酷。此习俗一直延续到20世纪50年代，被乌兰夫劝阻才结束。

——陵园绿地。大伊金霍洛原本处于鄂尔多斯草原精粹之地，滨巴音昌霍格河。这条由巴嘎布拉格、陶高布拉格等六条溪流汇集而成的母亲河，常年流淌在甘德尔台梁下，滋润伊金霍洛草原。这里，柏树、榆树、茱萸、酸刺、沙柳、红柳、哈日格勒等丛林密布；这里，雕、鹰、鹬、鸭、鹊、戴胜、布谷、锦鸡、鸿雁等飞禽繁衍；这里，黄羊成群结队，欢奔撒野……这块有灵性的土地生机勃勃，真可谓"花角金鹿栖息之所，戴胜鸟儿育雏之乡"，被成吉思汗相中为终老地方。虽然沧海桑田，但大自然基本框架还是被保留了下来。现在经成陵陵园建设与开发，在1.55平方公里的园区内，建筑用地的硬化地面仅占草原的3%，97%的土地恢复成园林式绿草地，与巴音昌霍格河谷自然草原连成一片。进入21世纪后，园区正在向建成占地20平方公里的园林生态保护区的目标而努力。

奇忠义先生说："先祖额璘臣1649年（顺治六年）将圣祖成吉思汗八白宫及哈日苏勒德等圣物迁往自己领地巴音昌霍格河畔，'伊金霍洛'（意即'圣主的宫殿'）因此得名。1696年（康熙三十五年），由伊克昭盟牵头，征得蒙古各盟、旗同意，清廷重封达尔扈特五百户，整顿完善了护卫成吉思汗陵的管理体制。1720年（康熙五十九年），散落于各旗的八白宫宫帐集中到伊金霍洛，终于形成固定地址的成吉思汗陵寝，一直到民国二十八年（1939），因为日寇侵略，成陵被迫西迁。这近三百年的阴阴晦晦，特别是抗日战争期间，面对外敌居心叵测，我们黄金家族都力担承受下来，应付了过去，与其说是殊荣，还不如说是风险。我们这个家族无愧于蒙古族。

"新中国成立后，开始了成陵永远阳光的岁月。1954年，成吉思汗陵寝迎回伊金霍洛故地。1956年，庄严瑰丽又突现蒙古族风格的成陵新陵园落成。1958年，成陵管理、祭祀事务落实到我的家乡，新组建的伊金霍洛旗。经历了'文革'劫难后，1982年，成吉思汗陵被定为第二批'全国重点文物保护单位'。1985年，成陵正式对外开放，圣地成陵，巍然一新！鄂尔多斯，扬名天下！"

两次鄂尔多斯纪行（代后记）

　　我原籍浙江余杭，南大运河的发端地，倚青翠天目山，贯荡荡东苕溪，生长在曾演绎过"杨乃武与小白菜"故事的水乡。原来嘛，我与万里之外苍莽塞北以及长我13岁的末代王爷奇忠义素昧平生，怎么会走进繁如星点散布在鄂尔多斯草原上的蒙古包，去涉猎20世纪中叶还持续封建格局的蒙旗制度，以及其人其事呢？这事缘起于二十多年前的一次旅行采访。

　　1993年盛夏时节，我参加《团结报》（民革中央机关报，中国唯一一份民主党派的大报）呼和浩特地方记者会议后，随团队从青城出发，沿大青山（阴山）西行，过青冢，绕响沙湾，驰车于苍穹下。天苍苍，野茫茫，风吹草低见牛羊的鄂尔多斯草原，真是一派塞外好风光。车行风驰电掣，不觉间黄河前套钢铁名城包头已在望了。开过头了，赶紧左转车头，直南而下。下午2点多，我们到达了心仪已久的伊金霍洛高地成吉思汗陵园。

　　"花角金鹿栖息之所，戴胜鸟儿育雏之乡。衰落王朝振兴之地，白发老翁享乐之邦。"7个多世纪前鄂尔多斯草原上流传着成吉思汗的那段名言，成了几百年来蒙古族同胞朝觐圣地的依据。如今，一座宏伟、庄严、华丽的金黄穹形屋顶、蓝色云图的蒙古包式大型建筑，已坐落在鄂尔多斯高原中部伊金霍洛旗甘德尔台梁之上，凝固了昔往流动的八白宫祭典传统，成吉思汗陵园也就成为中华民族男女老少向往敬仰之地。头顶是镶嵌着白云的苍穹，脚下是极目无穷的草原，午后的阳光显得特别灿烂，衬托得成陵更加金碧辉煌。

　　拜谒成陵是我们团队鄂尔多斯行程的主要目的。我们一行三十多人集中在正殿，举行谒陵仪式。我仰望正中基座上高大的汉白玉石雕成的成吉思汗坐像，想象马可·波罗笔下，这位大汗指挥他的蒙古骑兵朝后向追赶来的敌人射箭，连人带马一起杀死，然后喊声震天地反冲锋，决战千里的战斗场面。大殿陈设布局十分简练，除八根大柱雕有云龙图案及两侧供奉弓箭、腰刀、头盔外，几无长物，也没有什么烛光摇曳、香烟缭绕的景象，但我却浸沉在肃穆、伟岸、恢宏的氛围中。坐像背后是一幅13世纪成吉思汗西征北伐所建立的横跨欧亚两大洲的大蒙古汗国疆域图，震撼心魄。这幅图据说以前用布帘掩饰着，不久前公开了。我们报社总编辑燕天甲先生与成陵达尔扈特人互献哈达后，我们每人分到一碗奶茶。这位叫古日扎布的达尔扈特人开始用蒙古语铿金戛玉地念了一通祝词，领导着我们，将右手无名指往碗里一蘸，即与拇指并拢，然后高举过头，向上方一弹；再蘸，朝地一弹；三蘸，举眉——表示敬天、敬地、敬祖先。仪式结束后，我灵光一闪，念头来了！我欲寻问左右，却见有好几位（男女）同仁五体投地膜拜起来。

"发扬中华民族武威，叫世界刮目相看，所以被尊为一代天骄！"我身边一位陌生的高个男士轻声但不乏激动地说。我觉得似乎是对我说的，因此我与他交谈起来。谈了会儿，他递给我名片，"伊克昭盟海外联谊会副会长巴音道尔基"。显然他是这个盟的统战部领导，一位热心社会活动的词典式人士，于是我构想已久的一句话脱口而出："请问道会长，现在成吉思汗的后裔还有吗？"

"有啊！"

"希望是直系，比如供奉在成陵的拖雷大汗那一支系的后人？"

"你讲中了，拖雷汗的儿子之一就是元世祖忽必烈。元世祖将现在鄂尔多斯这方圣土赐给他的三皇子忙哥剌。他的后裔一直在这里繁衍生息。清朝和民国时期这里称伊克昭盟，有七个旗，都是忽必烈的裔孙，其中一个旗叫郡王旗，札萨克王爷是他直系的一支，该旗王爷兄弟、父子、祖孙代代承袭，一直延伸到抗日战争结束，中华人民共和国成立之前……"

"那么就有一个末代王爷了？"我兴致勃勃地打断了道尔基会长的讲述。

"是的。我们这位王爷很进步，他参加了董其武将军的绥远起义，做了伊金霍洛旗的第一任人民旗长。"

"这位人民旗长还健在吗？他住什么地方？他叫什么？"我迫不及待地探问。

道尔基会长告诉我，这位首任人民旗长的汉名叫奇忠义。奇忠义先生是成吉思汗的第34代裔孙，是内蒙古自治区政协副主席、伊克昭盟政协副主席。他的先祖一直是鄂尔多斯的领主，守护、祭祀伟大祖宗成吉思汗的灵柩，即"八白宫"，而到第13代先祖额璘臣时，臣服清王朝，被顺治

奇忠义在学习

皇帝册封为鄂尔多斯左翼中旗札萨克多罗郡王，该旗俗称为郡王旗。就这样由清朝到民国，这个伊克昭盟七旗中唯一被封为郡王的郡王旗王爷一代代承袭下来，一直到1949年绥远省"九一九"起义，他还政于民，成为内蒙古地区也是中国迄今在世的最后一位蒙古王公。全国人大常委会布赫副委员长称奇忠义先生为"末代王爷"。

"东胜市是伊克昭盟的首府，末代王爷就在盟政协办公。明天我们将去东胜市，有机会见到他。"道尔基会长说。

"我想单独采访他！请道会长疏通帮忙，并且保密。好吗？"

我这一职业要求被答应下来了。

第二天，1993年8月10日一早，我如愿以偿地在伊盟一幢办公楼中见到了健在的中国最后的蒙古"王爷"。

与我预想的形象相左，迥异于壮硕高大的蒙古汉子，这是一位瘦弱的老人，草原风沙、政治沧桑和岁月肃杀在他身上留下了太多的痕迹。我听说，在荒唐的"文革"时期他受到了折磨。不过今天见到他时，他依旧如蒙古包里的王爷那样，肤色白皙，举止彬彬有礼，双眼充满睿智

神彩，谈吐儒雅。啊，这是我采访生涯中第一次遇到这样的人物！凭直觉，我立刻对他产生了兴趣。我有意识引导他谈他那黄金家族，额璘臣济农以来三百年鄂尔多斯蒙旗的历史，特别是郡王旗的承袭、礼仪细节，以及他曾祖父抵制"蒙独"、维护中华民族统一的事迹，他祖父坚持抗日、巧妙摆脱敌特胁迫的故事，他富有传奇色彩的出生、绮丽的婚礼、承袭候补王位的经过，以及藏传佛教在蒙旗生活中的渗透……我已知道他在民国时期做省参议员、"国大代表"，我要他略述其迹，详细讲讲他的起义、还政于民的过程。

他如黄河壶口瀑布一样，滔滔不绝地告诉我想要知道的一切。我的采访十分顺利，我打心底里感激这位蒙古族兄长的豪爽和坦诚。上午时间很快就过去了，我抓紧时间，取出相机，准备给他拍照，不料他叽里咕噜讲了一通我听不懂的蒙古语，意思很明白，不让我给他摄像。

"他的意思是，他从来没有让记者拍照的先例。很抱歉，朱先生，我们奇主席一向很低调。"道会长解释说。

没有获得照相，这样的采访太窝囊、太遗憾了。

我焦躁、尴尬中闪起一道灵光，脱口而出："我们汉蒙是兄弟，蒙古族同胞的感情是十分真诚的，叫人感动，我来内蒙古，又一次亲历这种情景。拜谒成陵时，我们中华民族的自豪感又一次油然而生。"我动情说着，窥见末代王爷不断激动地点头，眼眶闪闪发光。于是我以"折冲樽俎"之势直问："我们既然是兄弟，大哥你和小老弟我合影一张，如何？"

王爷一听，立刻兴奋地做出反应，连声说："兄弟，好好，好兄弟！"他从办公桌座位上起身，展臂礼让我到长沙发上落座，然后紧挨着我坐下。

"道会长，请你为我们拍张照！"我赶紧把相机交给巴音道尔基。告诉他，这是"傻瓜"机子，镜头对准我俩，按下快门就行了。

"再靠拢些，笑笑，我要拍啦……"道会长想不到转弯转得这么快而自然，也十分开心助兴。

出乎意料，正在闪光灯亮起的刹那间，王爷的那颗大脑袋蓦地倚在我的肩膀上，我一愣间，本能地抽出右臂，揽住了大哥的腰……

凭着兄弟情分，奇忠义先生主动约我下午继续访谈。参赴伊盟政协盛大午宴时，"末代王爷"与我同时现身，令同仁们大为吃惊。午饭后，我单独去他的办公室，只见他桌上放着一叠书。他谦恭地说："朱老弟，我想送你几本书，无非是拙稿，留个纪念，可以吗？"我当然欣喜捧受。我翻阅赠书，一本是他的自传《末代王爷》，新华出版社出版，9.8万字；另有八本成一套的，是《鄂尔多斯史志研究文稿》，200多万字，伊克昭盟地方志编纂委员会印行，总编

笔者与奇忠义先生（右）（1993年）

奇忠义向笔者落款赠书

辑奇忠义，副总编辑梁冰。奇先生在他著作的扉页上签写了"朱文楚先生同志雅正"，至于落款，则是用蒙古文写的他的名字。

他看我接受他的赠书，十分高兴。我们浓茶相伴，促膝而谈。他告诉我，自从担任伊克昭盟政协副主席兼文史委主任（1979年）、内蒙古自治区政协副主席（1988年）以后，根据领导的嘱托，一直到现在，他把全部精力、全身心地投入了发掘、整理鄂尔多斯历史文化工作中。1979年金秋，破冰伊始，他从"鄂尔多斯历史沿革"这个当年颇为敏感的难题切入，在中共盟委领导的支持下，以主编、总编的身份，制订规划方案，组织新生力量，先后组稿、编辑、出版或印发了《伊盟革命回忆录》（1980年）、《高增培回忆录》、《伊盟"独贵龙"运动史料》

（编写）、《席尼喇嘛传略》（编写）、《鄂尔多斯通典》（3册）、《鄂尔多斯史志研究文稿》（8册）等等。奇忠义说："那个时候，拨乱反正刚开始，编史要涉及蒙古贵族史，风险很大，好多老朋友、老专家乃至老革命都婉辞了。我奋勇而上。据我日记统计，我在一年多时间里，登门拜访盟内各旗的老革命、老同志57人，呼市的有5人，踏进他们家门槛每人平均3次。"

奇忠义先生还告诉我，80年代他主持的伊克昭盟修志工作已走在全国前列，因此当1982年中央发出"编修社会主义地方志"指示时，按计划盟地一级派出机构是可以免修的，但因为伊克昭盟修志基础和条件已非常成熟，所以盟委、公署请示自治区领导后，决定将奇忠义任总编辑的"鄂尔多斯历史沿革编审委员会"升格为"伊克昭盟地方志编纂委员会"，总编辑依旧是奇忠义。奇忠义欣然接受了。他说："从1982年开始，我受伊盟盟委委托，着手主编大型社会主义地方志《伊克昭盟志》。我要特别说明的是，我虽然是《盟志》的主编（主修），但在这项浩繁复杂的巨大文化工程中我的作用并不是很明显，因为它将是伊克昭全社会同仁共同努力的结果。要紧的是先行的人才工程，我首要的任务是搜罗和培育人才。我一开始就很认真在做了。"

我那次采访时，这部四五百万字的大典籍正在编纂中。当时奇忠义先生告诉我，他们已经同北京现代出版社签订了合同，争取在1997年内蒙古自治区50周年华诞前出完这套六部巨著。明年1994年嘛，这个时候，第一册也许可以出来了！我们约好，到这座伊克昭盟文化工程的里程碑落成——跨越7个世纪的鄂尔多斯文化志书出版时，再来东胜会面。

"到时我陪你去阿镇，看看我的老王府，它可是自治区级文物保护单位呢！"

可憾，可憾！我一再错过了时间，孰料2007年9月1日，奇忠义先生归山了。

他享寿八十足岁。"八"是一个很有福分的数字，"八元""八识""八仙""八骏""八面玲珑"，聪敏颖达的奇忠义先生在八旬福龄启程前，曾留下了一部三千言的《鄂尔多斯历史沿革四言长歌》，最后述志抒怀道——

綜观历史
结论分明
要义有三
切记心中
国家统一
三生有幸
维护中央
确保稳定
民族团结
至关要紧
国衰族衰
国兴族兴
改革开放
不断前进
反腐倡廉
永葆青春。

谒陵后在返京列车上，我就草就了《"末代王爷"访问记》一稿，发表在当年8月28日的《团结报》头版。之后又先后在北京、黑龙江、湖南、湖北、江西、香港等地报刊发表了这一题材的通讯稿，都是八千字以下的短篇。因为日复一日地采写，发稿，及至退休后先后客串供职于一家杂志社、一家军志办，又玩命地创作了两部纪实长篇——爬格子成了生活的第一内容，渐渐地将鄂尔多斯淡忘了。

大概是天意使然，16年后，"末代王爷"的创作情愫莫可名状地躁动起来，激越起来，纠缠于梦境，我情不自禁地草成一部书稿纲要，只当玩玩。2009年5月16日，大学毕业50周年，浙江大学中文系同级同学在"绿杨阴里白沙堤"的西子湖畔聚会，都是白发苍苍的老翁老太了（我算是小弟弟）。自己想想有些好笑，应是讲究保养、颐养天年的了，我在小圈子里却讲出了上面那个"宏伟计划"。当时，学长孙毅明编审极力鼓励我，作家王明珠鼓掌。回家后热忱未褪，联想鄂尔多斯的奇忠义先生不是"古稀"之龄不辍于笔耕吗？于是我勇气来了。冷静下来后，看看这份书稿提纲，认真推敲一下，发现实在有些好高骛远，别说细节，连历史框架、人物生平、民族习俗、地理概要等成书章节的要素都还不完备呢。怎么办？唯一办法，就是再返新闻现场，实地踏看、采访。

笔者在鄂尔多斯市采访沙若飞先生（左）（2009年）

正所谓"身无彩凤双飞翼，心有灵犀一点通"。

我不甚花什么力气，通过互联网给鄂尔多斯市长电子信箱发了一条短信："希望再次采访东胜与末代王爷，请指示联系途径。"七个工作日后，回音来了，告诉我市委统战部办公室的电话号码。我的老观念曾让我在电话寻觅中走了一些弯路，原来的伊克昭盟盟治东胜市（县级）已改成区，并入鄂尔多斯市。2001年，撤伊克昭盟，设立地级鄂尔多斯市。鄂尔多斯，自元末明初以来就存在的带着成吉思汗及其后裔战绩的这个地名从此在草原上树立起来了，熠熠生辉。该市市委统战部的一位干部在长途电话中告诉我，奇忠义副主席已逝世，巴音道尔吉任副部长时间很短，现在应该退休了，无从打听到他的电话号码。我说："我要把奇忠义的故事写成书，东胜不是他的家乡吗？您能否帮助我联系上他的儿子或亲人、熟人？"他回答："有啊，我们部长沙若飞就是他的儿子！您拿笔来，我告诉您沙部长的电话号码。"

就这么简单，在高科技通信发达的现今，一条短信、一个电话，就解决了我这个20世纪30年代过来人以为的万难事。下面就凭自己的"看家本领"了。

2009年7月，我开始了我的第二次鄂尔多斯之行。此次采访，我是带着做成书稿目的而去的。实地踏看、搜集文字资料，寻觅历史片羽十分重要，因此我请去了摄影行家、我大学同学季显龙先生，把我所需要的镜头都一一收进了电脑，使得奇忠义先生生前身后的背景进一步形象化了。

蒙古族兄弟热诚好客名不虚传。我从包头一下火车，就受到沙若飞先生的千金奇雅小姐等的接站。车到东胜区，我第一时间见到了沙若飞先生，一位敦厚、忠诚的蒙古族汉子。

在蒙古包里，笔者受到蒙古美食款待

坐落在东胜中心的原伊克昭盟公署办公大楼

他给我的采访踏看行程安排得十分周到。我们在他和他四弟布和飞先生陪同下，驾车去伊金霍洛甘德尔台梁拜谒成吉思汗陵园，考察哈日苏勒德祭坛、甘德尔敖包。7月正是鄂尔多斯一年中最好月份之一，"太阳照在绿草地，草原显得更美丽"，我们浸淫在郭沫若、贺绿汀颂歌的氛围中，欣赏陵园绿地的和谐。我认真观察了成陵三大殿堂和后殿，以及附属的两个展览厅（祭祀文化、陵史）。我看到了大殿成吉思汗坐像背后那幅彪炳千古的"大蒙古汗国地图"。在一系列参观考察中，我获得了极其宝贵的文字和照片资料。

我们现场踏看了甘德尔敖包。蓝天下，原始色彩和现代氛围交融在一起，这也是本书活剧演绎的舞台之一。

吉祥福慧寺住持根敦法师（右三）与笔者（右二）等合影

我还顺道参观了一家极有名气的藏传佛教召庙吉祥福慧寺，幸福地和5岁的十二世乌兰活佛合了影。这家召庙的活佛是塔尔寺第一百任总法坛坐床乌兰活佛的坐床寺。藏传佛教在鄂尔多斯生活中有很大的比重，本书叙述中时有涉及。需要申明的是，我是无神论者，不信任何宗教，但因为本书是纪实文学，不浮光掠影写实些格鲁派召庙的喇嘛与仪规，以及氛围，是不符合现实主义创作规律的。我们参观了这家召庙的白塔、大殿、经堂、舍利金塔，和硕士生住持喇嘛根敦法师谈天。

为实践已故奇忠义先生的遗言，沙若飞先生特地陪同我去阿拉腾席连镇，现在伊金霍洛旗政府所在地，参观了自治区区级文保单位"郡王旗王府"。王府的内城墙、大院、玛尼宏高杆等标志性设施已荡然无存，但一进、二进院落四合院建筑保存完好，且收拾得很干净，遗憾的是每个房间都有外来务工人员租住了，只好抢拍了几个镜头。要知道，这里曾是郡王旗札萨克和硕亲王图布升吉尔格勒行使政权、享受封建王爷生活的主要场所，也是"末代王爷"奇忠义两个时代政治生活的驿站，应是本书活剧演绎的主要舞台。

笔者会见奇忠义遗孀陶格斯

我有幸登门拜访了奇忠义先生遗孀，"末代福晋"陶格斯夫人。她住在东胜区一处居住小区一个崭新的套房里。不出所料，这位八旬老太太的声容举止仍保留着当年端正、稳重的福晋风韵，客厅、书室里布满书籍报刊及文房四宝，都有奇忠义的影子。她指着两块金紫闪光的奖牌，说："他为了编成盟志，宵衣旰食，熬尽了心血。这是盟委、盟署给他记大功一次的奖牌，那是他获得自治区社科院颁发的三等奖奖牌。"老太太晚景似锦，子孙绕膝。我去的那天，她的四位儿媳和孙女都在，有汉族、蒙古族、鄂温克族，无疑是民族大团结的一个缩影。

无定河晚秋

新世纪鄂尔多斯市夜景

　　我还参观了鄂尔多斯博物馆，对远古河套人新石器文化和匈奴人青铜动物纹雕牌艳羡不已。无定河边古战场原来是一块文明积淀深厚的宝地。这块宝地进入21世纪后大放异彩。你能想象吗？20世纪上半叶还争端不断的准格尔旗如今是世界级大型现代化露天煤田之所在。8.7万平方公里的鄂尔多斯拥有的煤炭储量占全国的六分之一，2007年煤炭产量达1.98亿吨。你知道吗？这块三面环黄河、南面抵长城的演绎过几多成吉思汗、达延汗暨彻辰夫人战争故事的土地，竟拥有8000多亿立方米的天然气，占全国的三分之一。世界级的整装天然气油田苏里格气田，就位于黄河南岸库布其沙漠边缘的吴四圪堵（在达拉特旗）。鄂尔多斯是资源大市，通过产业结构不断优化，资源转化增值，正在向经济强市迈进，从2008年10月中央有关部门调研综合报告中评出，鄂市位列全国18个改革开放典型地区。

　　要说城市气派，不妨走马新开发的康巴什区，面积32平方公里，其高楼大厦、广场喷泉、成吉思汗及将领的群雕，确有置身现代化城市之感。要说鄂尔多斯人富裕了，就看看满街跑的宾利、法拉利、悍马等高档汽车，驾车人都是农牧民。他们说，我们这里百户人家就拥有46辆轿车。奇雅小姐说这是个保守估计。

　　沙若飞先生兑现了他父亲的遗愿，将6大本43卷，16开本，3600多个页码的精装《伊克昭盟志》赠送于我，这套由现代出版社2005年出齐的志书，其主修兼编委会副主任就是奇忠义。奇先生生前曾许诺过要送给我。这部大志书和奇忠义先生生前赠我的8册《鄂尔多斯史志研究文稿》，为我开启了上下五千年、方圆十万平方公里，特别是奇氏黄金家族生育繁衍的鄂尔多斯天地的大门。

踏访结束了，我取道包头回杭州。沙若飞先生等蒙古族友人驾车送我北行去包头上火车。小车奔驰在109国道线上，一路连绵绿色，很是养眼；高速公路笔直平整，坐着有些飘然。沙先生问我，16年前来的时候如何？我说公路已经有了，大概是砂石路吧。吉普车可颠簸了，折腾得连胃口也没有了。

"啊呀，不是经过耳字壕、王爱召、大树湾了吗？这可是当年奇忠义小王爷晋省的必由之路，也是图王老亲王率家眷流亡之旅呀！真是沧海桑田！"我感慨万千地说。

"人生天地之间，如若白驹过隙，忽然而已！"不过这句话只盘桓在脑际，没有出口。

2015年12月5日

跋语

此书稿好事多磨，经历了我灰色岁月。

初稿灌注了先妻陈玲玲女史心血：打字成电子稿（我当时尚不会用电脑写作）。我校对后，她昼夜在电脑上改正。但面世时她已长逝而去了。

本书部分图片为季显龙先生拍摄。

文字、照片资料来自赠书，参照梁冰主编"内蒙古地方人物传记丛书"。

图书在版编目（CIP）数据

黄金家族的最后一位王爷 / 朱文楚著.—杭州：
浙江大学出版社，2018.8
ISBN 978-7-308-16520-4

Ⅰ.①黄… Ⅱ.①朱… Ⅲ.①奇忠义（1927-2007）
-传记 Ⅳ.①K827=7

中国版本图书馆 CIP 数据核字（2016）第 326913 号

黄金家族的最后一位王爷

朱文楚　著

责任编辑	谢　焕	
封面设计	城色设计	
责任校对	杨利军　陈　园	
出版发行	浙江大学出版社	
	（杭州市天目山路 148 号　邮政编码 310007）	
	（网址：http://www.zjupress.com）	
排　　版	浙江时代出版服务有限公司	
印　　刷	杭州钱江彩色印务有限公司	
开　　本	710mm×1000mm　1/16	
印　　张	25.5	
字　　数	343千	
版 印 次	2018年8月第1版　2018年8月第1次印刷	
书　　号	ISBN 978-7-308-16520-4	
定　　价	58.00元